전쟁에서 배운다

밀리터리 잡학노트

장익준 지음

전쟁에서 배운다

밀리터리 잡학노트

프롤로그

소년은 누구나 한 번쯤 군인을 꿈꿉니다.

소년은 언젠가 어른이 되지만 마음 한구석엔 소년의 꿈이 있습니다.

많은 남자가 직간접으로 군대를 경험하는 곳이 대한민국입니다.

하지만, 대한민국에서 밀리터리를 문화나 취미로

이야기하기는 쉽지 않습니다.

소년의 꿈을 간직한 어른들은 철없다는 소릴 듣기 쉽고,

사회에서 밀리터리를 이야기하는 이들은

전쟁광이란 오해까지 듣습니다.

전쟁은 중요한 가치를 두고 모든 것을 다 바쳐 싸우는 공간입니다.

실수는 치명적인 패배를 불러오며

빈틈없는 준비만이 생존을 보장합니다.

전쟁을 공부할수록 생존의 중요성을 알게 됩니다.

결전과 승패를 들여다보면서 최적의 행동을 추구하는 것을 배웁니다.

창간호부터 한 권도 빼놓지 않고 모두 가진 월간 〈플래툰〉은

책장 제일 좋은 자리를 차지한 나만의 보물입니다.

대한민국 밀리터리 문화를 이야기할 때 〈플래툰〉을 빼놓을 수 없겠지요.

한 사람의 독자로 시작된 월간 〈플래툰〉과의 인연이

시나브로 칼럼을 기고하는 관계로 변화된 것 역시

앗 하니 마흔을 넘어선 삶에서 빼놓을 수 없는 부분이 되었습니다.

그동안 〈플래툰〉에 연재했던 '밀리터리 잡학노트' 칼럼이

이렇게 한 권의 책으로 엮어져 번듯한 모습을 갖췄습니다.

바로 지금, 이 책을 손에 들고 계신 독자 여러분 고맙습니다.

연재와 출판 과정에 큰 도움을 주신 홍희범 편집장,

이상언 에디터, 김도균 PD, 이준규 QMD 대표,

류장우 미니월드 대표, 늘 신세만 지네요.

내 인생을 가득 채우는 세 여인, 존경하는 어머니와

사랑하는 아내 그리고 아빠 딸 은선이에게 고맙다는 말을 전합니다.

2010년 1월

장익준

차 례

Chapter 1

밀리터리에서 배운다

11 밀리터리에서 배운다

회사의 사활을 건 프로젝트 이름을 붙일 때, 또는 심각한 연구 결과를 발표할 때 당신은 누구의 지혜를 빌리는가? 전쟁이란 모든 것을 걸고 모든 것을 다하여 부딪치는 공간이기에 그것이 남긴 성공과 실패는 인간사 여러 문제를 푸는 데 도움이 되기 마련이다.

미드웨이

1999년. 캠퍼스라 불리는 마이크로소프트(MS) 사옥 깊은 곳에 극비 프로젝트팀이 가동된다. 엔지니어와 디자이너 그리고 마케터까지 회사 사활을 건 프로젝트를 위해 소집된 이들 앞에는 '프로젝트 미드웨이'(project midway)라는 숙제가 놓여 있었다.

프로젝트 미드웨이의 개요는 PC가 아닌 기기들, 특히 가정의 거실이나 침실에 윈도우를 넣자는 야심 찬 계획이었다. PC와 TV를 합치려는 이 계획의 속마음은 소니의 게임기 '플레이스테이션 2를 잡자!'로 요약된다.

미국과 유럽에서는 PC나 온라인 게임보다 비디오(콘솔) 게임기 시장이 훨씬 더 컸고 그 대부분은 일본 업체가 장악하고 있었다. 이제 MS 표 게임기를 만들어 이 시장을 장악하고 그 게임들을 통해 윈도우 플랫폼을 넓혀 나간다면 인터넷 시대를 맞아 위기를 맞은 윈도우는 다시 생명연장의 꿈을 꾸게 될 것이다.

미드웨이(midway)라는 프로젝트 이름은 단어 그대로 '중간 지점'을 노린다는 뜻을 품고 있었다. 게임기의 대중성과 PC의 편리한 개발환경이 중간에서 만나 장점만을 골라 가진 MS 표 게임기를 만들자는 기술적 과제를 반영한 것이다.

마케팅 전략에서도 중간 지점을 노려 게임기의 장점만을 추구하는 기존 게임기 업계를 견제하고 PC의 단점에 발목이 잡히는 MS 자신의 약점도 보완하자는 얘기. 하지만, 누구라도 쉽게 상상할 수 있듯이 미드웨이라는 단어를 고른 것은 일본을 물리친 '미드웨이 해전'(1942년)을 염두에 둔 것이었으리라.

2차 대전 당시 '진주만 공습'(1941년)으로 일본에 일격을 당한 미국은 복수를 외쳤지만 그리 간단한 사정은 아니었다. 진주만에서 얻은 손실이 컸고 유럽 전선에서 독일을 상대해야 하는 상황에서 태평양 전선에 당장 많은 자원을 투입하기는 어려웠다. 그래도 착실히 일본군을 몰아 나가던 미국은 미드웨이 해전의 승리로 태평양 전선에서 승리의 전환점을 잡게 된다.

전술과 전략 모두에서 극적이었던 미드웨이 해전 자체에 대한 이야기로도 한나절이 뚝딱 이겠지만, 미드웨이 해전은 '중간'이라는 이름 그대로 진주만으로부터 일본 항복에 이르는 태평양 전쟁에서 전반전과 후반전을 가르는 반환점으로 평가된다.

일본 게임기를 몰아내고 저 넓은 시장을 점령하자는 차원에서 내건 MS의 '미드웨이' 슬로건은 적어도 미국인 개발자들에게는 적절한 이미지를 주는 선택이었다. 역사에 좀 둔한 미국인들이라도 진주만과 미드웨이는 잘 알려진 편이고 미드웨이만 언급해도 진주만이 함께 연상되기에 안방 시장을 일본 업체에 빼앗긴 현재 상황에 대한 인식도 확 심어준다.

결과는? MS의 '프로젝트 미드웨이'는 지금 '엑스박스'(Xbox) 게임기로 우리 곁에 있다. 작명이 운명을 결정하는 것인지, 미드웨이 해전 승

▶ MS는 소니에 맞서 가정용 게임기를 개발하는 극비 사업에 '프로젝트 미드웨이'라는 이름을 붙였다. PC와 가전제품 중간을 노린다는 내부 전략과 일본 제품에 맞선다는 외부 환경 모두를 만족하게 하는 작명이었다.

패에 일본이 헛발질한 것도 큰 영향을 주었던 것처럼 소니도 '플레이스테이션 3'에서 자충수를 두어 MS의 미드웨이 전투 승리를 돕는 역사 재현에 한 몫 거들었다.

'프로젝트 미드웨이'를 가동했던 MS로서는 게임기와 PC를 결합한 제품을 세상에 내 놓았고 어느 정도 소니를 몰아내는 데 성공했지만, 닌텐도라는 복병은 예상치 못한 결과였을 것이다. 태평양 전쟁 당시 미드웨이 해전의 목표 중 하나가 일본 본토로 전장을 확대시킨다는 것이었듯이 게임기의 성지 일본 본토에서 엑스박스 시리즈를 신나게 파는 것으로 '프로젝트 미드웨이'는 이름값을 했다고 할까나?

덩케르크

고유가 행진이 멈출 줄 모른다. 어딘가 예전보다 강렬해진 햇살에서 지구온난화를 실감한다. 지구 자체를 하나의 유기체로 가정하며 인간과 환경의 관계를 통찰했던 가이아 이론의 제안자 제임스 러브록의 신작 〈가이아의 복수〉를 보면 지구의 앞길이란 그저 캄캄하다. 정확하게 말한다면 지구가 아니라 저 잘났다고 지구를 망치는 인류의 앞길이 막장이란 얘기지만.

인류 운명에 대한 러브록 교수의 입장은 냉정하다. 이미 인류가 망

쳐버린 지구의 상태는 회복 불가능한 단계로 접어들었고 이제 인간은 가이아의 복수에 맞닥뜨리게 될 것이라는 얘기다. 지구가 더 뜨거워진다면 수많은 야생동물과 생태계는 사라질 것이며 당연하게도 인류의 문명이라는 것들도 사라질 것이다. '행성의사'를 자처해 왔던 러브록 교수는 이런 얘기를 하는 자신의 심정을 전사자 소식을 들고 집에 가는 장교에 비유했는데 왠지 이 대목부터가 밀리터리하다.

러브록 교수는 '친환경 에너지'나 '지속 가능한 발전'같은 말들 자체가 의미 없다는 강경한 태도다. 이미 대세는 패전으로 기울어져 버렸기 때문에 '지속 가능하다.'라는 식의 환상 자체가 본질을 흐린다는 주장이다. 러브록 교수는 이 상황을 1812년 모스크바로 진군했던 나폴레옹에 비유하고 있는데 초기작들보다 절박한 경고를 담은 〈가이아의 복수〉에는 밀리터리를 빌려온 설명들이 곳곳에 있다.

1812년 나폴레옹은 적의 수도를 점령했다고 착각했지만 이미 너무 멀리 와있었고 하루하루 보급품은 줄어 들어가고 날씨는 급격하게 얼어붙었다. 패배를 벗어나고자 한다면 질서정연한 후퇴만이 살 길이겠지만 여기까지 온 것 조금만 더 하면 어떻게 될 것 같다는 욕심이 어떤 결과를 불러왔는지 우리는 잘 알고 있다.

1812년 나폴레옹의 실수는 1942년 히틀러에 의해 고스란히 되풀이 된다. 더 이상의 승리를 기대하기는 어렵고 패배들이 기다리고 있으니 이제 물러가자고 해도, '여기까지 왔는데' 하는 관성과 '지금까지 잘 통했는데 설마 무슨 큰일이야 있겠느냐' 하는 방심이 합쳐지면 상상 이상의 가혹한 결과가 기다리고 있을 뿐이다. 다가오는 현실을 외면하고 패배를 인정하지 않았던 나폴레옹과 히틀러의 선택은 그들 자신의 몰락은 물론, 자신들이 건설한 제국의 종말 그리고 그 제국이 통치하는 범위에 속했던 수많은 백성의 희생을 강요했다.

지구와 인류의 운명 앞에 러브록 교수가 제안하는 것은 '지속 가능한 퇴보'다. 지금처럼 흥청망청 쓰면서 살 수 있다는 환상을 버리고 지구와 인류의 공존을 위해 질서정연한 퇴각을 시작하자, 그럼으로써 더 많은 인류와 문명이 좀 더 오래 지구 위에 존재하도록 하자는 주장이다. 이것을 위해 러브록 교수가 추천하는 모범 사례가 1940년 프랑스에서 패배한 영국군의 '덩케르크' 철수 작전이다. 그것은 분명히 승리

▶ 영국은 1940년 5월 26일부터 6월 4일까지 '다이나모 작전'을 통해 영국군, 벨기에군, 프랑스군 34만여 명을 프랑스 북부 덩케르크에서 도버 해협을 통해 영국 본토로 철수시킨다.

는 아니었지만, 성공적이고 지속 가능한 후퇴였다는 것이 러브록 교수의 설명이다.

독일군에게 프랑스를 점령당한 상황에서 처칠은 중요한 결단을 내린다. 프랑스에 주둔시킨 영국군에게 전멸이 기다리는, 무의미하지만 정치적으로 필요한 결전을 요구하기보다는, 체면이고 뭐고 다 필요 없으니 일단 살아오는 것을 목적으로 하는 철수작전을 지시한다. 여기에 영국군은 도망을 가도 우선순위를 정해 체계적으로 하는 합리적인 철수작전과 여객선에 거룻배까지 끌어 모으는 필사의 노력으로 상당한 수준의 역량을 보존하는 데 성공한다.

덩케르크에서 영국군을 몰아낸 독일은 이것을 영국의 패배이자 자신들의 승리로 믿었다. 덩케르크 이후로도 영국은 본토에 대한 심각한 위협에 직면한다. 하지만, 반전의 계기를 마련하고 다시 승리를 향해 나아갈 때 1940년 덩케르크에서 후퇴를 통해 건져낸 역량들이 얼마나 중요한 역할을 했는지 모두가 알게 되었다.

평생을 지구와 인간의 화해를 위해 살아온 백발의 과학자가 '덩케르크'를 언급할 상황이라면 지구 온난화가 정말 심각하구나 하는 숙연한 마음이 든다. 무조건 나아가는 것이 승리가 아니며 때로는 패배를 인정하고 질서정연한 후퇴를 해야 한다는 것이 전쟁의 교훈이라면 이제 그 교훈이 지구와 인류의 생존을 위해 값지게 되새겨지길 바랄 뿐이다.

편대비행

개인적으로도 인연이 있는 독립영화제 '인디포럼'은 매년 영화제를 열면서 독립영화가 나아갈 바를 하나의 슬로건으로 정해 선보이곤 한다. 어떤 해에는 좀 형이상학적인 슬로건이 나오기도 하고 또 어떤 해에는 직설적인 슬로건이 나오는데 2008년의 주제는 '편대비행'이었고 먼 길을 날아가는 철새 무리의 고즈넉한 사진이 포스터를 장식하고 있었다.

철새의 비행은 지금도 인간에게 신비의 대상이다. 저 작은 몸을 가진 새들이 서로 격려하며 역할을 조정하여 먼 길을 떠나간다. 떠나지 않고 남는다면 가혹한 기후 앞에 스러질 것이기에 그들의 비행은 생존을 위한 모험이며 아름다운 연대다. 자유로운 새들이 연대하여 앞길을 개척하는 이미지에 독립영화의 의지를 비쳤을 것이고 기획자들 자신도 '자율적 개체들의 연대'로 편대비행이라는 슬로건을 설명한다.

철새들은 우리가 알지 못하는 자연의 힘으로 편대비행을 하고 있지만, 사람이 편대비행에서 지혜를 얻고자 한다면 그것을 위한 방법도 마련해야 하고 연습도 해야 한다. 철새들의 편대비행을 가장 직설적으로 배우는 이들이 바로 공군 비행사들이다. 공군 비행에서 편대를 이루는 것은 매우 중요한 부분이지만 이것 역시 말처럼 쉬운 것이 아니어서 땅에서부터 여러 가지 훈련과 단계를 거쳐야만 하늘에서도 그럴듯한 편대비행이 가능하다.

2차 대전을 다룬 전쟁영화들을 보면 자전거를 타고 땅 위에서 편대를 짜는 장면이 나오는데 지금도 파일럿들은 전기 카트나 바이크를 타고 일단 땅에서 편대비행을 연습한다. 밀리터리라는 것이 스포츠와도 비슷해서 원리를 알고 기본 동작을 꾸준히 반복해 나가다 보면 어느 순간 상승 무공이 솟구쳐 오른다. 편대비행이라는 고난도 행위 역시 세 가지 비결이 있는데 그것은 연습과 연습 그리고 연습이다.

전투기에 손쉬운 먹잇감이 되던 폭격기들은 편대를 이뤄 기관총 사각지대를 없애 방어력을 높인다. 전투기들 역시 단 두 기가 가도 편대를 짜고 역할을 분담해서 전투력을 높인다. 편대를 짜려면 어떤 편대를 짤 것인지 여러 가지 작전도 나와야 하고 그것에 숙달할 수 있도록 손발도 맞춰 봐야 한다. 무전기부터 시작해서 조기경보기나 공중급유기 같은 도우미들까지 마련해 나간다면 편대비행의 전투력은 훨씬 더 높아질 것이다.

▶ 전투기는 단 두 대가 날아도 편대를 짜서 날아간다. 편대비행은 인간이 자연에서 배운 것으로 공중전이라는 격렬한 공간에서 생존 가능성을 높여준다.

문명이 발전하면서 편대비행의 격을 높여준 것이 통신수단의 발전이다. 1차 대전이었다면 눈치와 손짓으로 해결하던 것이 무전기의 도움을 받기 시작하고 지금은 컴퓨터까지 가세했다. 인디밴드가 블로그로 팬들을 만나고 메일로 주문을 받아 집에서 CD를 구워 팔기도 하고 메신저로 관객을 모아 공연에 나서기도 하는 것처럼 인터넷이라는 적절한 통신수단은 인디로 살아가는 이들에게 편대비행의 생존율을 높여주는 무기가 되고 있다.

독립영화에 밀리터리 교훈을 들이댄다면 좀 그런가? 독립영화야말로 정규군에 맞서 생존을 모색해야 하는 게릴라들이며 그만큼 프로페셔널하고 전투적인 집단일 것이다. 그동안 인디포럼 영화제 슬로건들 중에는 알고 쓰는 건지 그냥 하다 보니까 그리된 것인지는 모르겠지만 '재장전(reload)'같은 것들도 드나들었다. 하긴 뭐 영화를 찍는 것이나 총을 쏘는 것 모두 영어로는 '쏜다.'(shoot!)라고 하던가?

사실 당신이 독립영화건 상업영화건 또는 게임기 개발자이건 인류의 운명 앞에 숙연해진 학자라도 상관은 없다. 당신이 누구보다 생존과 승리를 바란다면 밀리터리 교훈들은 든든한 전우가 되어 줄 것이니까.

12 밀리터리 명언의 정석

격전이 끝나면 무엇이 남는가? 명언은 격전이 남긴 한 줄 요약이기도 하지만 어쩌면 그 격전의 불을 댕긴 방아쇠요 승리의 열쇠였을지도 모른다.

명언의 정석

밀리터리 명언의 본질은 '들으라고 하는 말'이다. 대체로 밀리터리 명언은 결전의 순간을 앞두고 나오거나 결전을 치른 직후 나오는 경우가 많은데 적 들으라고 하는 말 같지만, 사실은 아군 들으라고 하는 말이라는 것이 개인적인 연구 결과다. 아군에게 뭔가 전술적 교훈을 주거나, 또는 용기를 불어넣고 싶을 때 장군님들은 '적은 들으라!' 하시면서 실은 아군에게 속삭이는 것이다.

밀리터리 명언이 갖는 형식상 특징은 대구를 기본으로 한다는 것이다. 밀리터리 명언이 적군과 아군이 대치한 상황에서 전술적 교훈을 주는 것이 목적인 만큼 적군과 아군, 험난한 현실과 살아날 구멍 같은 요소들을 대비시켜 원하는 결과를 얻고자 한다. 밀리터리 명언은 머리를 자극하기보다는 '욱!' 하는 심정을 건드려 병사들을 '불끈!'하게 만드는 것을 목표로 한다.

밀리터리 명언에 평가 기준을 붙인다면 전투 상황과의 부합성, 평소 지휘관 성향이나 부대 특성과의 궁합, 독창성이나 참신성, 어휘와 운율 등 여러 가지가 있겠지만 가장 중요한 것을 하나 꼽는다면 '약발'을 들겠다. 결국, 그 명언 덕분에 전투를 승리로 이끌었거나 적어도 이긴 전투에서 남긴 명언이 그래도 오래 이어지고 높은 평가를 받는다. 어떤 장군들은 패배한 전투에서도 명언을 남기기도 하는데 대개 다음 전투를 위해 패배를 감수하거나 자처할 때 패전명언이 탄생하니 이것 역시 '약발'의 범주에 들어간다.

사자와 양

네이비 씰 장교 출신 저자가 쓴 리더십 책에서 읽은 '양이 이끄는 사자 무리보다 사자가 이끄는 양떼가 강하다.'라는 이야기의 원전은 알렉산더 대왕이다. 마케도니아 출신으로 그리스의 패권을 차지하고 페르시아까지 정복했던 알렉산더 대왕은 '나는 어린 양이 지휘하는 사자들이 두렵지 않다. 사자가 지휘하는 양들이 두려울 뿐이다.'라는 명언을 남겼다.

알렉산더 대왕이 말하고자 했던 것이 적들이 사자가 지휘하는 양일까 두렵다는 뜻이었을까? 아니다. 명언은 적에게 말하는 척하면서 아군에게 하는 말이고 알렉산더 대왕이 하고픈 말은 '얘들아 사자인 내가 너희를 이끄니 걱정하지 마라.'였다. 요즘 유행하는 표현으로 친다면 일종의 프레임을 형성하려는 시도로 초기 병력에서 열세였던 마케도니아를 안심시키고 자신 있는 부분인 리더십의 강약으로 초점을 옮기려는 시도였던 것이다.

이런 명언이 잘 퍼져 나가면 아군도 용기를 얻지만, 자기들이 더 강하다고 믿고 있던 적군마저도 '사자=알렉산더=아유 무서워'라는 상태에 가둬 놓게 된다. 물론 전쟁은 무력으로 하는 것이지만 '정신적 데미지(?)'라는 요소는 바로 그 무력에 곱하기나 나누기로 영향을 준다. 알렉산더 대왕의 명언은 사자와 양이라는 당대 보편적인 상징을 대립시

▶ 변방에서 출발한 알렉산더 대왕이 대제국을 건설한 것에는 '팔랑크스' 같은 전술적 우위도 존재했지만 여러 명언을 남겼던 리더십에도 이유가 있을 것이다. '사자와 양' 또는 '사자와 사슴' 명언은 알렉산더 대왕의 아버지인 필리포스 1세의 말이라는 학설도 있다.

켜 문학적 수준도 있었는데 그 유명한 아리스토텔레스에게 가정교사를 맡긴 보람이 있다.

홍보전문가

알렉산더 대왕의 명언은 그냥 툭 던진 것이 아니라 고심의 결과였을 것이다. 비록 말할 때는 우연히 터져 나온 말처럼 연출했을 가능성이 크지만 말이다. 전술적 의도를 갖고 만들어지는 밀리터리 명언은 공들여 만들어지게 마련인데 때론 아주 큰 전략적 의도를 가지고 만들어지는 명언들도 있다.

우리에게는 역사 시간에 민족자결주의와 짝을 지어 외우곤 했던 미국 28대 윌슨 대통령은 미국에서는 1차 대전 참전을 이끈 대통령으로 암기(?)된다. 오늘에 와서 보면 1차 대전 참전은 미국이 초강대국으로 입문하는 계기가 되지만 당시만 해도 유럽이라는 남의 땅에서 벌어지는 전쟁에 미국을 이끈다는 것은 쉽지 않은 일이었다. 윌슨 대통령은 조지 크릴이라는 홍보전문가를 영입하는데 그가 만들어낸 명언이 바로 '모든 전쟁을 끝내기 위한 전쟁'이다.

한국어 랩에 라임이 있다 없다 논란처럼 대구는 영어 쪽이 더 그럴싸한데 영어로 쓰면 'The War to End All Wars'로 입에 척 감기는 완성도 높은 명언이다. 결국, 미국은 이 명언에 움직여 모든 전쟁을 끝내기 위한 위대한 전쟁에 발을 들이게 되고 승리도 거머쥐게 되지만 21세기인 오늘날까지 모든 전쟁을 끝내기는커녕 새로운 전쟁을 일으키는 당사자가 되어 있으니 약발은 세되 진정성은 떨어지는 명언이 되었다.

촌철살인

원래 성질머리가 그래서 툭 내뱉었는데 그게 또 명언이 되는 경우가 있다. 이게 하필이면 부대 지휘관 및 해당 부대의 심성과도 잘 맞아떨어지는데다가 당면하고 있던 전투상황과도 딱 맞아 들었는데 그 명언은 바로 단 한 마디, 'Nuts!'다.

1944년 12월 22일 그 유명한 '발지대전투' 기간 중 바스토뉴 숲에 고립된 미 101 공수부대 앞에 백기를 든 독일군들이 나타난다. 이들은 항복을 권하는 만토이펠 장군의 친서를 들고 왔는데 이를 받아든 101 지휘관 매컬리프 장군은 'Nuts!'라는 한 마디로 모든 대답을 대신한다. 사전에 'Nuts'는 속어로 바보쯤 된다고 점잖게 나와 있지만, 어감을 살려 의역해 본다면 'X까' 정도 되는 느낌이었을 것이다.

어떤 기록에는 'Nuts!'라고 적고 이것은 욕이라는 친절한 해설을 얹었다는 얘기도 있고, 또는 점잖은 만토이펠이 뭔 소린지 못 알아들었

▶ 독일군의 항복 제안에 "Nuts!"라고 답했다는 내용은 미군 내에서 각종 훈화와 보도 형식으로 전파되었다.

'Nuts!' Retort by McAuliffe; Taken Up as a Rallying Cry

By The Associated Press.

BASTOGNE, Belgium, Dec. 29—The commander of Bastogne's valorous 10,000 who made history with a single word—"nuts"—was 46-year-old Brig. Gen. Anthony C. McAuliffe. He was acting commander of the 101st Airborne Division and odds and ends of the United States Third Army's Ninth and Tenth Armored Divisions that had been thrown in hurriedly to stem the German rush toward Sedan.

This soldier from Washington and his troops had been in tough spots before, such as the Normandy landings and the airborne penetration of the Netherlands. When the commander of the German forces drawn up in a siege ring around Bastogne sent an ultimatum to surrender, General McAuliffe sent back the reply that may rank with John Paul Jones' "We have just begun to fight!" It was simply: "Nuts!"

Then the general told his tough fighters what he had done, and this typical American retort became a rallying call for the garrison of 10,000.

Others in on Fight

Besides the 101st (Screaming Eagle) Airborne and the Ninth and Tenth Armored Divisions, these Third Army divisions took relief roles in the Bastogne drama:

The Fourth Armored, the Eightieth (Blue Ridge) Infantry and the Twenty-sixth (Yankee) Infantry.

Two other units, the Fourth (Ivy) and Fifth (Red Diamond) Infantry Divisions, were named today as having aided in the Third Army's great offensive against the south of the German bulge, operating in northeast Luxembourg.

The answer "Nuts," went back to the German lines Dec. 22. Four

Continued on Page 3, Column 2

M'AULIFFE RALLIED MEN WITH 'NUTS' CRY

Continued From Page 1

days later, when the Eightieth Infantry and Fourth Armored Divisions broke through to their relief, the fields before the American lines around Bastogne were littered with the debris of 200 German tanks which had butted in vain against the doughboy positions. The Americans 'ad been attacked by five German divisions.

Units of the Twenty-sixth Infantry Division also had helped to smash the encirclement of Bastogne.

The next day the 101st regular commander, Maj. Gen. Maxwell D. Taylor, arrived after a trip by plane and jeep from Washington, where he had been on Christmas Eve.

More of the epic story of American courage at Bastogne was disclosed today. The stand well may have frustrated the well-laid plans of Field Marshal Karl von Rundstedt. Certainly the Germans could not keep the drive toward France going at full steam without Bastogne's seven highways and one railroad.

General McAuliffe and his troops told the enemy in terms that fighting men understand that they could not have the roads. The 101st Airborne had been spoiling for a fight, and got one when it was rushed into Bastogne by truck just before the waves of attacking Germans closed around the city.

다는 얘기도 있지만 그건 하나도 중요하지 않다. 매컬리프 장군이 'Nuts!'라고 외쳤을 때는 부하들에게 '얘들아 우린 공수부대다. 함 죽자!' 크게 꾸짖은 것이라 적군의 이해 여부는 부차적인 문제다. 영화 〈밴드 오브 브라더스〉에도 항복 권유와 그에 대한 답변을 전파하는 장면이 등장하는 것처럼 'Nuts!'는 내부 정훈용 명언이었고 그 약발은 제대로 들어 오늘날 마케터들에게까지 한 마디로 해결 보는 꿈의 카피로 전승되고 있다.

난중명언

우리나라에도 여러 밀리터리 명언들이 있지만 그중 최강은 이순신 장군이다. 이순신 장군 하면 명언 제조기 수준이시지만 제일 유명한 '신에게는 아직 열두 척이 있사옵니다.' 하시고 나서 바로 그 열두 척을 이끌고 전장에 나서면서 병사들에게 훈시한 '필사즉생(必死則生) 필생즉사(必生則死) 일부당경(一夫當逕) 족구천부(足懼千夫)'가 이순신 명언의 압권이다.

'죽고자 하면 살고, 살고자 하면 죽는다.'로 병사들에게 결사의 각오를 불러일으킨 다음 '길목을 막아선 한 사람이 능히 천 명을 당해 낸다.'로 전술적 우위에 대한 자신감을 심어 주는 이 명언은 감정을 건드리고 나서 이성을 자극하는 구성을 하고 있어, 이성으로 시작하나 싶지만 감정을 건드리는 서양 명언들과는 차별성이 있다. 이 명언은 '오자병법'에 나오는 두 구절을 응용한 것으로 요즘 유행하는 식으로 말하면 교양이 바탕이 된 격이 있는 명언이다.

원래 '일당백' 정신은 우리 민족 고유의 밀리터리 정신으로 김유신 장군도 '대장부 한 사람이 죽기를 각오하면 백 사람을 당할 수 있다.'라는 명언을 남긴 바 있지만, 이순신 장군은 단순히 일당백 정신만을 강조하는 것이 아니라 전술적 고지를 선점하고 전술적 우위를 유지하면 이길 수도 있고 살 수도 있다는 점을 병사들에게 강조한다. 다른 명언이 '기본 정석'이라면 이순신 장군의 명언은 '실력 정석'하고도 '유제풀

▶ 미군정청이 1946년에 발행한 이순신 장군 우표는 이순신 장군이 오래전부터 민족 영웅으로 추앙받았던 것을 보여주고 있다. 정조임금도 이순신 장군을 숭상하여 영의정으로 추증하고 유고 전집 간행을 지시했다.

이' 수준이니 알렉산더 대왕이 말한 양떼를 이끄는 사자가 바로 이순신 장군이 아닐까?

개똥철학

대중에 관심이 많은 철학자 탁석산 씨는 최근 저서 〈한국인은 무엇으로 사는가〉에서 한국인의 철학을 '개똥철학'으로 정의했다. 만화 〈식객〉의 대사를 패러디해서 덧붙인다면 '한국 사람이 4천만 명이면 4천만 개의 철학이 있는 것'이 바로 개똥철학의 세계다. 탁석산 씨는 개똥철학을 한국인의 실용성과 역동성 그리고 삶에 대한 관점이 어우러진 것으로 좋게 보았는데 대한민국 군대로 가면 개똥철학의 진한 맛이 우러나오는 군대 명언들이 있다.

장군님들이 결전을 앞두고 뿜어내는 사자후들은 그대로 역사의 한 페이지로 남겠지만 이름 모를 병사가 남겨 놓은 '개똥철학'은 입에서 입으로 전해지면서 또 누군가의 '개똥철학'과 만나면서 군대 명언을 남긴다. '개똥철학'이 낳은 대한민국 군대 명언의 특징은 고된 군대 생활을 직시하면서 '그래도 삶은 계속되고 시작이 있으면 끝도 있으니 좀 견뎌 봐라.'라는 훈훈한(?) 정서가 특징이다.

가장 대표적인 것이 '거꾸로 매달아 놓아도 국방부 시계는 간다.'와 낙관론의 진수 '피할 수 없으면 즐겨라'가 있다. '포기란 김치를 담글 때 쓰는 말이다'나 '군인이 삽도 없이 전쟁을 해?' 같은 웃어 가면서 하는 명언도 있다. 특수부대로 가면 군대 명언도 좀 빡세지는데 '안 되면 되게 하라'나 '안 되면 될 때까지', '죽을 때도 오와 열'이 대표적이다. 개인적으로 꼽는 베스트는 파견 나간 부대에서 본 '시간아 구보로! 청춘아 원위치! 사랑아 동작 그만!'인데 특히 '사랑아 동작 그만' 앞에서 옛날 생각나는 예비역들 여럿 있겠다.

이름 없는 병사들 사이에서 입에서 입으로 전해지며 정립된 개똥철학성 군대명언들은 장군님들이 부하들에게 던지는 소프트파워 리더십이었던 다른 명언들과는 달리, 아랫것들이 아랫것들에게 던지는 말이었다는 점에서 차별성을 갖는다. 여기에는 빡빡한 군대 질서를 강요하는 측면과 그 군대 질서가 주는 압박감을 해소하려는 측면이 공존하고 있다. 요즘 식으로 표현한다면 '군대명언 2.0'이거나 '군대명언+집단지성'이지 싶다.

13 가방을 든 브래들리

롬멜은 몽고메리와 싸웠고 몽고메리는 패튼과 경쟁했다. 정면승부를 낸 적은 없지만 지략파 롬멜의 맞수는 정석파 몽고메리보다는 화끈한 행동파 패튼일 것이다. 그리고 안경과 가방으로 기억되는 브래들리가 있다.

지휘봉을 든 롬멜, 채찍을 든 패튼

2차 대전 인물 중에서 액션피겨로 가장 많이 만들어진 사람은 바로 롬멜일 것이다. 대표적인 액션피겨 메이커인 드래곤, 핫토이, 디드 모두 롬멜을 냈고 드래곤만 해도 서너 종류의 롬멜 피겨를 냈다.

회사는 달라도 롬멜 피겨에 꼭 포함되는 것이 롬멜의 지휘봉으로 아프리카 사막에서 대서양 방벽까지 롬멜 피겨라면 언제나 지휘봉을 움켜쥐고 있다. 액션피겨 디자이너의 눈에 비친 롬멜 장군은 뭐니 뭐니 해도 작전이나 지휘의 사나이인 셈이고 이는 일반인들의 시각과도 크게 다르지 않다.

롬멜 만큼 인기를 누리지는 못했지만, 미국의 맹장 패튼 역시 액션 피겨로 환생했다. 드래곤에서만 모두 세 종류의 패튼을 내 놓았는데 롬멜이 지휘봉이라면 패튼은 승마용 채찍을 들고 있다. 롬멜이 어딘가 품격이 느껴지는 지휘봉으로 상징된다면 병사들을 소말 다루듯 다그쳤던 속도전의 달인 패튼에게는 달리는 탱크에 박차를 가하는 느낌인 채찍이 딱이다.

최근 연구 결과에 따르면 냉전 당시 미군이 롬멜을 부각시키는 작업을 했다고 한다. 소련에 맞서 독일을 재무장시킬 필요가 있었던 미군은 나치 독일의 이미지를 상쇄시킬 대안으로 롬멜을 택했다는 견해다. 그렇다 해도 미군이 없던 롬멜을 만들어 냈다기보다는 롬멜이 가졌던 특정한 측면들을 부각시켰다는 쪽이 더 적절할 것이다.

롬멜에 대한 느낌을 한마디로 정의한다면 '프로페셔널'이다. 히틀러를 존경했지만, 나치에는 끝내 입당하지 않았던 롬멜은 정치를 위해 군대를 제물로 바쳤던 괴링과는 다르게 싸우고 이기는 군인의 길에 충실했다.

군인 롬멜, 프로페셔널 롬멜의 매력에 하나를 덧붙인다면 '귀족'이라는 단어를 고르겠다. 이름에 폰(von)이 들어가는 실제 귀족 핏줄인지 아닌지는 중요하지 않다. 롬멜이 남긴 모습들은 확실히 귀족적 풍모랄지 구식 군인의 미덕을 갖추고 있다. 롬멜은 병사들과 함께 고락을 같이하는 소탈한 사진들을 여럿 남겼지만, 그것마저도 원래 가지고 있던 귀족적인 이미지가 있었기에 더 강력한 효과를 얻었다.

그런 점에서 불도저처럼 밀어붙이는 양키 스타일의 전형으로 알려진 패튼은 억울하다. 유럽보다는 격식을 덜 차리는 미국이라지만 그래도 귀족의 풍모랄지 취향을 가진 사람이 바로 패튼이었다. 일찍부터 웨스트포인트의 전설로 자리 잡았던 패튼 역시 명예를 중시하는 구식군인이었다. 다만, 그 표현이 외향적이었지만 말이다.

패튼은 지휘봉 삼아 채찍을 즐겨 들고 다녔고 이는 그의 귀족 취미 중 하나였던 승마의 영향이다. 패튼은 군복 바지보다는 승마용 바지를 즐겨 입고 다녔고 승마를 즐긴다는 것 자체가 귀족 취향을 보여주며 실제로 패튼은 유럽 문화에 대한 동경을 자주 표현하기도 했다. 패튼에게 채찍은 부하들을 다그친다는 뜻도 있었겠지만, 그가 자신의 탱크부대를 현대판 기병대로 보았다는 것으로 생각한다.

비록 서로 상극의 인물로 기억되지만, 지휘봉의 롬멜과 채찍의 패튼은 현대판 기병대를 이끈 구식 군인들이자 귀족 지향을 했다는 점에서 통하는 점도 많았던 셈이다.

가방을 든 브래들리

드래곤 액션피겨로 2차 대전의 명장 오마 브래들리도 만들어졌다.

그런데 브래들리 피겨는 안경을 쓰고 가방을 든 일종의 사무직으로 그려지고 있다. 롬멜은 지휘봉, 패튼은 채찍인데 명색이 장군인 브래들리가, 그것도 패튼보다 계급도 높았던 브래들리가 가방이라니?

브래들리 장군은 2차 대전에 이름을 남긴 여러 장군 사이에서 확 떠오르는 그런 인물은 아니다. 실제로 드래곤에서 브래들리 피겨가 나왔을 때도 이 사람이 누구냐는 질문도 더러 올라왔고, 실존했던 장군이라는 생각은 못하고 '무슨 행정병이 나왔나 봐요.' 소리를 듣는 브래들리의 굴욕(?)도 있었다. 하지만, 눈에 잘 띄지 않는 곳에서 가방을 들고 한 그 역할이 바로 브래들리의 몫이었다.

어려서 2차 대전을 다룬 영화나 드라마들을 보면서 한칼 하는 것은 아닌데 은근하게 자리 잡고 있는 브래들리를 발견했다. 원래 개인적인 취향이 추억의 만화 〈캔디 캔디〉라면 안경 쓰고 점잖은 스테아, 명작 만화 〈슬램덩크〉라면 꾸준하고 꾸준한 안경 선배 같은 인물에게 끌리

▶ 드래곤에서 제작한 브래들리 장군 피겨는 가방을 특징으로 부각시키고 있는데, 실제 브래들리 장군을 잘 묘사했다는 평가를 받고 있다.

는 편이라 한 성질 하는 장군들 사이에서 안경 끼고 가방 들고 다니던 브래들리에게 어딘가 끌리곤 했다.

영화나 드라마에 등장하는 패튼은 한 마디로 폭주기관차다. 부하들에게 조국을 위해 죽지 말고 적군을 죽여 놓고 '어이 너는 조국을 위해 죽은 거야'하고 웃어주라고 가르치는 패튼이야 말로 적이면 불편하고 아군이면 든든한 전쟁터에 꼭 필요한 바로 그런 장군이다.

미친 듯이 내달리며 독일군을 박살 내는 것은 좋은데 일단 패튼을 풀어놓으면 누구도 말릴 수 없다는 게 문제였다. 연합군 사령관 아이젠하워에겐 패튼만 있는 것은 아니다. 아브람스나 워커 같은 미군 장군들은 그렇다 치고 영국에서 온 몽고메리가 패튼의 성질머리에 까칠해지기라도 하다면 전체 전선의 균형은 무너지고 말 것이다.

바로 이때 아이젠하워의 두통을 잠재워 줄 인물은 딱 브래들리가 된다. 영화에 등장하는 브래들리도 맘 좋은 아저씨 얼굴을 하고 나타나 아이젠하워가 괴로워하면 옆에서 들어주기, 지프 타고 전선으로 달려가 패튼 달래주기, 미군 험담하는 몽고메리 옆에서 맞장구 쳐주기 등 좀 심하게 말하면 〈섹스 앤드 시티〉에 등장하는 게이 친구 역할을 마다하지 않는다.

기록 사진에 등장하는 브래들리 역시 거의 '월리를 찾아라' 느낌이다. 아이젠하워와 패튼 사이에서 분위기를 훈훈하게 만드는 브래들리, 몽고메리와 한담을 나누는 브래들리 하는 식으로 대개 브래들리가 등장하는 사진은 독사진은 거의 없고 야전 지휘관 옆에서 이야기를 들어

주는 사진들이다. 아이젠하워가 사령부에 앉아 그 넓은 전선을 무대로 개성과 무공이 넘쳐흐르는 쟁쟁한 장군들로 장기를 둘 수 있었던 것도 가방을 들고 사령부와 전선을 오갔던 브래들리의 공이 컸다.

▶ 아이젠하워와 패튼 사이에 있는 브래들리 장군. 실제로 브래들리 장군의 주된 임무는 아이젠하워 총사령관의 뜻과 전선에 있는 여러 장군 사이를 조율하는 것이었다.

롬멜과 패튼이 라이벌이었다면 패튼과 브래들리는 친구 사이라고 말하는 사람들도 있지만 원래 브래들리는 패튼 밑에 있었던 사람이다. 나중에는 브래들리 밑에 패튼이 있게 되지만 패튼이 브래들리의 지휘를 받아들인 것을 보면 브래들리도 그저 순하지만은 않은 '외유내강'의 사나이였을 것이다.

아무리 맘 좋은 아저씨 얼굴을 하고 있다 해도 브래들리 역시 한 나라의 장군을 맡은 사람으로 '전쟁에서 2등에 줄 포상은 없다.'라는 살벌한 말도 어록으로 남겼다. 부상병 구타 사건으로 위기에 처한 패튼을 노르망디 상륙 작전을 앞두고 독일군을 속이고자 가공으로 만들어낸 군단 사령관으로 써먹을 생각을 한 냉정한 사나이도 안경을 쓰고 가방을 든 브래들리였다.

회사 다니면 보면 사장이나 부장은 재수 없는데 팀장이나 과장이 좋아서 버티는 경우가 있다. 패튼 입장에서 아이젠하워 사장님 하고는 껄끄러웠지만, 브래들리 이사님 하고는 얘기가 통했는지 경쟁자인 몽고메리가 노르망디 상륙작전을 지휘하는 동안 서류상 군단장을 맡아야 하는, 평소 패튼이라면 절대로 삼키지 않았을 쓴 약을 꿀꺽 삼킨다. 쓴 약은 당연히 몸에 좋고 패튼은 일선에 복귀하여 노르망디 상륙작전에 이어 펼쳐지는 유럽 본토 전선에서 다시 한 번 자신의 주특기인 눈부신 속도전을 펼칠 기회를 얻게 된다.

브래들리 리더십

미니시리즈 〈밴드 오브 브라더스〉에서 전쟁이 끝난 직후를 그린 마지막 에피소드에 이르면 전쟁터에서 빛났던 영웅들이 평화로운 시기를 견디지 못하는 장면들이 펼쳐진다. 술에 빠져 사고를 치기도 하고, '먹고사니즘'에 골몰하게도 된다. 전선의 병사들이 전쟁에서 평화로의 이행기를 힘들어한다면 하물며 장군들은 오죽하겠는가?

롬멜은 전쟁의 끝을 보지는 못했지만, 비극적인 최후를 맞이한 탓에 자신의 이미지를 고스란히 간직할 수 있었다. 하지만, 살아서 평화를 맞이한 패튼은 무료한 시기를 보내며 시들다가 교통사고로 허무하게 세상을 떠나게 된다. 잘 나가던 연예인이 지금은 어디서 어쩌고 하는 뉴스들을 가끔 보게 되는데 장군들 역시 살아 전쟁터에서 무공을 세울 기회를 얻는 것도 복이지만 전쟁을 마친 뒤 그 영광을 어떻게 간직할 것인가도 어려운 시험이다.

브래들리는 전쟁을 마치고도 군에서 오랜 시간을 보냈다. 원수 계급에 이르렀고 합참의장을 역임했다. 한국전쟁과 냉전 초기까지 영향력을 드러냈는데 맥아더와 트루먼 대통령이 대립하며 미국이 자랑하는 군에 대한 민간 우위(civil control)가 위협받던 당시에도 결국 브래들리가 군 원로로 나서 상황을 진정시킬 정도였다.

한국전쟁 당시 만주에 핵을 때리자는 맥아더를 말린 것도 브래들리였지만 '인류는 핵을 가진 거인이나 윤리에선 어린아이'라는 명언을 날리며 핵의 위험성을 무겁게 받아들였던 것도 브래들리였다. 어쩌면 맥

▶ 2차대전의 영웅들이 종전과 함께 역사의 뒤안길로 사라진 데 비해 브래들리는 군 내부는 물론 정부와 언론에 이르기까지 고른 지지를 받으며 군 원로로 활약했다.

아더는 여전히 2차 대전에 있었고 브래들리는 냉전시대를 내다보고 있었을지도 모르겠다.

링컨은 '사람을 시험해 보고 싶다면 위기보다는 권력을 주라.'고 했다. 사람 대부분은 생각보다 어려운 시절은 잘 견뎌내곤 하지만 주체할 수 없는 돈이나 권력 앞에서는 대부분 본색이 드러나기 마련이다. 일을 하려면 권력을 몰아주거나 나눠야 할 필요가 있는데 권력을 몰아줘도 변하지 않고, 권력을 나누자 해도 허허로운 것이 바로 브래들리의 리더십일 것이다.

브래들리는 M2 보병전투차(IFV: Infantry Fighting Vehicle) 시리즈에 이름을 남겼다. 흔히 '브래들리 장갑차'라고 부르는 이 녀석은 무장이나 장갑이 아주 허약한 것은 아니지만, 주력 탱크에 비할 것은 아니

▶ 다른 장군들이 강력한 탱크들에 이름을 남겼다면 브래들리는 보병과 함께 전진하는, 소박하지만 꼭 필요한 장갑차에 이름을 남겼다.

어서 이라크 전쟁에서는 공격을 받아 불타오르는 장면들로 기억되기도 한다.

기갑부대를 휘몰아쳤던 패튼이나 아브람스가 강력한 주력 전차에 이름을 남겼다면 가방을 들고 다니던 브래들리는 보병전투차에 이름을 남겨 묘한 느낌이 든다. 누구나 가지고 다니는 가장 작은 단위 동전에 얼굴을 남긴 링컨처럼, 강력하진 않지만 전선의 보병들과 함께하는 보병전투차에 이름을 남긴 것은 어쩌면 브래들리에 대한 칭송으로 느껴진다. 실제로 브래들리는 부하들을 무척 아낀 장군이었다고 하니 최전선의 알보병들과 함께 전진하는 보병전투차에 브래들리보다 더 좋은 이름을 찾기는 어려울 것이다.

14 해군에 지원하라!

한 사람이 세상을 살아가는 동안 인생의 바탕이 되고 전환점이 되는 여러 과정이 있다. 부모, 학교, 연애, 취업 등등을 적어 내려가다 보면 군대 역시 빼놓을 수 없는 강력한 체험이다. 해군을 지원한 힘으로 사회에서 한 몫 단단히 한 예비역 아저씨들을 만나 보자.

지하철의 영웅은 바다에서 왔다

2007년 1월 2일 뉴욕 맨해튼 137번가 지하철역. 50세 흑인 건설노동자 웨슬리 오트리는 두 딸과 함께 지하철을 기다리고 있었다. 역으로 들어오는 전동차 불빛이 보이는 순간 옆에 있던 청년이 비틀거리며 선로로 떨어졌다. 주저 없이 선로로 뛰어내린 오트리는 이미 의식을 잃은 청년을 데리고 빠져나갈 시간이 없다는 것을 깨달았다. 선로 가운데에 청년을 데리고 엎드린 오트리 위로 불과 5cm 차이로 다섯 량의 전동차가 지나갔다.

“우린 괜찮습니다!” 끔찍한 사고가 일어났으리라 여기고 비명을 지르던 사람들은 오트리의 외침에 손뼉을 치며 환호성을 질렀다. 오트리가 쓰고 있던 털모자에 전동차가 지나가면서 묻은 기름이 남아 있을 정도로 간발의 차이였다. 0.3초의 기적, 뉴욕 지하철의 영웅이 탄생하는 순간이었다.

선로에 떨어진 캐머런 홀로피터는 뉴욕 영화아카데미에 다니는 19세의 학생으로 평소 건강이 좋지 않아 의식을 잃었던 것. 사람들은 오트리를 영웅이라 부르지만, 그는 단지 “나는 영웅이 아니다. 내가 한 일은 뉴욕 시민이라면 누구나 했어야 하는 일일 뿐”이라 말한다.

무관심의 도시 뉴욕에서 타인을 위해 목숨을 거는 일은 흔치 않다. 흑인 건설노동자 오트리가 보여준 타인을 위한 행동, 위기 상황에서 침착한 대응을 놓고 사람들은 이유를 알고 싶어 했다. 오트리가 세 아

▶ 지하철에 뛰어들어 빠른 판단력으로 인명을 구한 오트리를 두고 미국 언론들은 그가 해군 출신이라는 점을 중요한 배경으로 보도했다.

이의 아버지로 성실한 가장이었다는 점에서 타인의 고통을 외면하지 않았던 이유를 찾았다. 0.3초의 침착한 대응은 어디에서 왔을까? 전문가들은 오트리의 해군 복무 경험에서 답을 찾았다. 그는 자원자였고 훈련받은 사람이었던 것이다.

우리 아빠도 해군이었죠

〈첫 키스만 50번째〉라는 영화를 보셨을까? 하와이가 배경으로 주인공 드류 배리모어는 자동차 사고로 단기 기억상실증에 걸려 하루만 지나면 기억이 리셋 되어 사고 나기 전으로 돌아간다. 이런저런 난관을 극복하고 사랑을 이룬다는 대략 로맨틱한 영화니 총과 칼이 난무하는 종합폭력잡지(?) 〈플래툰〉 독자가 이런 말랑말랑한 영화를 봤을 가능성은 거의 없을 것 같다.

놀랍게도 극장에서 이 영화를 볼 때 눈길을 확 잡아끈 것은 이름도 잘 모를 배우가 연기한 드류 배리모어의 아빠 휘트모어씨다. 단기 기억상실증에 걸린 딸이 상처받을까 지극정성으로 보살피고 남자 주인공의 설득에 자기 고집을 꺾기도 하는 마음 넓은 사나이다. 마지막 장면까지 함께 하면서 든든한 버팀목이 되어 주는 이 영화의 정신적 지주인 이 영감님은 영화에서 딱 한 장면 해군 모자를 쓰고 등장한다.

▶ 영화 〈첫 키스만 50번째〉에 나오는 아버지는 해군 모자를 쓰고 나온다. 영화 안에서 해군 출신이라고 자랑하지는 않지만, 딸을 위해 헌신하는 아빠를 설명하기에 해군 출신은 딱 좋은 설명이다.

모자에 쓰여 있던 함명을 찾아보니 실제로 활동했던 군함이었다. 오호라 영화 배경이 하와이요, 돌아가셨다는 여주인공 엄마가 하와이 사람이라 하니 이거 잘 나가던 해군 양반이 원주민 처녀와 눈이 맞아 눌러앉은 게로구먼. 일찍 아내를 여의고 딸 하나 잘 키워 보자고 어부로 묵묵히 살아온 남자. 영화 내내 보이는 끝없는 헌신은 훈련받은 해군이 그 바탕이었으리라.

톰 클랜시의 소설 주인공 잭 라이언은 해병대 출신으로 누군가 그를 가리켜 '폭풍우가 다가올 때 함께 있으면 든든한 사람'이라 부른다. 할리우드 영화를 비롯한 미국 대중문화가 그리는 해군 출신의 긍정적인 이미지는 공동체를 위해 앞장서고 무엇보다 위기 상황에 대처하는 능력이 있는 사람이다. 어뢰정 정장으로 일본군 군함에 격침되었지만, 부하들을 이끌고 생환한 영웅담을 밑천으로 대통령이 되는 해군 중위 케네디처럼 말이다.

웃음의 달인은 해병대 출신

사람이 한결같이 살기도 쉽지 않고 멋지게 죽기도 쉽지 않은데 이 두 가지를 거뜬히 해낸 양반이 있다. 정치 풍자로 워싱턴을 들었다 놓았다 했던 칼럼니스트 아트 부크월드가 그 주인공으로 2007년 1월 17일 향년 81세로 세상을 떠나면서도 사람들을 제대로 웃겨 버렸다. 그는 미리 준비해둔 동영상을 통해 "안녕하세요. 아트 부크월드입니다. 제가 조금 전에 사망했습니다."라며 자신의 부고를 직접 전해버린 것이다.

부크월드는 지난해 당뇨병으로 한쪽 다리를 절단하고 신장병으로 투병하면서 호스피스 시설에서 임종을 준비하고 있었다. 그는 이 와중에서도 "여기에선 다이어트 걱정 없이 뭐든 먹을 수 있어 내 인생 최고의 시기"라며 너스레를 잊지 않았고 의사들이 예고한 시한을 넘어 살아가면서 "유언장도 다시 쓰고 장례 준비도 새로 해야 하니 귀찮고 무엇보다 부시 대통령을 걱정하자니 골치"라며 풍자의 고삐를 늦추지 않았다.

유머로 점철된 부크월드도 시작은 그리 즐겁지 않았다. 아버지는 사업실패로 떠돌았고 어머니는 정신병원을 드나들어 그 자신은 보육원에서 어린 시절을 보내며 우울증과 자살 충동에 시달렸다. 고등학교도 중간에 때려치운 부크월드는 젊은 혈기에 뛰어든 해병대에서 세상과 맞설 근성을 기른다. 마셜 군도에서 태평양 전쟁을 치른 그는 전쟁이라는 극한 상황에서 오히려 웃음으로 세상을 바라보는 길을 보았고 해병대를 전역하고 대학에서 유머잡지에 글을 실으면서 풍자 달인의 인생을 시작했다.

미국인들이 부크월드를 그리워하는 것은 웃기는 사람은 많지만, 그처럼 신나게 웃고 나서 생각하게 하는 농담을 던지는 이는 많지 않기 때문이다. 부크월드는 농담 하나를 해도 "부시 대통령은 이라크의 미사일이 빙산의 일각이라 주장하지만 아무래도 부시는 타이타닉호의 선장이 아닐까?" 같은 고강도 펀치를 날렸다.

살벌한 전쟁터를 겪었던 그였기에 전쟁을 경계하는 농담 하나에도 무게가 실린다. 흔히 군대에서 썩는다고 하지만 부크월드를 보면 군대에서 발효시켜 사람 만든 셈이다.

명예로운 해군 피터 장

최초의 흑인 심해 잠수부를 그린 영화 〈맨 오브 아너〉에서 주인공은 해군에서 배운 것은 다름 아닌 '명예'라고 답한다. 군대란 원래 명예를 중시하는 곳이지만 특히 해군은 명예를 존중하는 구식 군대 기질을 버리지 못하고 격식과 관습을 좋아하는 종족이다. 아이스크림이라 놀림 받아도 하얀 정복을 입어줘야 맛이 나는 것이 바로 해군 아닌가.

〈맨 오브 아너〉에 등장하는 미 해군 심해 잠수부는 까다로운 선발조건과 고된 훈련으로 유명하지만, 이곳을 돌파한 첫 번째 아시아계

잠수부가 바로 한국계 피터 장이다. 피터 장은 한인 이민 역사가 시작된 1903년 미국 본토에서 태어난 최초의 한인으로 평가받는다. 1922년 해군 사관학교에 지원했지만, 아시아계라는 이유로 거부당하고 다시 해군 사병으로 지원해서 복무를 시작한다.

1932년에 피터 장은 미 해군 심해 잠수부를 지원하여 최초의 아시아계 심해 잠수부로 활동했고 2차 대전 때는 진주만에 있는 어뢰전 학교에서 병사들을 키워냈다. 해군 준위로 복무를 마친 그는 자식 교육에 헌신하여 두 자녀를 모두 명문대인 스탠퍼드에 진학시킨다. 당시 스탠퍼드 대학 부근에 집을 얻으러 다녔지만, 아시아계라는 이유로 거절당했을 정도로 설움도 겪었지만, 한국인 특유의 성실함과 해군 복무 경력으로 지역 공동체에 인정받았다.

피터 장은 2006년 103세를 일기로 세상을 떠났지만, 그가 온몸으로 맞서 개척한 길은 한인은 물론 아시아계를 이끈 것으로 추앙받았다. 산호세 머큐리 뉴스는 '퇴역 군인의 승리'라는 제목으로 피터 장의 일

▶ 피터 장은 아시아계로는 최초로 미 해군 심해 잠수사로 활약했다. 가난한 나라에서 온 이민자로 인종 차별에 직면할 때, 그가 해군으로 복무했던 경험은 든든한 밑천이 되었다.

생을 소개했고 그가 숨을 거둔 병원에서도 특별히 그를 기리는 추모식을 열었다. 피터 장의 아들은 산타크루즈 카운티 검찰국장을 역임했고 그의 손자 역시 할아버지를 이어 해군 엔지니어로 복무 중이다.

피터 장을 생각하며 영화 〈라이언 일병 구하기〉를 떠올렸다. 밀러 대위를 비롯한 레인저 대원들의 목숨과 맞바꿔 살려낸 라이언 일병은 큰 재벌이 되거나 장군이 되는 것이 아니라 아내와 자식들에게 존경받는 아버지가 되었고 이것이 바로 미국인들이 중요하게 여기는 가치일 것이다. 낯선 땅에서 태어나 아시아계라는 차별에 시달렸지만 성공한 해군이자 성공한 아버지로 살아가며 진심 어린 존경을 받았던 피터 장에게 '명예'라는 두 글자는 절대 아깝지 않다.

15 소수정예의 힘

옛 소련군 교리는 공격하는 쪽은 방어하는 쪽의 3배의 병력을 가져야 한다고 가르쳤다. 손자 역시 이길 수 있는 싸움만 하라고 했다. 전쟁이란 병력이건 정세건 충분히 적을 압도할 수 있을 때 시작해야 하며 승리를 장담하기 어려운 불리한 싸움은 피하는 것이 옳다. 하지만, 전쟁이라는 공간에서는 소수 병력으로 압도적인 다수와 싸워야 하는 선택의 갈림길에 서곤 한다.

어 퓨 굿 맨

영어로 다수에 맞서는 소수를 적을 때 즐겨 쓰이는 단어는 'few'. 이 'few'를 좋아하는 군대로 미 해병대만 한 친구들이 없다. 미 해병대 모병 슬로건으로 유명한 것이 'We're looking for a few good men'으로 이 슬로건은 미 해병대가 등장하는 법정 영화 〈어 퓨 굿 맨〉에 인용되기도 했다. 영화에서 'a few good men'은 이중적인 뜻으로 쓰이지만 밀리터리라면 '소수정예'로 옮겨야 제 맛이다.

한 마디로 미 해병대는 적 다수와 싸우는 소수 임무를 맡아 왔다. 바다를 통해 적국에 들어선다는 전통적인 해병의 임무는 바다를 건너가는 것도 문제지만 적이 점령한 해안에 진입하기 때문에 큰 위험부담을 요구한다. 미국 외교 정책과 맞물려 주어지는 국외 원정 임무 역시 늘 다수의 적 사이에 고립되기 마련이어서 부담스럽기는 마찬가지다.

소수를 이끌고 다수와 싸워야 한다는 문제점을 돌파하기 위한 미 해병대의 대책(?)은 오히려 소수라는 약점을 장점으로 바꿔 놓는 것이다. 우리가 소수인 것은 잘난 놈들만 모아 놓았기 때문이며, 설사 네가 잘난 놈이 아니라 해도 여기 해병대에 들어온 이상 잘난 놈으로 만들어 주겠다는 조직문화를 세운다. 이 조직문화를 바탕으로 나타나는 감투정신과 전투력이 숫자 이상을 만들어 낸다는 것이 미 해병대의 힘이다.

'모든 해병은 소총수다.'라는 미 해병대의 주장 역시 소수정예와 관련이 있다. 흔히 군대에서 전투 병력과 지원 병력의 비율이 있기 마련이지만 지원 병력도 사실은 소총수라 정의하고 훈련하는 것은 닥치면 모두 다 나가서 싸워야 하는 해병대의 사정과 관련이 있다. 모든 해병은 소총수인데다가 아예 명사수라고 정의하고 이 정의에 도달하도록 어떻게든 만드는 문화는 탱크나 헬리콥터로 계산하기 어려운 미 해병대 특유의 자산일 것이다.

▶ 자신들이 고생한다는 것을 즐거워하는 대표적인 집단이 바로 미 해병대다. 최근 미 해병대가 즐겨 쓰는 문구인 "The Few, The Proud"는 모병 포스터에 빠지지 않고 등장한다.

강력한 자부심에 근거한 미 해병대의 소수정예 정신은 압도적인 패배에 직면했을 때도 그 진가를 발휘한다. 1950년 겨울 미 해병 1사단이 중공군 6개 사단에 포위되었을 때 영하 20~30도를 오가는 혹독한 추위마저 더해졌다. 미 해병 1사단이 많은 희생을 치렀으나 탈출에 성공한 데에는 항공 지원, 영국군과 미 육군의 지원 등 여러 요인이 있었지만, 미 해병대 특유의 감투 정신을 꼽는 이들이 많다.

장진호에서 살아 돌아온 해병대원들을 'chosin few'라 부르며 특별히 기억하는 것을 보면 미 해병대가 'few'를 얼마나 좋아하는지 알 수 있다. 미 해병대 모병 슬로건 중에 'The Few. The Proud'가 있는 것처럼 소수가 다수를 이기는 힘은 소수라는 사실에 기죽지 않고 오히려 자랑스럽게 여기는 자부심에서 출발한다.

밴드 오브 브라더스

해병대 못지않게 소수정예를 추구하는 군대가 있다면 공수부대를 꼽을 것이다. 현실에서도 해병대와 공수부대는 서로 누가 더 빡센가, 누가 더 멋진 놈들인가를 놓고 종종 주먹이 오가는 토론(?)을 벌이기도 한다. 적진 깊숙이 낙하산 메고 뛰어내린 뒤 소수로 고립되어 본대가 올 때까지 버티고 또 버텨야 하는 공수부대 역시 이럴 줄 알았지만 스스로 좋아서 모인 소수정예들이다.

공수부대 역시 해병대와 유사한 방법으로 소수 힘을 끌어낸다. 세 번의 점프를 마쳐야만 사람 취급을 받는 공수부대의 통과의례는 그 자신이 이제는 특별한 소수 중의 하나라고 느끼게 하는 힘을 갖는다. 지나온 역사와 선배들의 무용담을 중시하는 것 역시 해병대와 공수부대의 공통점으로 내가 어느 가문의 후손이라는 것은 현재의 나에게 아무런 영향을 끼치지 않는 것 같아도 그것에서 자신의 정체성을 찾고 타인과의 차별화를 시작한다면 정신적인 면은 물론 현실에서도 뭔가 든든한 밑천이 되는 것처럼 말이다.

2차 대전 미 공수부대 이야기를 옮긴 미니시리즈 〈밴드 오브 브라더스〉의 제목 역시 'few'라는 모티브를 담고 있다. 전우들, 형제들 정도로 옮겨질 'band of brothers'는 셰익스피어의 희곡 〈헨리 5세〉에서 가져온 것이다. 6천 명 남짓한 영국군을 이끌고 2만이 넘는 프랑스군과 결전을 벌이기 전 헨리 5세는 'We few, we happy few, we band of brothers'로 전해지는 유명한 연설로 병사들의 사기를 돋우려 한다.

다수가 소수를 이기는 것은 뉴스가 되지 않지만, 소수가 압도적인 다수를 이긴다면 이건 전설이요 역사가 될 것이라는 것이 헨리 5세의 주장이다. 오늘 나와 함께 싸우는 이들 모두가 내 형제라는 왕의 이야기도 전우애를 강조하는 보편적인 언급이면서도 귀족들인 기사로부터 평민 출신인 궁수들까지 다양한 계급을 아우르려는 속내도 있었을 것이다. 베트남 전쟁에서 흑인과 함께 싸운 백인 병사들이 제대 후 인종차별에 대해 당시 평균보다 유연한 생각을 했다는 조사도 있는 것처럼 전우애는 많은 가치를 넘어서며 특히 불리한 상황을 함께 뚫고 나온 소수의 기억은 더 강하기 마련이다.

훗날 '아쟁쿠르 전투'로 역사에 남게 되는 헨리 5세와 소수의 전쟁은 프랑스 기사를 무찌른 영국의 장궁(longbow)으로 요약되기도 한다.

▶ 셰익스피어의 희곡 〈헨리 5세〉는 유명한 아쟁쿠르 전투를 배경으로 "우리는 소수다, 행복한 소수다."라는 명대사를 담고 있다. 〈헨리 5세〉에서 따온 "Band of Brothers"는 공수부대를 다룬 논픽션과 드라마의 제목이 되었다. 영화 〈르네상스 맨〉에는 각개 전투장에서 〈헨리 5세〉의 바로 그 대사를 읊는 명장면이 있다.

당시 영국군이 일사불란한 지휘체계를 발휘했지만, 프랑스군은 기사들의 공명심에 저마다 진격하고 후퇴하는 무질서를 연출했으며 무엇보다 기사의 갑옷을 꿰뚫었던 영국군의 장궁은 결전의 승패를 좌우한 결정적 무기가 되었다.

소수가 다수를 이기고 살아남으려면 소수정예라는 자부심을 느끼는 것이 출발점이지만 그것을 뒷받침할 수 있는 지휘체계가 있어야 자부심이라는 힘을 현실로 끌어낼 수 있다. 여기에 약점을 보완하고 독특한 강점이 될 수 있는 결정적 무기가 더해진다면 승리와 생존을 향해 한 걸음 더 다가설 수 있다.

소수정예를 위한 무기는 당대에서 가장 강한 무기일 필요는 없다. 바로 그 소수가 잘 다룰 수 있으면서 그들이 맞서는 다수를 괴롭힐 수 있는 무기일 때 결정적 무기의 반열에 오르는 것이다.

배틀 오브 브리튼

1940년 8월 13일, 영국해협을 무대로 영국 공군과 독일 공군의 대규모 항공전이 벌어진다. '영국항공전(The Battle of Britain)'으로 불리는 이 전투는 영국의 운명을 건 전투이면서 2차 대전의 향방을 가른 결전이 되었고 소수(few)의 전쟁이라는 점에서도 여러 가지 결정적 요인들을 한 공간에 압축시켜 놓고 있다.

영국항공전은 이름 그대로 항공전으로 치러졌다. 공군이 지상군을 직접 공격하고 대공 미사일의 발달로 항공기 없이 적 공군을 공격하는 것이 가능해지는 2차 대전 이후를 생각한다면 순수한 항공전으로 치러진 영국항공전은 앞으로는 없을 공간을 만들어 냈고 이 공간에서 찬란한 소수정예가 탄생한다.

원래 공군 조종사야말로 소수정예의 대표 선수들이다. 이들은 신체 조건에서부터 엄격한 기준을 요구받고 훈련도 뚝딱 이뤄지는 것이 아니라 오랜 기간을 두고 여러 가지 교육과 훈련을 소화해야 한다. 훈련을 마쳤다고 바로 정예가 되는 것이 아니라 다시 추가되는 훈련과 실전을 거쳐야만 비로소 한 사람의 공군 조종사로 서게 되는 것이다.

영국항공전은 상식 밖의 속도로 조종사들을 소모시켰기 때문에 특히 자원이 제한된 영국은 소수정예인 조종사들을 대량 생산(?)해야 하는 딜레마에 빠졌다. 조국의 운명이 바람 앞에 있었기에 애국심에 투철한 지원자들은 끊이지 않았지만, 비행기 모는 법만 교육받으면 바로 공중전에 투입해야 하는 각박한 상황은 소수정예가 모자라 전세가 나빠지고, 전세가 매우 급하니 소수정예를 키우지 못하는 악순환을 만들어 냈다.

조종사 다수를 올려 보내고 실력이었건 운이었건 살아남은 소수들이 생기고 그 소수 중에서 소수가 계속 살아남으면서 결국 영국을 구원할 소수정예가 생겨났다. 소수정예를 만드는 가장 빠른 방법이야말로 실전에서 단련되는 것이라는 점을 영국항공전은 보여주고 있지만, 실전에서 소수정예를 단련시키는 방법은 그만큼 많은 희생이 필요하다는 점 역시 분명하게 보여주었다.

영국항공전을 책임진 한 축이 조종사들이라면 다른 한 축은 항공기 그 자체였다. 소수정예는 정신력과 훈련 못지않게 알맞은 장비가 중요하다면 '스핏파이어'라는 균형 잡힌 전투기는 영국을 구원하는 천사의 날개가 되었다. 영국항공전에서도 새삼 확인되는 것은 소수정예에게 중요한 것은 강력한 무기보다는 적절한 무기다(물론 강력하면 좋지만).

영국항공전에 뛰어들어 큰 희생과 영광을 함께 누린 이들이 있었으니 바로 대전 초기 독일군에게 조국을 빼앗긴 폴란드, 체코, 헝가리 등에서 온 조종사들이었다. 일손이 급한 영국군에서는 이들의 도움이

▶ 처칠 수상은 영국을 지키려 목숨을 걸어야 하는 소수정예 파일럿을 일러 "이렇게 많은 사람이, 이렇게 소수에게 큰 신세를 진 적이 없다."라고 말했다. 하늘에서 소수정예들이 싸우고 있을 때, 땅에서는 여러 국민이 폭격의 고통과 맞서 싸웠고 소수의 투쟁은 다수를 위할 때 그 가치가 빛난다.

라도 받아야 했다. 조국을 되찾고자 낯선 하늘에 뛰어들었던 이들은 큰 희생을 치러야 했지만, 이들 중에서도 불구덩이를 헤치고 나온 소수정예들은 노련한 파일럿이 되어 독일군에게 큰 희생을 강요하며 활약한다.

일본계 미국인들의 지위를 위해 전쟁터에 나선 442연대라거나 전투참여에서 배제되었던 흑인부대가 그러기에 더 열심히 전투에 나선 것처럼 국가나 정치 차원의 소수들은 전쟁터에 몸을 던지고 누구보다 더 열심히 싸움으로써 자신이 속한 소수 그룹의 명예를 높이고 지위 향상에 이바지하기도 한다. 원래 소수의 싸움이라는 것은 눈물겹기 마련이지만 소수 운명을 개척하기 위해 목숨을 거는 소수정예들의 이야기는 가슴에 뜨거운 것이 치밀게 한다.

16 스위스 근위대 이야기

"바티칸엔 도대체 무장한 군대가 몇 사단이나 있는가?" 스탈린의 비웃음에 교황 비오 12세는 "우리 군대는 모두 하늘에 있다."라며 중후하게 답했지만, 만약 스탈린의 붉은 군대가 바티칸으로 몰려든다면 목숨을 다해 교황을 지킬 '지상의 군대'는 오직 스위스 근위대, 바로 그들일 것이다.

그들은 '코홀스 헬베티카'

그들의 정식 이름은 라틴어로 '코홀스 헬베티카'(Cohols Helvetica), 영어로 풀어 스위스에서 온 교황 근위대(Pontifical Swiss Guards), 흔히 '스위스 근위대'나 '스위스 용병대'로 통한다. 그들의 임무는 인구 1,000명의 가장 작은 나라 바티칸 시국 주권자이자 11억 카톨릭 신자의 영적 지도자인 교황을 보위하는 것이다. 그들이 바티칸에 처음 나타난 것은 1505년(기록에 따라서는 1506년). 당시 교황 율리우스 2세는 약화되었던 교회국가 재건을 꿈꾸며 성 베드로 대성당을 개축하면서 공사 진행 동안 경호를 위해 스위스 용병 150여 명과 고용계약을 맺는다.

오늘날 스위스는 관광과 정밀 산업으로 세계에서도 알아주는 부자 나라지만 그 당시만 해도 스위스는 먹고 살기 어려운 척박한 오지였고, 수출할 것이라고는 돈 받고 대신 싸워주는 용병밖에 없었다. 당시 스위스 용병대는 그 막강한 전투력을 인정받아 유럽 여러 나라에서 치열한 스카우트 대상이 되었다. 스위스 용병들이 강력한 이유는 산악지방에서 태어나 단련된 타고난 사냥꾼(jager)이라는 점과 한 번 맺은 계약을 충실히 이행하는 철저한 '품질보증' 때문이랄까.

명성은 쉬이 전해지지 않는다는 옛말처럼 교황 성하의 스위스 용병들도 예외는 아니어서 1527년 신성로마제국 샤를 5세가 바티칸을 침공했을 때 스위스 용병대는 대장 카스퍼 로이스트를 포함하여 147명이 죽고 47명이 살아남는 전멸 직전의 상황에서도 당시 교황 클레멘트 7세를 무사히 대피시켜 그 용맹과 충성심을 드높인다. 이후 교황을 지키는 영광스런 임무는 스위스 용병 몫으로 굳어지게 되는데, 이 시대 스위스 근위대에 내려진 공식 슬로건은 '교회 자유의 수호자'(Defensores Ecclesiae Libertatis)로 이 영예로운 칭호 역시 결전을 맞아 피의 대가로 얻어진 것이었다.

지금도 매년 5월 6일에는 신입 대원들의 선서식이 열리는데 1527년

147명의 근위대원이 교황을 지키다 목숨을 바친 바로 그날을 기념하는 것으로 당쥬 대위의 의수를 가지고 기념식을 거행하는 프랑스 외인부대의 '카메룬 데이'를 떠올리게 한다. 왼손으로는 부대기를 잡고 오른손으로 삼위일체를 상징하는 세 손가락을 들어 선서하는데 선서에는 '죽음으로'(to the death) 교황을 지키겠다는 맹세를 포함한다. 부대기는 그들이 모신 최초 교황인 율리어스 2세의 문장과 그들이 충성을 바칠 당대 교황의 문장 그리고 부대 문장과 현 사령관 문장으로 이뤄져 있다.

스위스 근위대가 되어보자

당신이 스위스 근위대가 되고자 한다면 (당연히) 스위스 사람이어야 하는데 그것도 독일어를 쓰는 지역 사람이어야 하고 독실한 카톨릭 신자여야 한다. 19~30세의 남자로 미혼이어야 하는데 일정 기간 근무하면 허가를 받아 결혼을 위해 신부를 로마로 데려올 수 있다고 한다. 특이하게 인물을 걸러내는 군대라 잘 생겼나 하는 것도 공식 심사 대상이며 적어도 키가 1.74m는 넘어야 한다. 최근에는 구인난으로 독일어 지역이 아닌 곳에서도 대원을 모집하고 있고 여성 대원 모집도 조심스럽게 거론되고 있다.

▶ 오늘날 바티칸을 상징하는 것으로 스위스 근위대를 기억하는 이들이 많다. 스위스 근위대의 독특한 복장은 미켈란젤로가 디자인했다는 설이 있지만, 뚜렷하게 확증된 유래는 없다.

대원 모집은 스위스에서 이뤄지고 있는데 스위스 육군에서 기초 군사훈련을 받은 사람을 대상으로 한다. 잘 알려진 것처럼 스위스 남성들은 20세가 되면 15주 동안 기초 군사훈련을 받고 (집에 장전된 자동소총을 소지하는) 현역편성 예비군이 되는 것을 시작으로 55세는 되어야 병역에서 벗어날 수 있다. 적어도 이 기초 군사훈련을 받은 사람들을 대상으로 스위스 교황 근위대원을 모집한다는 얘기로 스위스 정부는 교황 근위대 복무 기간에는 스위스군 병역 의무에서 해제해 준다.

스위스군의 전투력을 이야기할 때 빠지지 않는 것이 윌리엄 텔의 후예들답게 스위스군은 명사수 지향이라는 점이다. '엎드려 쏴'를 위해 제식 소총에 양각대를 달고 짧은 탄창을 달아주는 스위스군의 사격술은 유럽 다른 나라들보다 뛰어나다고 하고 평소 실사격을 자주 한다는 스위스 근위대의 사격술 역시 그만큼 또는 그 이상일 것이다.

스위스에는 '슈빙겐'이라는 전통 격투기랄지 샅바를 쓰는 일종의 씨름이 있다. 스위스 근위대 출신으로 유명한 슈빙겐 선수가 있는 것으로 미루어 러시아 군대에서 전통 격투기인 삼보를 하듯 스위스 근위대에서 근접 격투술의 하나로 슈빙겐을 하지 않을까 추측해 보지만 아직 확증은 없다.

스위스 근위대 병력은 5명의 장교를 포함해서 약 120명을 넘지 않는다. 미국식 계급 체계를 가지고 있고 최고 지휘관 계급은 대령이다. 스위스 근위대의 군사 훈련과 교리는 (당연한 얘기겠지만) 스위스 육군의 것과 비슷하다고 알려졌다. 재미있는 것은 스위스 근위대가 되면 스위스 용병대 특유의 창인 '할베르트'('할버드'로도 읽는다)와 장검 사용법 그리고 중세식 갑옷 입기 등 시간을 거슬러 올라가는 훈련도 받는다는 점인데 올해로 그 역사만 500년을 맞는, 단일 군대로서는 세계에서 가장 오래된 군대다운 모습이 아닐까 싶다.

▶ 21세기에도 창을 들고 근무하는 구식 군대이지만 바티칸 곳곳을 첨단 장비로 감시하는 신식 군대이기도 하다. 모태가 되는 스위스 육군 전통을 따라 사격에도 큰 비중을 두고 훈련한다.

빈사의 사자

스위스 관광을 다녀온 분들이라면 루체른에 있는 '빈사의 사자 상'을 기억하실 것이다. 1792년 프랑스 혁명 당시 '그대들과 상관없는 내란이니 고국으로 돌아가라.'라는 친절을 거절하고 루이 16세와의 계약을 지키려고 끝까지 싸우다 죽어간 768명의 스위스 용병들을 주제로 1821년에 조각되었다. 창에 찔려 마지막 숨을 몰아쉬는 사자가 동굴에 웅크리고 있고 그 아래 호수가 조성된 형상으로 이 호수가 스위스 용병들이 흘린 피를 상징한다.

지금 스위스는 정밀공업의 나라요 관광의 나라지만 당시만 해도 '알프스의 도적떼'라는 이름으로 불릴 정도로 척박한 곳이었고 오랜 기간 스위스를 먹여 살린 주요 산업이 바로 용병 수출이었다. 당시 스위스 용병대는 국가나 종교를 가리지 않고 고용주와의 계약에 충성을 다하는 것으로 정평이 높았는데 한 용병대가 비겁한 모습을 보이면 전체 스위스 용병대의 처지가 곤란해지기 때문에 모두의 생존을 위해 계약에 목숨을 거는 것으로 스위스 용병의 명성을 쌓아 올렸다.

루이 16세의 실정이야 잘 알려진 사실이고 당시 스위스 용병들의 처지라면 배고프다고 몰려온 프랑스 민중들과 더 가까웠을 것이다. 루이 16세도 가라 하고 프랑스 민중들도 길을 열어 주었지만 요즘 식으로 표현하면 스위스 용병이라는 '국가 브랜드'를 지키려고 기꺼이 768명의 목숨을 바친 것이다. 조상님들 정말 몸바쳐 싸운 덕에 오늘의 스위스가 있는 것으로 바로 그 스위스 용병대의 유산을 생각해 본다면 루체른에 있는 빈사의 사자 상과 바티칸에 있는 스위스 근위대 사이의 거리는 그리 멀지 않다.

▶ 스위스 루체른에 있는 '빈사의 사자 상'. 창에 찔려 죽음 앞에서 고통받는 사자의 모습은 스위스 공동의 명예와 이익을 위해 죽어간 용병들을 기리고 있다.

기념사진 속의 군대?

프랑스에 다녀온 이라면 누구나 에펠탑을 뒤에 놓고 찍은 사진을 간직하듯이 바티칸을 다녀온 방문객이라면 르네상스 복장의 스위스 근위대를 배경으로 사진 한 장 찍고 오는 정도의 센스(?)는 가져야 한다. 구식 무기를 들고 문지기를 하는 탓에 스위스 근위대의 전투력은 늘 의심받기 마련이고 관광객을 위한 전시용이 아니냐 하는 의심도 자주 받는다. 관광객 접대를 포함해서 각종 의전 행사를 수행하는 것은 오늘날 스위스 근위대의 주된 임무지만 용맹한 스위스 용병의 후예답게 그들 역시 군대이고 전투를 위한 병력인 것 또한 사실이다.

그들의 기본 임무는 바티칸 경비와 교황 보위다. 보이는 곳에서 창을 들고 관광객을 통제하는 것도 그들 몫이지만 보이지 않는 곳에서 각종 탐지기와 감시 카메라를 이용하여 경비망을 운용하는 것 역시 그들이 하는 일이다. 교황은 로마 교구 주교를 겸하기 때문에 넓은 뜻에서 교황 경호는 이탈리아 경찰이 맡고 있지만, 근접 경호는 스위스 근위대 몫이다. 이때 스위스 근위대는 사복으로 교황을 경호하며 권총과 기관단총을 비롯한 화기들로 무장하고 유도를 비롯한 경호무술 또한 강도 높게 훈련받고 있다. 교황이 외국 순방에 나설 때도 사복 차림으로 무장 경호를 수행한다.

스위스 근위대가 어떤 형태의 전쟁을 할 것인가 하는 문제는 결국 그들의 주군인 교황과 바티칸에 달렸다. 교황이 주변 열강들과 정치적으로 대립할 때는 147명의 목숨을 제단에 바쳐야 했지만, 오늘날처럼 교황이 영적인 지도자로 나아갈 때 스위스 근위대는 바티칸의 명예를 드높이기 위한 의전에 더욱 많은 노력을 기울이게 마련이다.

하지만, 고 요한 바오로 2세가 공산권 민주화를 적극적으로 지원하면서 (소련의 사주로 여겨지는) 피격 사건에 맞닥뜨리게 되고 스위스 근위대의 임무 역시 테러 방지에 무게가 실렸던 것처럼 시대와 바티칸이라는 함수 관계에 따라 언제 어떤 전투 임무를 부여받을지 장담할 수는 없는 노릇이다. 2차 대전 때 히틀러의 군대가 로마에 나타났을 때 스위스 근위대 전원이 화려한 근위복을 벗어 던지고 회색 군복 차림에 기관총에 박격포까지 꺼내 들고 대치했던 것처럼 말이다.

21세기와 스위스 근위대

특정 지역을 정해 용병을 징병한다는 것은 여왕 폐하의 구르카 용사들과 같은 처지지만 지원율이라는 점에서 본다면 하늘과 땅이다. 네팔에서 지내는 것에 비해 높은 소득을 얻을 수 있고 공을 세운다면 영국 시민권도 얻을 수 있는 구르카 용병에 비한다면 경제 강국 스위스 젊은이들에게 1,000달러 조금 넘는다는 스위스 근위대 봉급은 (아무리 숙식 제공에 멋진 옷과 갑옷도 준다지만) 미끼가 되기엔 턱없이 부족할 것이다. 총력안보의 나라 스위스 본국에서조차도 병역의무에 불만을 품은 젊은이들이 늘어나는 상황에서 말이다.

마치 공군 파일럿들이 제대하고 민항기로 옮기면서 더욱 나은 경제적 여건을 누리듯 스위스 근위대 출신들에게도 제대 후 더 나은 대우가 있다고 한다. 테러와의 전쟁 시대를 맞아 수요가 느는 경호업계에서 스위스 근위대 출신을 선호한다고 하는데 일단 체격이나 외모를 한 번 걸러낸 친구들이고 국가원수급 의전과 경호를 거친 인력들이며 외국어 능통자가 많아서 상대적으로 좋은 대우를 받는다고 한다. 일부는 고향 스위스로 돌아가 지역 경찰서장으로 특채되는 일도 있다고 하니 그리 팍팍한 상황은 아닌 듯싶다.

하지만, 구르카 연대나 프랑스 외인부대에 지원하는 것이 단지 돈이나 시민권 때문만은 아닌 것처럼 21세기에 버젓이 존재하는 구식군대 스위스 근위대의 존재 역시 비용이나 효율 같은 개념으로 따질 수 없는 어떤 특별한 매력을 가지는 것 또한 사실이다. 국민개병제와 상비군의 시대를 맞아 역사의 뒤안길로 사라진 전설의 스위스 용병대가 21세기인 오늘에도 명맥을 유지하고 있다는 것, 그것도 교황을 보위하는 성스러운 임무를 수행한다는 것 자체가 양피지 두루마리에 적힌 무용담을 읽는 것처럼 어떤 낭만을 느끼게 한다.

종교로서 카톨릭의 지위는 여러 시대를 거쳐 오면서 변화를 겪어 왔다. 최근 유럽에서는 카톨릭 신자가 줄어드는 추세지만 아시아와 남미 지역에서는 신자가 늘어나고 있다. 정신적 지주로서 교황의 영향력도 부침을 겪어 최근에는 낙태나 동성애 같은 주제를 두고 교황이 비난받

▶ 스위스 근위대 자체의 보수는 넉넉한 편은 아니지만, 교황을 근접 경호했다는 경력 때문에 퇴역 후 경호원이나 법집행 관련 분야에서 인기가 높다고 한다.

는 일도 있고 〈다빈치 코드〉같은 과감한 문화 컨텐츠의 등장도 교황의 심기를 불편하게 하고 있다.

카톨릭과 교황의 미래가 어떻게 될 것인지 미리 알 수는 없겠지만 지금 장담할 수 있는 것 한 가지는 교황 곁에는 죽음으로 그를 지킬 충성스런 '지상의 군대' 스위스 근위대가 버티고 있다는 사실이다. 지금껏 500년 동안 그러했던 것처럼 말이다.

17 700

후삼국 시대의 혼란을 매듭짓고 태어난 신생 왕조 고려가 치른 첫 시련은 거란의 침입이었다. 당나라가 약화하는 틈을 타 나라를 일으킨 거란은 발해를 멸망시키고 만리장성을 넘어 후진을 무너뜨린다. 중원진출을 앞두고 배후에 있는 고려를 장악하기 위해 거란의 대군들이 밀려들어오고 이제 시대는 전장으로 영웅들을 부른다.

흥화진의 밤

그 역할로 따진다면 거란을 막아선 고려의 '흥화진'(조선의 백마산성)은 당나라 대군에 맞선 고구려의 안시성과 같았다. 종심으로 길게 늘어선 진격로에서 적의 대군을 막아 냄으로써 수도를 지킬 여유를 벌어준다는 점이 그랬다.

하지만, 안시성이 정변을 일으킨 연개소문이 직접 대군을 이끌고 와서도 함락시키지 못할 정도로 견고한 요새였다면 이곳 흥화진은 병사들과 백성을 합쳐 불과 수천 명이 머무는 작은 산성에 지나지 않았다. 조선에 이르러 백마산성이라 불리는 흥화진은 시계가 좋고 무엇보다 우물이 많아 농성하기 좋은 곳이었지만 병자호란 때 이곳을 지킨 임경업 장군이 적정 병력을 4~5천 명으로 추산할 정도의 규모였다.

거란의 2차 침입이 있던 1010년 11월 17일, 무려 40만의 거란 병이 흥화진으로 들이쳤고 수천 명으로 추정되는 흥화진의 병사들과 백성은 합심하여 7일간 성을 방어했다. 유목민족인 거란군은 기동전을 중시했기 때문에 안시성 함락을 고집했던 당나라와는 다르게 병력 20만을 떼어 흥화진을 지키게 하고 나머지 병력을 남하시켰다.

흥화진 주둔 고려군을 이끄는 서북면 도순검사 양규 입장에서는 해야 할 것 이상을 한 셈이었다. 기세등등하게 몰려오던 거란군에게 패배를 안겼고 병력의 절반을 묶어두었으니 말이다. 항복을 강요하던 거란군도 황제 이름으로 치하를 하고 사라졌으니 이곳만 잘 지키면서 이

▶ 평안북도에 있었던 흥화진은 지금은 백마산성으로 불리는 곳으로 고구려 시대부터 유래하는 유적이다. 현재 북한 국보 문화유물 제58호다.

전쟁을 무사히 마친다면 좋은 앞날이 기다리고 있을 것이다.

1010년 흥화진에 부임하여 바로 그해 시작된 2차 거란전쟁을 치른 양규가 어떤 사람이었는지 자세한 기록은 없다. 하지만, 사람이 하는 행동이 곧 그 사람이라면 흥화진의 승리에 안주하지 않고 적을 치고 백성을 구하고자 목숨을 아끼지 않았던 이가 바로 양규였다. 흥화진을 지나쳐 남하한 거란군 20만 명이 고려군 총사령관 강조가 이끄는 30만 명을 통주에서 괴멸시키고 이어 곽주까지 점령했다는 소식을 듣자 다시 700명의 병력을 꾸려 출진에 나선다. 20만을 잡고자 700이 나선 것이다.

고려 기병 700

양규는 흥화진을 포위한 거란군 모르게 700명을 이끌고 밤을 틈타 성을 나선다. 흥화진의 방어도 고려해야 했기 때문에 방어 병력을 남겨둬야 했을 것이기에 차출된 700명으로 흥화진의 총 병력을 짐작해 본다면 불과 수천 명이 40만 명을 막아내고 20만 명을 묶어둔 것에 새삼 감탄하게 된다. 양규가 추린 700명은 그 실력에서도 정예였겠지만 남으면 살고 나가면 죽을 것이 뻔한 상황에서 흔쾌히 따라나섰다는 점에서 그 투혼도 정예였을 것이다.

▶ 개성시 공민왕릉에 있는 무인상. 고려 무인의 복장을 짐작게 한다.

유목민족 거란군은 기병을 앞세운 기동전으로 고려군을 괴롭혔지만 사실 고려 역시 고구려부터 이어지는 기병 전술의 후예였고 고려 기병의 매서운 맛을 보여줄 몫이 이제 양규와 700 전사들에게 있었다. 거란군 기병이 넓은 들판에서 단련된 병력이라면 고려 기병은 산세가 험한 한반도 지형에서 단련된 병력이었다. 20만 명이 지키는 포위망을 감쪽같이 돌파한 것도 평소 산과 계곡을 넘나들며 훈련받았던 고려 기병의 실력이었을 것이다.

양규는 700명을 이끌고 통주에 이르러 패잔병 1천 명을 수습하고 조금도 쉬지 않고 이 병력을 이끌고 바로 곽주로 진격한다. 패잔병을 합쳐 1천 명이 되었다는 것인지 패잔병 1천 명을 수습했다는 것인지 분명하지 않기에 양규의 병력은 크게 잡아도 2천 명이 되지 못하는 규모였지만 당시 곽주를 지키던 거란군 6천 명을 몰살시키고 성을 되찾는다.

양주가 곽주를 치기까지 거란군은 고려 기병들을 전혀 포착하지 못했다. 기동전의 달인 양규는 곽주에 남아있던 백성 7천 명을 이끌고 다시 통주로 이동해서 통주 방어를 강화시켰다. 고립된 요새에서 특공대가 나와 허를 찌르고 대승을 거두는, 영화로 만들어도 아깝지 않을 이 극적인 장면들이 우리 사료들 특유의 건조한 표현들 때문에 자세하게 전하지 않는 점이 안타깝지만, 그 결과를 놓고 미루어 짐작하는 것만으로도 피가 끓어오른다.

한 명의 백성이라도

양규의 허를 찌르는 기습은 거란군을 당황하게 했다. 당시 거란군은 서경(평양)을 공략하고 있었는데 곽주를 빼앗기고 통주가 강화되었다는 소식에 좌절한다. 하지만, 유목민족 거란군은 중국인들과는 다른 존재여서 서경을 포기하고 철수하기보다는 오히려 남하를 감행해서 수도 개경(개성)을 향해 진격한다. 병력이 거의 없던 개경에 들이친 거란군은 무혈 입성하여 도성을 불태우고 10일간 약탈을 자행하고 수만 명의 백성을 납치하여 퇴각을 시작한다.

기세등등하게 고려를 침입하여 수도까지 공략한 거란군이지만 뚜렷한 정치적 성과 하나 이루지 못한 채 이제 그들의 관심은 무사히 빠져나가는 것이었다. 퇴각하던 거란군은 자신들의 진격로였던 곽주-통주를 거치는 해안이 아닌 귀주를 거치는 내륙을 택했다. 내륙을 지나는 것이 해안보다 더 험하고 힘든 지형이었음에도 굳이 이 길을 택한 것도 곽주를 되찾고 통주를 강화한 양규의 활약이 작용했을 것이다.

1011년 1월 17일 귀주에 주둔하고 있던 별장 김숙흥이 거란군을 포착하고 공격하여 1만 명을 죽인 것을 시작으로 고려의 반격이 시작된다. 전쟁에선 병력과 무기 못지않게 정신력과 사기가 중요한데 강조의 대패로 무너진 고려군의 자존심이 양규의 승리에 자극받아 되살아난 것이다. 영웅호걸은 서로 통하는 것인지 김숙흥과 양규는 북쪽과 남쪽에서 번갈아 거란군을 공격한다.

이때 양규의 전과를 보면 이상한 점이 있다. 양규는 무로대에서 거란군 2천 명을 죽이고 납치된 포로 3천 명을 구한다. 다시 이수에서 거란군을 공격해서 석령까지 추격하여 거란군 2천5백 명을 죽이고 백성 1천 명을 구한다. 사흘 뒤 여리참에서 하루 세 번의 전투를 벌여 거란군 1천 명을 죽이고 백성 1천 명을 구한다.

여전히 양규가 소수정예 기병을 이끌고 있다고 본다면 적이 강을 건널 때를 기다려 기습 공격을 하는 쪽이 전과를 올리기에는 좋다. 그러나 양규는 산과 계곡 그리고 들판을 가리지 않고 쉬지 않고 적군을 공격하며 고된 강행군을 하고 있다. 이런 식으로는 소수 정예의 양규 병력은 피로가 누적되고 적에게 노출되기 마련이다. 하지만, 양규의 의도는 뚜렷했다. 단 한 명의 백성이라도 놓치지 말고 구하라! 저 멀리 거란 땅으로 끌려갈 고려인들에게 놓여 있는 혹독한 운명을 바꿔주기 위해 쉬지 않고 말을 달리고 활을 쏘았던 것이다.

영웅을 기억하라

1011년 1월 28일. 도주하는 거란군을 향해 고려군의 화살이 바람을 가르며 날아들었다. 과연 이들이 우리가 손쉽게 격파하고 지나갔던 그 고려군인가 싶을 정도로 매서운 공격이 이어졌다. 산을 돌아 나타나 활을 날리고 귀신같이 사라지더니 등을 돌리고 몇 걸음 도망치려면 어느새 나타나 배후를 강타한다. 말 달리기라면 태어나 지금까지 밥 먹듯이 하던 일이었지만 나무와 바위를 마치 풀밭처럼 대하며 달리더니 불쑥 몸을 돌려 활을 날리는 고려 기병들에겐 존경심마저 들었다.

이날에 이르러 서로 떨어져 거란군을 요격하던 양규와 김숙흥 부대가 만났다. 정확한 위치는 전해지지 않지만 귀주와 흥화진 사이로 여겨지는 애전에서 거란군을 포착하여 공격하고 있었다. 후퇴에 급급한 부대라지만 여전히 거란군은 사나운 존재였고 적의 섬멸 못지않게 포로 구출에 무게를 두는 양규의 지시를 따르느라 고려 기병들은 고된 전투를 치르고 있었다. 거란군을 물리치고 구출한 백성을 수습하는 부하들을 보며 양규는 죽을 각오로 흥화진을 빠져나오던 밤을 떠올렸다.

영웅의 운이 다했는지 막 전투를 마친 양규와 김숙흥 부대 앞에 성종이 이끄는 거란군 본대가 나타났다. 퇴각하는 군대라 해도 거란 황제를 직접 이끄는 본대라면 그 병력이나 무장이 만만치 않았을 것이고 이내 양규와 김숙흥 부대는 포위되고 만다. 양규와 김숙흥은 항복 제안을 한마디로 거절했다. 기병 돌파로 탈출을 시도했다면 적어도 지휘부는 살 수 있었겠지만 고려 정예답게 전투에 임했다. 어쩌면 양규의 행적으로 미루어 본다면 백성이 탈출할 시간을 벌어주기 위해 전멸을 각오했을지도 모른다.

전하는 기록은 '규와 흥은 종일토록 역전하다가 무기와 화살이 떨어지고 이날 전사하였다.'라는 건조한 문장이지만 이 짧은 문장 안에 영웅의 비장한 최후가 있다. 거란군은 눈엣가시 같던 양규군을 없애는데 성공했지만 양규의 최후는 고려군 투지에 불을 붙인다. 압록강을 도강하던 거란군은 흥화진 부대의 공격을 받아 많은 전사자를 낸다. 기록에는 '거란군이 물에 빠져 죽은 자가 매우 많았다.'라고만 나오지

▶ 강감찬 장군(왼쪽)이 이끈 귀주대첩의 승리로 3차에 걸친 고려와 거란의 전쟁은 고려의 승리로 완결된다.

만 양규의 이름을 외치며 거란군에게 화살을 날리는 고려군이 눈에 선하다.

거란군의 제2차 고려 침입은 거란 황제가 직접 참전했지만 적어도 병력의 1/4을 잃고도 성 하나 손에 넣지 못하고 끝났다. 거란 전쟁의 영웅 양규가 보여준 것은 고려 기병의 힘 이전에 나라를 지키고 백성을 구하고자 죽음을 무릅쓰는 무인의 길 그 자체였다. 양규를 잃은 것은 큰 손실이었지만 제2차 거란전쟁을 통해 단련된 젊은 무장들이 자라 제3차 거란전쟁에서 거란을 물리치는 주역이 된다. 세 번에 걸친 거란전쟁을 종결짓는 귀주대첩은 양규가 비장한 최후를 마친 곳에서 멀지 않은 곳이며 거란군의 최후를 바라보는 고려 무인 중에서 양규를 떠올리지 않은 이가 얼마나 되었을까?

Chapter 2

카빈의 추억

21 카빈의 추억

총을 짧게 줄이고 영어로 'C'를 붙이면 휴대성을 높인 총이 된다. 과거 보병용 소총을 줄여 만든 기병용 소총에서 유래한 'Carbine'은 '카ㄹ-바인' 정도로 읽는다지만 특별히 대한민국 사람들에겐 '카빈' 또는 '칼빈'이라 불리는 특정한 총을 뜻한다. M1/M2 카빈은 50년 넘게 아직도 대한민국 어딘가에서 사격 되고 있고 수줍게 고백한다면 내가 제일 좋아하는 총이다.

에므왕, 엠 십육 그리고 기관단총

총에 대해서 대한민국은 이중적인 태도를 가진 나라다. 총기의 개인 소지가 엄격하게 통제되고 있고 요즘은 규제가 좀 풀렸다고는 하지만 도검류를 비롯한 무기와 관련된 통제 또한 엄격하다. 미국 사람들만 해도 총기를 가질 자유 자체를 중요하게 여기고 유럽 사람들 또한 개인의 자유라는 측면에서 이해하지만, 한국 사람들은 아직 개인이 총을 가진다는 생각 자체에 대해서도 그리 우호적이지 않다.

반면 대한민국은 총을 쌓아두고 사는 나라다. 지금은 그 존재감이 많이 흐려지기는 했지만, 북한이라는 무시무시한 적에 맞서 대한민국 남자라면 철들고 나서는 하다못해 가짜 총이라도 들고 훈련을 해야 하고 군대에 가서 2년 안팎으로 총과 함께 세월을 보내다 사회인이 되어서도 다시 7~8년은 1년에 한두 번은 총을 들고 다니던지 쏘아 보든지 해야 한다. 군대에 있다고 총을 맘대로 다룰 수 있는 것은 아니지만, 대부분의 대한민국 남자들은 총에 대한 기본 소양을 지니고 있다(또는 강요당한다?).

요즘은 어떤지 모르겠지만 내가 전두환 대통령 시절을 고등학생으로 살던 때에는 교련이라는 과목이 있어 시대를 앞서간 어반 그레이 위장 무늬가 그려진 교련복을 입고 검은색 합성수지로 만들어진 가짜 총을 들고 총검술 같은 것을 학교에서(!) 배워야 했다. 이때 우리 추억에 남았던 총은 크게 네 종류가 있었는데 각각 부르는 이름은 그 총의 지위와 역할을 슬기롭게 설명하고 있었다.

'에므왕'은 M1 개런드 소총을 뜻한다. 2차 대전 승리의 한 요인으로까지 평가받는 이 소총은 6·25 동란 때에도 국군 주력무기로 쓰였고 국군은 이 총을 들고 베트남 정글까지 갔다. 미군에겐 적당한 크기인 이 총은 한국인에겐 무척 버거웠고 월남전 참전을 계기로 M16이 도입되면서 후방으로 돌려졌다.

내가 경험했던 1986년 고등학교 교련시간을 돌이켜 본다면 총검술은 M16 모형 총기로 배우고 공이를 제거한 M1 개런드 실총으로는 분해, 결합을 배웠다. 교련창고 구석에 밤색으로 사출된 에므왕 소총 모형들이 있던 것이 세대교체의 흔적을 보여주었던 것 같다. 사족으로 2차 대전 재현을 하시는 분 중에서 이 교련용 에므왕을 요긴하게 쓰시는 분들이 계시다고.

M16은 그냥 '엠 십육'으로 불렸다. '에므'와 '엠'의 차이가 일본의 영향력에서 미국의 영향력으로 옮겨간 현실을 보여주기도 하고 '십육'이라는 우리말로 부르는 것은 M16을 라이선스 생산하여 우리 총으로 소화시킨 것을 보여준다.

작동 방식에는 차이가 있지만, 자랑스러운 국산 소총 K2는 심정적으로 M16을 계승했다 해도 좋기에 파월 장병의 피와 땀을 담보로 들여온 '엠 십육'은 우리에겐 잊지 못할 총이다. 지금은 좀 흔한 디자인이 되었지만 등장한 초기에 SF 총이라 불렸다는 엠 십육의 세련된 디자인은 1986년에도 속된 말로 좀 먹어주던 것이어서 비록 모형 총이지만 들고 있으면 좋은 장난감이 되어 주기도 했다.

'에므왕'이나 '엠 십육'이 군인 아저씨들의 총이라면 주로 TV를 통해 눈에 확 박혀 버린 총이 바로 '기관단총'이었다. 기관단총이라면 SMG를 뜻하겠지만, 이 대명사를 송두리째 가져가 버린 주인공은 바로 M3 그리스건 이었다.

TV 드라마 〈3840 유격대〉에 등장하는 유격대원들이 약간 비스듬한

각도로 기관단총을 난사하면 인민군들은 우수수 쓰러졌고 경쟁 드라마라 할 〈전우〉에서도 병사들은 에므왕을 들고 나와도 주인공인 선임하사는 바로 이 기관단총을 들고 나왔다. 당시 할리우드 영화에서도 그리스 건은 출연 빈도가 높아 기관단총에 대한 믿음(?)을 깊게 해 주었는데 2차 대전 기간에 대략 만들어진 이 총이 우리 추억에서는 스페셜 건으로 각인된 것도 재미있다.

카빈 또는 칼빈

'에므왕'과 '엠 십육'이 군대에 있고, 기관단총이 TV에 있었다면 '카빈'은 동네에 있었다. 엠 십육이 에므왕을 대체한 1980년대에 이르면 카빈은 주로 경찰들 손이나 동네 예비군 아저씨들 손에 들려졌다. 당시 카빈의 주된 사용자였던 전투경찰이나 예비군은 모두 같은 뿌리를 갖고 있는데 당시 표현으로는 무장공비, 좀 건조하게 돌려 말한다면 대 간첩 작전을 위해 창설된 존재라는 공통점을 가지고 있었다.

지금이야 실제 전쟁 수행 능력과는 관계없이 북한의 군사적 위협이라는 것이 그저 그렇게 느껴지지만 1970~80년대만 해도 어느 날 '잘 자고 일어났더니 북괴군 탱크가 몰려 왔어요.' 할지도 모른다는 스트레스가 온 국민을 괴롭히던 시절이었다.

당시 군인 출신 집권자들이 정권 유지를 위해 북한의 위협을 즐겨 언급한 측면도 있지만, 당시 북한의 군사적 위협이 실제로도 존재한다는 게 문제였다. 1960~70년대만 해도 후방에 무장간첩들이 나타나 민간인을 공격하는 일도 있었고 1980년대에는 귀순자나 중국민항기 납치 같은 일들로 실제 공습경보가 발령되는 일도 있어 국민의 안보 감각을 예리하게 다듬어 주었다.

에므왕은 시대가 흘러 창고로 들어간 총이 되었고 엠 십육은 〈배달의 기수〉같은 TV 프로에서 보았다면 카빈은 동네에서 실물을 자주 볼 수 있었다는 게 묘한 친근감을 주었다. 더 극적인 것은 카빈에는 변신이라는 모티브가 있었다. 파출소에 근무하던 경찰 아저씨들이 평소 입던 경찰복이 아닌 군복 느낌의 전투경찰복으로 갈아입으면 평소 허리에 차던 곤봉이 아니라 바로 이 카빈을 들고 나타난다. 작업모를 쓰고 어딘가 좀 더 진지해진 표정의 순경 아저씨들이 카빈을 들고 우경계총이라도 하고 있으면 왠지 모를 포스가 느껴지는 것이다.

지금도 예비군은 변신을 주제로 하고 있지만, 당시 예비군들은 보다 빡센 생활을 했다. 동네 문방구 아저씨나 정육점 아저씨가 어둑어둑해진 시간 개구리복을 입고 나타날 때 무심한 듯 어깨에 둘러멘 총이 바로 카빈이었다.

지금은 위장무늬가 일반 아이템이 되었지만, 당시엔 특수부대나 입는다는 위장무늬를 입을 수 있었던 또 다른 특수한 집단이 바로 향토예비군이었다. '개구리' 또는 '얼룩'이라 불리던 예비군복을 입고 평소

보다 터프해진 동네 아저씨가 동네 꼬마들을 불러 한 번 만져보라고 카빈을 인심 쓰는 훈훈한(?) 풍경도 있었다.

몇 차례 〈플래툰〉 지면에도 소개된 것처럼 카빈이라는 총의 빛과 그림자는 그 특유의 사용 탄에 있었다. 뭔가 적당한 용도로 고안된 탄약에 맞춰 카빈이라는 총을 만들었지만 이미 시대가 돌격소총의 시대로 넘어가고 있어 카빈은 그 홀로 존재할 뿐 수제자도 없고 자식도 남기지 못했다.

하지만, 2차 대전을 거치면서 워낙 많이 만들어 놓은 탓에 한국전쟁에서도 현역으로 쓰였고 베트남 전쟁까지 활약한다. 그래도 여전히 재고는 많아서 미국말을 잘 듣는 나라들에 많은 양이 원조 되었는데 우리 대한민국은 이런 조건들과 겹치는 지점이 꽤 많은 나라이기에 카빈의 보유와 실전 사용량에서는 상위권을 차지하게 되었다.

카빈이라는 총을 설명하면서 빠지지 않는 수식어가 '바나나'라는 표현인데 30발이 들어가는 바나나 탄창은 작고 독특한 곡선으로 카빈이

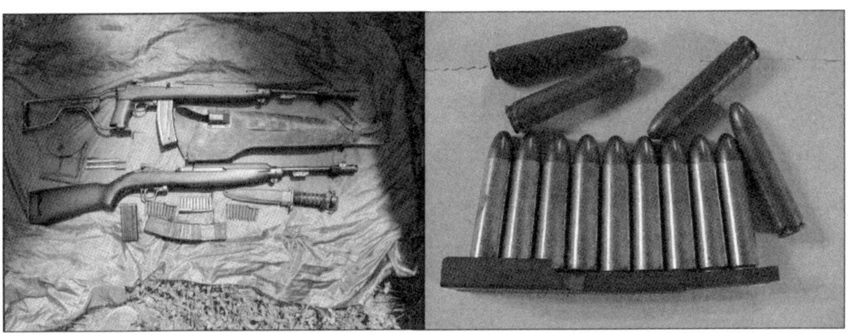

▶ 카빈의 성능이나 전술적 지위는 물론 '바나나 탄창'으로 기억되는 30발 들이 카빈 탄창의 이미지 모두 사용 탄의 특성에서 오고 있다.

라는 총의 이미지를 색다르게 만들었다. 보통 동네에서 순경 아저씨들이 경계를 서면, 이 바나나 탄창이 딱 눈에 띄게 마련이어서 이차대전을 다룬 영화들에 등장하는 상자형 탄창을 낀 카빈을 보면 낯설게 느껴질 정도였다. 카빈의 바나나 탄창 역시 카빈 특유의 사용 탄 때문에 나타난 디자인이니 여러모로 카빈은 독특한 총이라 할 밖에.

카빈을 좋아하는 사람들

카빈을 좋아하는 것은 나만의 고집인가? 이런저런 기록들을 보면 생각보다 많은 사람이 카빈의 애용자라는 사실을 알게 된다. 게다가 이 분들은 목숨이 오가는 전쟁터에서 카빈을 직접 쏘아보고 내린 결론이라는 점에서 뭔가 무게가 느껴진다.

원로 코미디언 배삼룡 씨는 6·25 동란 당시 6사단 군예대로 활동하고 있었다. 남녀 대원들을 데리고 각 연대를 방문해서 공연하고 있었는데 워낙 빠른 속도로 전선이 붕괴하다 보니 민가에서 잠시 휴식을 취하다가 인민군 척후대와 마주치게 된다.

회고록에서 밝힌 배삼룡 씨 표현을 빌리면 "창호지 구멍으로 밖을 내다보자 구멍이 숭숭 뚫린 총을 든 인민군들이 접근하고 있었다. 얼떨결에 옆에 둔 카빈총을 들고 쏘기 시작했는데 우리가 땅! 땅! 쏘면 적들은 따르르륵! 하고 쏘아 간담이 서늘해졌다."라고 회고했다.

'구멍이 숭숭 뚫려 따르르륵' 하던 총은 흔히 '따발총'이라 불리던 PPSH-41이었을 것이다. 평소 훈련을 받았다고 하지만 위문공연이 임무인 군예대원들이라 '에므앙'같은 버거운 총이었다면 상황에 대처하기 쉽지 않았을 것이고 다루기 쉽고 장탄 수가 많은 카빈으로 무장한 것이 운이 좋았다. 총구만 밖으로 내 놓고 사격하던 배삼룡 씨 일행은 마침 재편성되어 지나가던 국군 병력의 도움을 받아 구출되는데 따발총 소리와 카빈 소리의 차이 역시 의도하지 않은 피아식별 효과를 내어 목숨을 건지는 데 도움이 되었을 것이다.

카빈의 강력한 지지자로 파월 한국군 사령관을 역임한 채명신 장군이 있다. 채명신 장군은 6·25 동란 때 정규군 중심의 유격부대인 '백골병단'을 만들어 적 후방 깊숙이 침투해서 활약했다. 야간에 적에게 포위되어 바위 뒤에 몸을 숨기고 있던 채명신 일행은 횃불을 들고 접근해 오는 적군 5~6명을 발견한다. 채명신은 'M2 카빈은 30발 연발이라 5, 6명의 적을 상대하는 건 문제가 되지 않는다.'라고 생각하고 적이 가까이 오길 기다렸다가 연발사격을 가하고는 현장을 신속히 이탈해서 목숨을 건진다. 다루기 쉽고, 장탄 수가 많고, 연발 사격이 가능하다는 것이 채명신이 발견한 카빈의 장점이었다.

카빈에 대한 채명신의 애정은 파월 한국군 사령관 시절로 이어진다. 당시 미군은 M14 소총을 M16으로 교체하는 중이었지만 한국군은 M1 개런드 소총을 가지고 참전해야 했다. 채명신은 한국군에 M16이 지급

▶ 영화를 통해 우리에게 각인된 카빈의 이미지는 장교나 부사관의 무기다. 추억의 미국 드라마 〈전투〉의 한 장면.

되기 전에 M14라도 달라고 요청했지만 거절당하고 대안으로 M2 카빈을 요청한다. 하지만, 당시 주한미군 비치 대장은 "카빈은 후방요원이나 쓰는 총이고 밀림에서 일본군에 대해 절대적인 위력을 발휘했던 M1 소총이 낫다."라고 거절한다. 비치 대장의 발언은 M1 개런드와 M1/M2 카빈에 대한 미군들의 인식을 보여주는 사례이기도 하고 왜 미군이 M1 개런드의 자동형이라 할 M14를 만들었는지를 짐작하게 한다. 사람이란 시대의 변화를 읽기보다는 기왕에 성공한 사례에 집착하기 마련이다.

하지만, 채명신은 이미 베트콩이나 월맹군 일부가 AK 자동소총으로 무장하고 있었다는 것을 알고 있었다. 채명신은 웨스트 모어랜드 베트남 주둔 미군 사령관에게 공한을 보내 베트남에서의 전투가 적과 순간적인 조우로 이뤄지는지, 사전에 정해진 목표물에 대한 공격으로 진행되는지 물어 '근접전투와 순간적인 조우가 많다.'라는 답을 얻는다.

채명신은 이 통신문을 근거로 다시 주한미군에게 M1 개런드를 M2

카빈으로 교체해 달라고 요구하고 미군 역시 주한미군은 물론 미국 본토와 일본에 있는 재고까지 뒤져 교체해 주겠다고 약속했지만 이미 미국 본토에서 카빈은 폐기 단계에 있는 총이어서 파월 한국군은 각 소총 분대당 2~3정의 카빈을 장비하는 것으로 만족해야 했다.

개머리판 없는 카빈

박정희 대통령에 대한 평전을 보면 청와대 대통령 침실에는 나무 총좌에 카빈 두 정이 있었다고 한다. 이 카빈은 단순히 전시용이 아니라 그 아래 서랍에 실탄이 장전된 탄창까지 있던 발사 가능한 총이었다고 한다.

박정희 대통령은 M16 소총 들여온 것을 늘 자랑스럽게 여기던 인물

▶ 고 박정희 대통령부터 1980년 광주 시민군까지, 우리 현대사 곳곳에서 카빈을 만날 수 있다.

이었지만 6·25 동란을 직접 겪은 입장에서는 카빈총이 좀 더 친근했던 것 같다. 공교롭게도 박정희 대통령은 마치 사무라이의 칼처럼 침실에 자리 잡고 있던 카빈총 두 정을 서거하기 한 달 전쯤 경호단에 반납시킨다.

총으로 권력을 잡은 박정희 대통령이 총에 맞아 세상을 뜨고, 박정희 대통령의 그늘에서 자라난 전두환이 다시 총으로 권력을 움켜쥔다. 이 시기 광주의 시민군들 손에는 여러 종류의 무기들이 들려 있었지만, 시민군을 상징하는 총 역시 카빈이었다.

시민군들이 주로 예비군 무기고나 경찰 무기고에서 무기를 조달했기 때문에 카빈이 많이 쓰일 수밖에 없었다. 영화나 드라마를 보면 시민에게 무기를 나눠주면서 간단한 조작법을 가르치는 장면이 등장하는데 예비군 훈련 등을 통해 그래도 손에 익은 총이었고 상대적으로 조작이 간단한 총이라는 카빈의 특징이 역사적 상황과 묘하게 맞물린 것이다.

동네에 쌓아 두고 쓰는 총이었기 때문에 카빈은 각종 사건, 사고에서도 심심치 않게 등장했다. 대한민국 최악의 총기 난사 사건이라 할 1982년 우 순경 사건에서도 범인은 카빈총을 난사했다. 인명 피해는 없었지만, 현직 경찰관이 총기를 들고 대치했던 1971년 일명 '고 순경 사건'에서도 고 순경 손에 들려 있던 총기 역시 카빈이었다.

원래 경찰이란 런던 경찰들이 주장하는 것처럼 방망이 하나만 들고도 임무 수행이 가능한 서비스 직종이어야 하지만 북한과의 대치라는 대전제가 온 사회를 압박하던 분위기 속에서 동네 경찰 아저씨들 손에

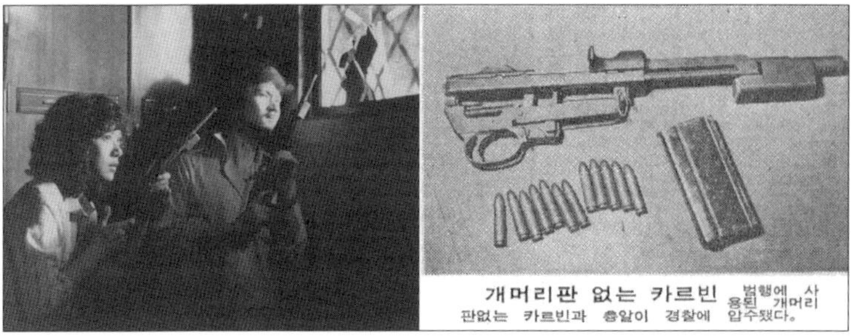

▶ 개머리판 없는 카빈 강도 사건은 영화 〈그들은 태양을 쏘았다〉(왼쪽)로 만들어졌다. 당시 언론에 보도된 개머리판 없는 카빈(오른쪽).

도 총 한 자루 들려줘야 했었고 그게 때때로 심각한 사건을 일으키던 그런 시절이었다.

대한민국에 흔치 않을 무장 강도사건에도 카빈총이 등장한다. 1972년 이종대와 문도식은 '개머리판 없는 카빈총'으로 은행에서 돈을 찾아 나오는 사람들을 총으로 쏘거나 납치하여 돈을 빼앗으며 전국을 공포에 떨게 한다. 이때 이들이 쓴 총기가 언론 보도에서 '개머리판 없는 카빈'으로 알려졌는데 접철식 카빈을 뜻하는 것인지 아니면 일반 카빈에서 개머리판을 잘라 낸 것인지 늘 궁금했는데 최근 확인한 사진을 보면 아예 개머리판이 없는 상태여서 특이하다.

당시 이들의 도주상황을 보도하던 아나운서가 택시를 타고 도주하는 광경을 '개머리판 없는 택시를 타고 간다.'라고 했던 전설적인 방송사고도 있었는데 적어도 카빈이라는 총기에 대해서는 온 국민이 개머리판이 있고 없고를 알고 있던 그런 시절이었는지도 모르겠다.

개머리판 없는 카빈 강도 사건은 1974년까지 살인을 비롯한 네 차례의 범행으로 이어지고 범인들이 경찰에 포위되어 가족을 죽이고 자신들도 자살하는 비극적인 결말을 남긴다. 1982년 이장호 감독이 〈그들은 태양을 쏘았다〉는 제목으로 이 사건을 영화로 만들어 극장에 올리는데 당시 5공 초기라는 살벌한 분위기를 고려해 본다면 비록 실화를 바탕으로 했다지만 이런 내용의 영화가 극장에 올라갈 수 있었던 것이 신기할 정도다.

영화 자체는 크게 흥행하지 못했지만 같은 해 우 순경 사건이 일어났던 것을 생각해 보면 우 순경 사건이 먼저 일어났다면 이 영화는 아예 극장에 올라가지 못했을 것이다. 영화 〈그들은 태양을 쏘았다〉에는 정체를 알기 어려운 소총이 카빈이라며 등장하는데 당시 영화 제작 환경과 사회적 금기가 만나 만들어낸 결과였을 것이다.

카빈의 애용자였던 대한민국 예비군에게도 이제 카빈은 들고나 다

▶ 택티컬 카빈? 아직 미국 민간용 총기 시장에서 카빈을 찾는 사람들이 있다고 한다. 최근 우리 정부는 퇴역하는 예비군용 카빈의 미국 총기 시장 수출을 추진하겠다고 밝혔다.

니지 쏘는 일은 거의 없어지고 있다. 사용 탄의 보급 문제도 있고 해서 조만간 예비군 아저씨들의 카빈은 '엠 십육'으로 대체될 것이라 하고 일부 예비군 훈련장에서는 K2를 준다고도 한다.

카빈은 무게도 가볍고 반동도 적어서 동양인이 다루기에는 딱 좋았는데 이런 사용자에게 친근한 특성이 악용되어 21세기에도 중남미나 아프리카의 분쟁 지역에서는 소년병들이나 민병대원들 손에서 카빈을 발견하기도 한다.

콜트 45구경처럼 90년 이상 현역에서 활동하는 총들도 있지만 콜트 45구경이야 기본 원리와 디자인이 이어지는 것이지 총 자체는 새롭게 만들어지고 있지만, 카빈은 단일한 디자인에 그때 그 시절 총들이 60년 이상 버티고 있으니 그 질긴 생명력도 대단하다.

22 1982년, 그 해도 밀리터리

〈삼미 슈퍼 스타즈의 마지막 팬클럽〉이라는 소설을 보았다. 야구 추억인가 하면 시대에 대한 통찰이기도 한 이 소설은 프로야구가 시작되던 1982년을 되돌아보면서 시작한다. 뭐 눈에는 뭐만 보인다고 1982년, 그러니까 27년 전 그 해도 대략 밀리터리 했던 시절이었다.

1982년 4월 26일, 우 순경 사건

1982년 경남 의령에서는 만취한 경찰관이 예비군 무기고에서 카빈총과 수류탄을 들고 나와 마을을 돌며 무차별 살상을 가해 56명의 사망자가 발생했다. '우 순경 사건'으로 불리는 이 사건은 범인이 수류탄으로 자폭하여 그 원인이 정확하게 밝혀지지는 않았지만, 평소 성격문제, 동거녀와의 갈등, 인사문제에 대한 불만 등으로 추정되었다. 그 동기는 우발적이었는지 모르겠지만, 우체국에 있던 전화교환원을 먼저 습격하여 외부와 통신을 차단하거나 경찰관 복장으로 사람들을 안심시켜 모이게 한 뒤 공격하는 등 치밀한 면모도 있었다.

당시 카빈총은 일상에서 쉽게 볼 수 있는 친근한(?) 총기였다. 학교 가는 길에 파출소 앞에서 전투경찰 복장을 입은 경찰 아저씨들이 바나나 모양의 탄창을 끼우고 경계를 서는 모습이나 얼룩무늬를 입은 예비군 아저씨들이 카빈을 둘러메고 다니는 모습은 동네에서 볼 수 있는 말 그대로 '풍경'이었다. 그런 낯익은 무기가 수십 명을 몰살시키는 흉기가 될 수 있다는 사실은 전쟁영화나 액션영화를 보며 소년이라면 누구나 가질 법한 무기에 대한 동경을 품고 있던 내게 작지 않은 충격을 주었다.

우 순경이 예비군 무기고를 털었다 해서 근무태만으로 방위병 3명이 구속되었다. 북한의 남침 위협을 교육받으며 온 국민이 총력 방위 태세에 참여해야 했던 당시로써는 일상생활 곳곳에 총기를 쌓아둬야만 했고 그걸 방위병 탓으로만 돌리기는 어려운 노릇이었다. 내부에서 벌어지는 총기 난사 사건은 대한민국 상식에서는 예상하기 어려운 것이어서 신고를 접수하고도 적절한 대응을 하지 못했고 결국 범인을 제압한 것이 아니라 스스로 자폭하면서 사건이 마무리되었다.

27년이 지난 지금까지 우 순경 사건처럼 민간인을 대상으로 하는 대량 총기 난사 사건은 다시 일어나지는 않았고 아직 총기 난사 사건이란 외국에서나 있는 일로 여겨진다. 하지만, 일상 곳곳에 무기가 놓여 있는 현실은 여전하고 심심치 않게 군경의 무기를 탈취하여 범죄에 쓰는 사건들은 발생하고 있고 일부 범죄조직들이 무기를 밀수한다는 소문도 있다. 그때와는 다르게 자동화기로 무장한 경찰특공대가 각 광역 단위로 존재하고 있다는 것이 그래도 좀 믿는 구석이 되겠지만.

1982년 5월 4일, 셰필드 호 격침

1992년은 포클랜드 전쟁이 있던 해다. 4월 2일 아르헨티나군이 포클랜드를 침공하던 때만 해도 이것이 심각한 전쟁으로 번져나갈 것인지 알 수 없었다. 지루한 외교전과 협상이 이어지고 영국 본토에서 멀리 떨어진 척박한 땅을 지키고자 군대를 보낼 것으로 생각하는 사람은 많지 않았고 무엇보다 아르헨티나군 수뇌부가 그랬다. 하지만 '철의 여인' 대처가 이끄는 영국은 신속하고 단호하게 전쟁 준비에 착수하고 실행했다.

영국군 함대가 포클랜드를 향해 하루하루 다가갈 때까지도 사람들은 이러다가 협상으로 타결될 것이라는 기대 아닌 기대를 했지만, 점점 전운이 드리워졌고 접촉과 교전이 이어지고 전사자들이 생겨났다. 본토 상륙전에는 해군력과 공군력이 맞붙는 양상을 보였는데 이 과정에서 발생한 전과 또는 피해는 그 규모가 만만치 않아 사람들에게 이 전쟁을 보다 진지하게 대하게 하였다.

포클랜드 전쟁에 대한 정보는 두 나라의 발표와 외신이 엉켜 서로 상반되는 정보가 함께 들어오기도 했지만, 신문과 TV를 통해 하루하루 전황이 들어왔고 저 먼 곳에서 벌어지는 전쟁이라 우리로서는 나름 흥미진진하게 지켜볼 여지도 있었다. 그중에서 사람들에게 가장 깊은 인상을 준 장면은 1982년 5월 4일 영국군 구축함 셰필드 호가 격침되고 30명 이상의 사망자가 발생한 사건이었다.

피해 규모로 본다면 이틀 전 영국군 잠수함 콩커러가 아르헨티나군 순양함 제너럴 벨그라노를 격침해 500명 이상의 사망자를 낸 것이 더 큰 충격을 줘야 마땅하겠지만, 영국군 구축함 셰필드 호는 '미사일 한 방에 격침당했다.'라는 상징성으로 깊게 각인되었다. 아르헨티나 공군기 슈퍼 에땅다르가 발사한 엑조세 미사일은 그래도 최신이라는 수식어를 달고 있던 영국군 구축함 셰필드의 방공망을 손쉽게 돌파하고 치명적인 타격을 주었다.

東亞日報

아르헨,유엔休戰案수락

英도 긍정적檢討

協商개시·상호撤軍

英구축함被擊 30여명死亡

스탠리空港 두번째空襲도

▶ 1982년 포클랜드 전쟁은 세계의 이목을 집중시켰고 우리나라에서도 스포츠 중계하듯 보도되었다. 특히 셰필드 호 격침 사건은 깊은 인상을 남겼고 엑조세 미사일도 유명세를 탔다.

포클랜드 전쟁을 기점으로 지금 우리가 아는 미사일과 미사일이 맞붙는 현대 해전의 시대가 열렸다. 걸프전과 이라크 전쟁 역시 크루즈, 스커드, 패트리엇 같은 미사일들의 이름으로 기억된다. 하지만, 좀 더 커서 포클랜드 전쟁사를 살펴보니 엑조세 미사일의 이면에는 구즈그린 전투 같은 보병의 혈투가 있었고 스마트 병기가 모든 것을 다 해치울 것 같았던 걸프전이나 이라크 전쟁 역시 보병들의 피와 땀으로 굴러가고 있다.

저러다가 뭔가 협상으로 끝내겠지 하고 지켜보던 사람들에게 몇백 목숨이 우습게 사라지는 전쟁의 모습은 깊은 각인을 남겼다. 전쟁은 없을수록 좋겠지만 냉혹한 국제 정세 속에서 시험대에 올랐을 때는 누가 확고한 전쟁의지와 수행능력을 갖췄는가 하는 문제가 유사시 결정적인 차이를 가져온다는 교훈을 남겼다.

1982년 8월 9일, 삼보 베너 호 침몰

사우디아라비아를 배경으로 한 영화 〈킹덤〉 도입부는 사우디 왕조의 설립과 석유를 노린 미국의 이중적인 태도가 오늘날 알 카에다로 대표되는 테러조직에 어떤 영향을 끼쳤는가를 일목요연하게 설명하고 있다. 미국 사람들에게는 9·11 테러로 난데없이 시작된 것처럼 느껴지지만 이미 오래전부터 그 뿌리는 내려지고 있었다.

1982년에도 이스라엘은 무장투쟁을 벌이던 팔레스타인 해방기구(PLO)를 축출한다는 명분으로 레바논을 침공했다. 1980년 이라크가 이란을 침공하면서 시작된 이란–이라크 전쟁은 잠시 소강상태로 들어갔지만 말 그대로 '잠시'였을 뿐 언제 터질지 모르는 폭탄이었다. 1979년 소련이 아프가니스탄을 침공한 이래 저항을 시작한 무자헤딘들 역시 게릴라전을 계속하고 있었다.

아랍 또는 이슬람 진영을 놓고 벌어지던 이들 전쟁의 뒤에는 미국의 영향력이 작용하고 있었다. 미국은 이스라엘의 레바논 침공을 묵인하거나 옹호했고, 이란–이라크 전쟁이 좀 더 계속되길 바라면서 이라크를 지원했고, 소련에 맞서는 무자헤딘들에게 자금과 무기를 지원했다. 27년이 지난 지금 우리가 잘 아는 것처럼 이런 미국의 행보들은 결국 미국 본토에 직접 공격을 가할 만큼 증오심과 무력을 키운 테러조직으로 돌아왔다.

이 와중에 한국 화물선 한 척이 억울한 피해자가 되는 사건이 발생했다. 1982년 8월 9일 이란 호메이니 항에 화물을 내려놓고 출항하던 삼보 베너 호가 이라크군의 지상 포격과 함포 사격으로 추정되는 공격을 받아 격침된 것이다. 이 사고로 9명의 선원이 사망하거나 실종되었다. 정부는 조사단을 파견하는 등 나름의 대책을 펼쳤지만, 이란과 이라크가 전쟁하고 미국이 누구 편은 들고 누구 편은 들지 않는 이곳에서 대한민국 정부가 할 수 있는 일은 많지 않았다.

당시만 해도 한국 경제는 아직 갈 길이 먼, 성장이 급한 시대였다. 미국이나 일본에 대한 수출은 싼 가격으로 승부를 보는 일이라서 상대적으로 제값을 받는 중동시장은 한국으로선 포기할 수 없는 달러 공급원이었다. 삼보 베너 호는 전쟁터라 마다하지 않고 달러를 벌 기회를 찾아 열심히 일한 것이지만 전쟁터라는 냉혹한 공간은 그런 사정을 봐주지 않는다.

27년이 지난 지금 이라크는 자신을 밀어주는 줄 알았던 미국에 의해 점령당한 상태이고 이란은 미국의 새로운 전쟁 상대가 되지 않을까 전전긍긍하고 있다. 과거 중동특수처럼 활발한 것은 아니지만, 한국 기업들은 여전히 중동에서 기회를 찾아 땀을 흘리고 있다. 하지만, 미국과 가까운 나라로 미국의 전쟁에 동참한 탓에 이슬람 테러조직에 의해 민간인 희생자를 냈고, 아프리카를 마다치 않고 일하던 한국 선원들이 해적에 납치당하지만 별다른 대응을 하지 못하는 일이 연이어 발생하고 있다.

1982년 11월 7일, 레바논 파병요청

1982년 6월 이스라엘은 레바논을 침공한다. 이스라엘에 대해 무장투쟁을 지속하던 팔레스타인 해방기구(PLO)를 축출한다는 목적이었다. 이스라엘은 거센 공세를 벌이고 결국 8월 PLO는 튀니지로 철수하게 된다. 이스라엘로서는 눈엣가시를 제거하는 성과를 얻었지만 9월 친이스라엘 민병대에 의한 팔레스타인 난민 학살 사건이 발생하는 등 이스라엘과 미국에 대한 아랍권의 증오는 더 깊어졌다.

이스라엘의 진주와 함께 친이스라엘 기독교 민병대를 대표하는 정권이 수립되었고 UN 평화유지군으로 미군, 프랑스군, 이탈리아군이 진주했다. 기독교 민병대를 대표하던 바시르 제마엘 대통령이 폭탄 테러 공격에 암살되었지만, 그 형인 아민 제마엘이 대통령직을 이어받는다. 아민 제마엘은 레바논 전역을 장악하기 위해 당시 4천 명에 이르던 UN 평화유지군 병력을 3만 명으로 늘려야 한다고 주장했다.

1982년 11월 7일 레바논 정부는 4개국에 UN 평화유지군 증파를 요청하는데 영국, 네덜란드, 스웨덴 그리고 한국이었다. 당시 UN 평화유지군은 크게 두 흐름이 있었는데 하나는 유럽 국가들이 앞장서는 것과 다른 하나는 네팔을 비롯한 동남아시아 국가들이 나서는 경우였다. 분단국가로 전쟁위험이 큰 지역으로 평가되던 한국이 UN 평화유지군 파병 요청을 받은 것은 이례적인 일이라 할 수 있지만, 당시 소식통들을 종합해 보면 미국이 레바논에 한국을 추천한 것으로 여겨진다.

이미 한국은 미국의 요청으로 베트남 전쟁에 참전한 경험이 있지만, 베트남 참전은 주한미군이 빠져나가는 것을 막기 위한 성격이 강했으므로 UN 평화유지군이라는 명분이 있기는 했지만, 이해관계가 없는 레바논에 파병한다는 것은 민감한 사안이었다. 미국으로서는 한국군의

▶ 1982년 국군이 레바논에 파병될 뻔했다는 것은 잘 알려지지 않은 사실이다(왼쪽). 우리나라는 2006년 UN의 레바논 파병 요청을 받아 2007년부터 동명부대를 파병하고 있다(오른쪽).

편제나 훈련 방식이 미군과 많은 부분을 공유하기 때문에 공동 작전을 펼치기 유리하다는 점과 다른 나라 군대보다 한국군이 상대적으로 높은 전투력을 가지고 있다는 점에 주목했을 것이고 북한 위협에 맞서는 한미 동맹이라는 특수 관계 역시 파병을 권유(?)하는 중요한 이유였을 것이다.

당시는 속된 말로 2중대, 3중대라 불리던 온건한 야당들만 있던 시절이라 외무부의 보고를 받은 국회에서는 '대외외교력 강화'라는 명분으로 비교적 우호적인 접근을 했고 오히려 논란은 '파병비용이 얼마나 드나?' 같은 쪽으로 모였다. 군의 입장 역시 군부 출신 대통령이 집권하고 있던 시절이어서 파병을 할 경우 어느 정도의 병력이 가야 안정적으로 작전할 수 있는가를 중심으로 검토가 이뤄졌지만 결국 1982년 한국군 레바논 파병은 이뤄지지 않았다. 당시로써는 북한과 첨예하게 대립하던 시절이어서 병력을 빼기가 쉽지 않았을 것이다.

27년이 지난 지금에는 이미 두 번에 걸친 이라크 전쟁과 아프가니스탄에 병력을 파병했고 레바논에도 평화유지군으로 한국군 파병이 이뤄졌다. 그만큼 한국이 세계에서 차지하는 위상이 커졌다는 평가와 미국과의 관계 속에서 불필요한 위험을 감수하고 있다는 비판이 공존한다. 2007년의 평화유지군 역시 이스라엘이 헤즈볼라를 제거한다는 명분 아래 레바논을 침공하고 나서 이어진 것이어서 27년이 지났음에도 같은 수렁을 되풀이하는 모습이 안타깝다.

23 남대문 이야기

늘 그 자리에 익숙한 모습으로 있어 서울을 이루는 대표적인 풍경이었던 남대문. 600년 넘게 그 자리에서 때론 역사를 지켜보고 때론 역사의 현장이 되었지만, 이제는 사라지고 없다. 눈을 감고 남대문을 떠올려 좌우로 우람한 성벽이라는 날개를 달아 주어 남대문의 본 모습으로 떠나는 여행을 시작하자.

남대문은 성문이다

"엄마 왜 남대문은 남대문이야?"

그러니까 남대문이 제자리에 있던 어느 날, 버스 뒷자리에 앉아 있던 아이가 엄마에게 물었다. 엄마의 대답은 '남쪽에 있으니까 남대문인가?'였고 '그럼 북대문도 있어?'를 묻는 아이의 질문에 엄마는 '학교에 가서 선생님께 물어봐라.'라는 명답을 남겼다(또는 '인터넷에서 찾아

봐?').

국보 1호에다 대한민국과 서울을 대표하는 남대문은 누구라도 쉽게 그 모습을 떠올릴 정도로 익숙하지만, 오히려 낯익은 만큼 제 모습으로 다가오지 못하고 있다. 이름 그대로 큰 문이지만 지나다니는 기능을 잃은 지도 오래되었고 도로 가운데 섬처럼 존재하다 보니 그저 문 하나만 달랑 존재하는 유적으로 굳어졌다.

남대문의 본래 이름은 숭례문(崇禮門)이다. 조선시대 도성의 각 성문 이름은 당시 국가이념이었던 유교의 인의예지(仁義禮智) 4대 덕목을 바탕으로 지어졌다. 숭례문은 남쪽에 있어 실제 백성이 오가는 주된 출입구였고 외국 사신들이 한양을 방문할 때 드나들던 문으로 한양을 대표하는 성문이었고 동방예의지국이라는 자부심을 담아 '예를 받드는' 숭례문이 되었다.

남대문은 한양을 대표하는 출입문이었지만 그 본질은 성문(城門)이

▶ 1904년 촬영된 호주 사진가 조지 로스의 사진을 보면 숭례문에 성곽이 남아 있고 주변에 시장이 형성된 것이 보인다.

다. 성문이란 성벽(城壁)으로 보호되는 공간에 출입할 수 있는 통로로 평상시 우리 편은 통과시키지만, 유사시 적을 차단하는 구실을 한다. 결국, 남대문은 일상적인 행정 시설로 주로 쓰였지만, 그 본질은 전쟁을 대비하는 군사 시설이었다.

한양을 지키는 성곽

남대문이 본래 뜻으로 다가오지 않는 중요한 이유는 성벽을 잃어버렸기 때문이다. 남대문뿐 아니라 그 모습이 남아 있는 동대문 역시 성벽이 제거되고 성문만 덩그러니 남아있다. 개화기에 외국인들이 한양을 방문해서 남긴 사진들을 보면 성문에 성벽에 연결된 것이 보이지만 굴곡 많은 근현대사를 거치면서 성벽은 사라졌고, 오늘에 이르러는 도시 개발에 밀려 성문마저 고립된 섬이 되었다.

조선의 주요 도시들은 단단한 성곽으로 보호되었고 수도인 한양 역시 예외는 아니었다. 계획도시로 건설된 한양이야말로 동서남북 사방팔달로 이어지는 교통로를 보장하면서도 유사시 방어전투를 수행할 수 있는 단단한 성벽이 축성되었다. 지금도 서울성곽이라는 이름으로 서울 곳곳에 남아 있거나 보존된 성벽들을 보면 수도 한양을 지키던 그 위상을 짐작할 수 있다.

하지만, 조선의 수도 한양을 지키는 든든한 방책으로 건설되었던 성벽들이 실제 전투에서 힘을 발휘할 일은 없었다. 왜군이 수도를 짓밟았던 임진왜란 때에도 임금이 수도를 버리고 철수했기 때문에 전투는 벌어지지 않았다. 이는 모든 군사를 모아 전장으로 보내는 당시 방위 전략이었던 '제승방략'으로 인한 결과였지만 만약 수도 한양에서 든든한 성벽을 버팀목 삼아 방어 전투를 벌였다면 임진왜란의 전황이 어떻게 달라졌을지 여러 생각을 하게 한다.

한양의 성곽들이 방어라는 측면보다 행정적인 측면을 보다 강조한 것에 비해 역시 계획도시로 건설된 화성의 성곽들이 더욱 날 선 전투적인 면모들을 가진 것은 임진왜란 당시 무기력하게 한양을 내주었다는 반성에서 시작된 것이다. 조선시대 성곽에 관심이 있다면 유교의 이상을 표현하고 국가 통치라는 측면을 강조한 한양의 성곽들과 단단한 전투 요새라는 성격을 거침없이 드러내는 화성의 성곽을 견줘보는 것도 좋은 경험이 된다.

남대문 전투 1907

숭례문이 격전의 현장이 된 것은 대한제국이 저물던 1907년의 일이다. 고종의 강제 양위를 진행한 일본은 순종을 압박하여 군대 해산 조

▶ 고종이 정예병으로 육성하던 신식 군대 시위대 일부는 일본의 강제 해산에 맞서 숭례문 일대에서 전투를 벌인다.

칙을 내리게 한다. 1907년 8월 1일 대한제국 군대 중에서 신식무기를 가지고 훈련 정도가 높았던 시위대 병력을 해산시키기 위해 맨손 훈련을 한다는 핑계로 무기를 놓고 훈련원에 집합하도록 명령을 내린다.

훈련원에서 부대 해산이 이뤄지고 있다는 소식을 들은 시위 1연대 1대대장 박성환 참령이 자결하고, 이 소식에 분개한 시위 1연대 1대대와 시위 2연대 2대대 병사 1,200여 명은 일본군 타도를 외치며 서소문에서 남대문에 이르는 성 밖에서 대접전을 벌였다.

이미 많은 병력을 배치하여 이들을 포위하고 있던 일본군은 기관총을 내세운 압도적인 화력까지 가지고 있었기 때문에 시위대의 전투는 그 의기와는 다르게 불리한 형국으로 치달았다. 많은 피를 흘리면서도 시위대는 물러서지 않았고 부근 백성은 부상자를 돕고 탄약과 양식을 나르며 호응했다. 결국, 대한제국 시위대의 처음이자 마지막 전투는 일본군 30여 명, 한국군 100여 명의 전사자를 남기고 패배로 기록된다.

일부 장교들이 일본에 매수되어 군대 해산에 협조했던 것에 비해 병사들은 백병전까지 벌이며 일본군에 저항했던 남대문 전투는 이를 목격한 외국인들에게 대한제국의 의기를 알리는 상징적인 사건으로 남았고 당시 일본군 지휘부마저도 대한제국의 마지막 군인들에게 존경심을 표할 정도였다. 이날 살아남은 시위대의 병력은 이후 의병전쟁의 주역이 되어 조선 곳곳에서 항일전쟁을 시작하고 넓게 본다면 광복군을 거쳐 국군에까지 그 정신을 남겼다.

숭례문 이마팍에

남대문 전투의 흉터가 가시기도 전인 1908년, 이토 히로부미는 일본 황태자가 조선을 방문한다는 이유로 남대문을 헐겠다고 한다. 일본 황태자가 조선의 대문으로 지날 수 없다는 것이 핑계였다. 조선의 상징 남대문을 헐겠다는 시도는 조선 민족의 격렬한 반대에 맞닥뜨려 좌절되지만, 일본은 끝내 남대문의 서쪽 성벽을 헐어내고 그곳을 통해 황태자의 마차를 통과시켰고, 다음 해인 1909년에는 나머지 동쪽 성벽마저 헐어버렸다.

▶ 일제 강점기를 거치면서 철거 위협을 받고 성벽이 헐려버린 숭례문은 한국전쟁의 와중에서 각종 화기에 의해 상처를 입는다.

두 날개를 잘려 성문만 남아버린 남대문은 해방을 맞아 부분 보수가 이뤄지지만 이내 6·25 동란의 전화에 휩싸인다. 임진왜란 때도 그 모습을 보전했고, 일제의 폭압에도 비록 날개를 내어 주었지만 본 모습을 지켰던 남대문은 동족상잔의 비극 앞에 큰 피해를 본다. 시인 이은상은 당시 남대문에 새겨진 전쟁의 흉터를 '숭례문 이마팍에… 죄인의 낙인이오.'라 묘사했다.

1962년 '문화재보호법'이 만들어지면서 남대문은 국보 1호로 지정되어 보수가 진행되었고 서울이 급속하게 발전하여 도심이 복잡해졌지만, 남대문은 그 자리를 지킬 수 있었다. 남대문이 서울을 대표하는 상징으로 보존된 것은 좋은 일이었지만, 성문이나 성곽의 느낌이 사라지고 수많은 자동차가 오가는 사이에 위태롭게 포위된 형상이어서 뜻있는 사람들을 안타깝게 했다.

숭례문을 되살린다는 것은

2008년 2월 10일 방화로 시작된 화재로 숭례문은 전소하였다. 나는 어려서 남대문 시장 부근에서 자라 남대문은 내 삶을 이루는 추억의 한 부분이었다. 시뻘건 불에 삼켜지는 남대문을 보며 모든 국민이 가슴 아파했지만 내겐 마치 어린 시절의 한 부분이 사라져 버리는 것 같아 힘들었다. 그 다음 주인가 계모임이 있어 시내에 나갔던 어머니께서도 "TV로 볼 때는 잘 몰랐는데 막상 가까이 가서 무너진 모습을 보니 가슴이 먹먹해지더라." 하셨다.

임진왜란과 일제 강점기 그리고 한국전쟁의 소용돌이 속에서도 비록 상처는 입었으되 제자리를 지켰던 남대문이 말 그대로 허무하게 무너져 내리니 뭐라 할 말이 없다. 다시 숭례문을 재건한다고 하지만 그것으로 우리 가슴에 새겨진 상처까지 아물지는 모르겠다.

다행히 최근 서울에서는 옛 성곽을 복원하는 움직임이 활발하다. 지나다 보면 이제는 어엿한 성곽을 모습을 갖춘 곳이 늘어나고 있어 옛 한양의 모습을 짐작하게 한다. 숭례문이 복원된다면 적어도 좌우 성벽도 함께 복원하여 보다 본 모습을 살렸으면 하는 바람이고 가능하다면 서울 성곽과 연결해 성문의 면모를 되찾았으면 한다.

역사를 되새긴다는 것은 본 모습 자체를 찾는 것도 중요하지만, 그 모습에 담긴 의미에 다가서는 것이 더 중요하다. 숭례문을 되살린다는 것은 우리에게 어떤 의미일까?

24 생활의 발견, 1차 대전~21세기

기관총이 역사를 바꿔놓은 전쟁, 1차 대전. 참호와 철조망을 퇴출하게 시키고 탱크와 비행기를 전쟁의 필수요소로 남겨 놓은 굵직한 행적들 너머에는 오늘도 우리 일상에서 맹활약하는 작은 것들을 발견할 수 있다.

트렌치코트

복사기가 '제록스'고 셀로판테이프가 그저 '스카치'인 것처럼 코트 하면 대략 '바바리'다. 남성미의 필수요소 바바리코트의 원래 이름은 트렌치코트. 1차 대전 당시 악명 높던 바로 그 참호(trench)에서 입던 코트다(요즘은 '버버리'로 읽어 줘야 있어 보인다?).

트렌치코트는 비가 올 때 입는 레인코트의 한 종류다. 방수가공을 한 면 재질 천으로 만드는 레인코트는 비가 자주 오는 영국에서 신사

▶ 버버리는 자신들의 대표 상품인 트렌치코트가 1차 대전부터 시작되었다는 것을 잘 알고 있다.

들이 즐겨 입던 옷이었다. 방수에 방풍 기능을 갖추고 바닥에서 튀어 오르는 진흙으로부터도 보호기능을 발휘하는 레인코트가 군용으로 옮겨 가면서 트렌치코트가 되었다.

특별히 트렌치코트란 이름을 얻게 되면서 몇 가지 군납용 디자인이 첨가되었는데 군대는 계급장이 중요하니 견장을 달 수 있도록 하고 외부 이물질이 스며들지 않도록 손목과 허리 그리고 목 부분을 조일 수 있게 했다. 팔을 좀 더 자유롭게 움직일 수 있도록 개량하고 사격 반동을 조금이나마 흡수하려고 어깨를 덮는 천을 추가했다.

일상용 디자인으로 군용을 만들었지만, 전쟁이 끝나고 나서는 오히려 군용 디자인이 민간용 디자인에 영향을 주며 대세를 이루게 되었으니 '바바리' 코트는 밀리터리 룩의 선구자라 하겠다.

지퍼

20세기를 뒤흔든 10대 발명품 가운데서 지퍼는 좀 특이한 이유로 선정되었다. 지퍼가 등장해서 옷 벗기기가 쉬워짐으로써 인류의 성 개방을 촉진하는데 한 몫 단단히 했다던가. 어쨌든 인류의 성문화를 개선(?)한 지퍼가 데뷔전을 치른 첫 무대 역시 다름 아닌 1차 대전.

갈고리와 구멍의 조합을 직선으로 잇는다는 지퍼의 기본기는 생각보다 일찍 인류 앞에 모습을 드러냈다. 중세시대에 지금의 지퍼와 아주 비슷한 고문도구가 있었던 것처럼 단지 자기가 있어야 할 자리를 찾는데 많은 시간이 걸렸던 게 문제였지만.

1890년대에 지퍼와 관련된 첫 특허가 인정되지만, 이때의 지퍼는 구두끈을 대신하기 위한 도구로 여겨졌고 상업적으로 성공하지 못했다. 그 후 지퍼의 특허는 여러 사람을 전전하다가 1917년 미국 기술자 기데온 선드백의 손에서 좀 더 작고 쓸 만한 형태로 개량되었다. 그리고 선드백이 만든 지퍼를 최초로 주문한 고객이 바로 미군이었다.

미군은 이 지퍼를 항공대 조종사들을 위한 구급용품을 담는 주머니에 달았다고 한다. 또 아주 일부분이었지만 조종복과 조끼에도 적용되었다고 한다. 물론 여전히 1차 대전은 단추와 끈으로 결속되는 구식 군복의 전쟁이었지만 미 육군이 양키다운 실험 정신으로 1차 대전 참전 기회를 준 지퍼는 이후 단추와 끈을 몰아내고 인류 성문화를 뒤흔들게 된다는 얘기.

지포

지퍼라는 이름은 1920년대에 지퍼를 채울 때 나오는 의성어를 따서 지었다고 한다. 1차 대전을 통해 알게 모르게 데뷔한 지퍼는 1920년을 지나 1930년대에 이르면 세상을 뒤흔들어 버리는 발명품이 된다. 1930년대 조지 브라이스델이 새로운 라이터를 만들면서 자기 라이터가 대박이 나길 바라는 마음에 당대를 뒤흔들던 발명품 지퍼의 이름을 본떠 지포(zippo)라고 이름 지을 정도였다.

지포 라이터는 1차 대전 이후에 태어난 물건이지만 그 배경에는 1차 대전이 자리 잡고 있다. 브라이스델은 바람에는 강하지만 뚜껑이 분리되어 있어 불편했던 오스트리아제 방풍 라이터를 본체와 뚜껑을 연결해서 지포 라이터를 만들었는데 브라이스가 원형으로 삼은 오스트리아제 방풍 라이터가 바로 1차 대전 참호에서 불 밝히며 작전 뛰던 관록의 노병이었다.

▶ 전쟁터에서 공포를 달래려고 병사들은 무언가를 새겨 넣는다. 1차 대전부터(왼쪽) 베트남 전쟁까지(오른쪽) 라이터에 새겨진 병사들의 심정은 같을 것이다.

사실 오늘날 지포 라이터의 명성은 불붙이는 도구로 쌓아온 것이 아니라 2차 대전과 베트남전쟁을 거치면서 병사들이 라이터에 새겨 넣은 각종 그림과 문구로 시작된 것이다. 병사들 스스로 또는 누군가에게 의뢰하여 탄생시킨 전장의 지포는 오늘날에도 하나의 수집품으로 명품 반열에 올라 있는데 라이터에 그림이나 문구를 새겨 넣는 행위 자체를 '트렌치 아트'라 하니 이것 역시 1차 대전의 유산이다.

전투기보다는 폭격기에 노즈 아트가 번성하는 것처럼 자유롭게 기동하기보다는 어딘가에 고립되어 공격을 견뎌내야 하는 전선에서 아트가 꽃피고 1차 대전 참호야말로 바로 그런 곳의 원조였다. 참호 생활 자체도 지옥이지만 언젠가 호각 소리와 함께 참호를 벗어나는 순간, 보다 하드코어 한 지옥으로 가야 한다는 것을 아는 병사들은 그 긴장감을 트렌치 아트로 바꿔 냈고 그 전통이 지포 라이터로 이어져 세기를 뛰어넘는 생명력을 주었다.

초콜릿

영국군에 대해 우리가 가진 고정관념 하나. 그들은 언제 어디서라도 홍차를 마셔야 전쟁을 한다는데… 사실일까? 대략 사실이다. 1차 대전 당시 군인들 배급 물자를 보면 독일군에겐 커피가 필수지만 영국군에겐 홍차가 필수 배급이다. 눈치채셨겠지만 당연히 프랑스군 목록에는 와인이 필수로 들어가 있다.

카카오 열매 씨앗을 볶아서 만드는 초콜릿은 생각보다 역사가 길지만 대부분은 액체로 인류와 함께했었고 액체로 존재하던 시절은 최음제의 일종으로 여겨지며 고관대작들이나 즐길 수 있던 음료였다. 초콜릿은 네덜란드 사람들이 1820년대에 고체로 만드는 법을 개발하면서 좀 더 많은 사람이 즐기게 되었고 19세기 말에 이르러 미국 사람들이 초콜릿 맛을 알게 되면서 서민들을 위한 기호식품이 될 기회를 얻게 된다.

이 양키들이 뒤늦게 1차 대전에 뛰어들게 되었으니 영국군의 홍차나 프랑스군의 포도주에 해당하는 필수 보급으로 무엇을 골랐을까? 다름 아닌 초콜릿이 그 주인공이었고 그 이름도 유명한 '허시'사가 중책을 맡았다. 바로 역사에 길이 남을 초콜릿 대량생산의 시작이요 수많은 젊은이가 군대에서 초콜릿 맛을 알아 사회로 쏟아져 나오니 바야흐로 초콜릿 대중화 시대의 숨은 큰 손은 바로 1차 대전인 셈.

생리대

지난 2004년 미국을 괴롭힌 허리케인 피해는 이라크에서 전쟁을 벌인 탓이었다? 나무로 집을 짓는 미국인들은 허리케인이 오면 나무판자로 문과 창문을 막아 대책을 세우는데 이라크에서 전쟁을 수행하느라 목재가 일찍 바닥나서 피해가 커졌다고 한다. 강대국 미국이라도 전쟁을 수행하자면 물자의 생산과 조달이라는 아주 기본적인 문제부터 시달리기 마련이다.

대량 살상 무기가 수많은 병사 목숨을 가뭇없이 사라지게 하였던 1차 대전을 치르면서 병사들 부상을 치료할 때 쓰는 목화 솜이 턱없이 부족해졌다. 당시 제지 회사였던 킴벌리-클라크는 목재 펄프를 이용해서 목화 솜 대용으로 사용할 수 있는 흡수제 '셀코튼'(cellucotton)을 만들어 군에 납품했는데 야전 병원에서 일하던 간호사들이 이 셀코튼을 생리대로 사용하는 것을 발견하고 1920년에 아예 이것을 제품화하여 최초로 상품화된 생리대인 '코텍스'가 탄생하게 된다.

1차 대전은 전선에 여성들이 서게 된 본격적인 전쟁으로 볼 수 있다.

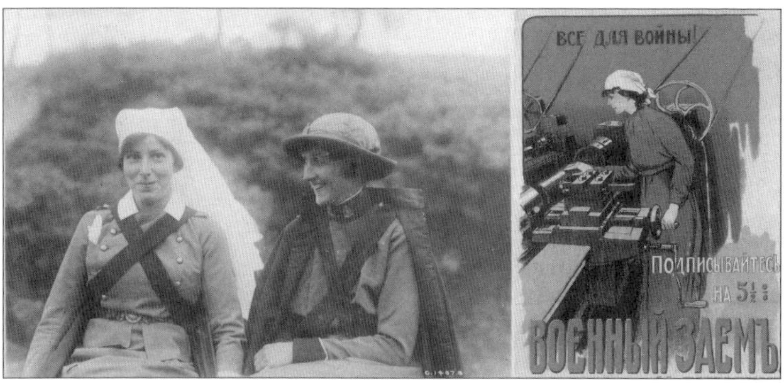

▶ 총력전으로 치러진 1차 대전은 부족한 일손을 보충하기 위해 여성들을 집 밖으로 불러 냈고 이는 결과적으로 여성의 사회 참여 확대로 이어진다. 군 복무에 나선 캐나다 간호사(왼쪽)와 여성의 노동을 장려하는 러시아 포스터(오른쪽).

여성의 전쟁 참여는 2차 대전 당시 미국의 물자 조달을 위해 보다 본격화되고 이런 여성들의 사회 진출이 여권 신장으로 이어지게 되는데 여성들의 자유를 넓힌 가장 대표적인 상품으로 꼽히곤 하는 생리대가 1차 대전의 산물인 것도 우연은 아니라는 얘기인가.

필라테스

건강에 관심이 있으신 분이거나 부인이나 어머니께서 에어로빅하러 다니는 집안이라면 요즘 대세가 필라테스라는 것을 이미 알고 있을 것이다. 얼핏 보면 기존 체력 단련법과 큰 차이가 없어 보이지만 보기보다 만만치 않은 운동량을 자랑하는데다가 일종의 정신 수련법까지 겸하고 있어 에어로빅과 요가의 장점을 합쳐 놓은 것 같다며 인기를 얻고 있다.

필라테스는 1900년대 초 독일사람 요제프 필라테스가 고안한 것으로 멀게는 고대 그리스 로마의 체력단련과 정신수련법을 바탕으로 만들었다고 한다. 처음에는 병약한 아이들을 위한 단련법으로 쓰이다가 1차 대전을 맞아 상처를 입은 군인들의 재활 프로그램으로 발전하고 전쟁 이후 배우나 무용수들 같은 전문가들에게 인기를 얻어 오늘날에는 동서양을 가리지 않고 대중적으로 큰 인기를 얻는 프로그램이 되었다.

어느 전쟁이 희생자를 내지 않겠는가마는 1차 대전은 워낙 대량의 희생자를 만들어 냈고 무기의 발달로 부상이 더 참혹해졌다. 참호에 기관총 그리고 신경가스까지 더해져 육체는 물론 정신까지 파괴하는 경우가 많았다. 부상으로 얼굴이 함몰된 병사를 고치려고 발달한 성형술이 현대 성형의학의 기초가 된 것처럼 여기에 대응하여 다양한 치료법도 발달하게 되었다. 필라테스가 짧은 기간 안에 자리 잡게 된 데에도 1차 대전이라는 극단적 공간에서 병사들을 어루만지며 얻은 경험이 많은 밑거름이 되지 않았을까.

뚱보 나라 키다리 나라

1차 대전에서 벌어졌던 대량살상의 충격은 사람들을 충격과 공포로 몰아넣었고 이런 경험은 문학을 비롯한 여러 예술에 반영된다. 〈서부 전선 이상 없다〉같은 여러 작품이 있지만 내가 잊지 못할 작품을 하나 꼽으라면 어려서 학급문고에서 보았던 〈뚱보 나라 키다리 나라〉가 바로 그 주인공이다.

뚱보 엄마와 키다리 아빠가 결혼해서 뚱보 아들 하나 키다리 아들 하나를 낳고 사는데 급할 것 없고 먹기 좋아하는 뚱보와 부지런히 살아야 제 맛인 키다리는 나름 화목하게 살고 있었다. 그러던 어느 날 가족 소

▶ 자기 입장만 강요하지 말고 서로 이해하자는 동화지만 그 안에는 1차 대전의 참상을 목격하고 비극을 되풀이하지 말자는 절절한 마음이 담겨 있다.

풍을 갔다가 지하 세계로 내려가게 되는데 여기에는 뚱보 나라와 키다리 나라가 서로 대립하며 오랜 세월 전쟁을 벌이고 있었다. 두 형제는 각 나라를 오가며 고생도 하고 호강도 하다가 결국 두 나라를 화해시키고 땅 위로 돌아와 보니 한두 시간 지났다더라 하는 그런 얘기였다.

지은이 앙드레 모루아는 프랑스의 대표적인 소설가로 영어에 능통해 1차 대전 중에 통역관으로 복무했다. 문학적 감수성을 가진 양반이 통역관이라는 상대적으로 한걸음 떨어진 위치에서 전쟁의 참상을 지켜보았으니 그 심정이 복잡했을 것이다. 그 경험을 뜻밖에도 어린이들을 위한 동화로 담아낸 것은 모쪼록 이 아이들이 자라 어른이 될 세상은 차이를 이유로 싸우기보다는 서로 인정하고 평화롭게 공존하는 그런 세상을 바랐기 때문일 것이리라.

25 거수경례 이야기

무기를 좋아하다 보니 전쟁사로 넘어가고, 역사를 살피다 보니 군장에 빠져들고… 대략 밀리터리 매니아의 관심사란 미시와 거시를 오가게 마련. 요즘은 부쩍 사소한 것들이 궁금하다. 도대체 거수경례는 누가 만든 것일까?

악수와 경례

인류가 인사법을 발명한 것은 '친목도모'보다는 '안전제일'이 더 급했다. 낯선 사람이나 집단과 접촉했을 때 상대가 적대적인가 우호적인가를 가려내는 것은 생존을 위해 꼭 필요한 과정이며 대부분 인사법은 '당신을 공격할 뜻이 없다.'라는 것을 확인하는 것을 기본으로 한다. 서양식으로 민간을 대표하는 인사법인 악수도 사실 무기를 사용하는 오른손을 서로 맞잡으면 공격할 수 없다는 것에 착안하여 생겨난 것으로 그 유래 자체는 군사적 행동에서 유래한 것이라 볼 수 있다.

거수경례의 유래는 여러 가지가 있지만 역시 무기를 사용하는 오른 손을 빈손으로 들어 올려 공격할 뜻이 없다는 것을 보여주는 동작에서 발전한 것이라는 게 대략 기본 정석이다. 그런데 왜 '공격할 뜻 없음'이라는 같은 원리에서 출발한 악수와 경례가 각각 민간과 군사로 갈라서게 되었을까? 그것은 '안전제일+친목도모'로 복합되어 있던 인사법의 쓰임새가 각각 군사와 민간으로 자기 소속을 찾아 떠났기 때문.

서양을 기준으로 한다면 악수는 몸을 접촉함으로써 친밀감을 높이고 서로 대등한 입장에서 하는 인사법으로 발전하며 민간용이 되었고, 상하 구별에 대한 형식들을 발전시킨 거수경례는 계급이 중요한 군대에서 독보적인 내부 인사법으로 자리를 잡았다.

신체 접촉을 즐기지 않고 상하구별이 더욱 엄격했던 동양에서는 엎드리거나 허리를 굽혀 절하는 인사법이 기본기였다. 지금은 동양에서도 악수를 즐겨 쓰지만, 간략화된 절이라 할 목례를 민간 인사법으로

▶ 세월의 흔적을 감출 수 없는 노병들의 경례는 보는 이들을 숙연하게 만드는 무게가 있다.

즐겨 사용하는데 이 목례는 악수와 다르게 상하관계에 따라 먼저 하는 쪽과 받는 쪽으로 나뉘고 그 예절이 거수경례와 비슷하다.

거수경례의 유래?

그렇다. 거수경례의 유래는 시원하게 밝혀진 것이 없고 따라서 '정설'이 없다. 단지 그럴듯한 가설들이 여럿 있을 뿐이다. 어쩌면 당연한 결과라는 생각도 드는 것이 거수경례를 비롯한 군용 인사법이란 여러 시대와 지역에서 동시다발로 생겨난 것일 테니 특정한 시점을 정해 '여기서부터' 하기는 어렵지 않을까. 그래도 알려진 몇 가지 설을 살펴보면….

영화를 보면 로마 시대에는 오른손을 들어 올려 인사를 하는데 이것은 실제 로마시대에 쓰인 인사법이라 한다. 시민이 관청에 출입할 때 무기가 없다는 것을 확인시켜 주려고 오른손을 들어 올려 보여준 것에서 유래하였다고 한다. 하지만, 로마식 인사법은 로마의 종말과 함께 소멸하였고 나중에 나치스 일당의 인사법으로 응용되어 지금은 터부시되는 인사법이 되어 버렸다(한국 불교의 卍자 표기와 함께 억울한 희생자가 된 셈).

중세시대 기사들이 자기보다 상급의 기사나 영주를 만났을 때 헬멧

가리개를 들어 올려 얼굴을 보여 준 동작에서 경례가 유래했다는 설도 있다. 오른손으로 가리개를 들어 올리면 무기를 쓸 수 없는 상태니 그럴듯하고 그 동작도 현대 경례와 비슷해 보이는데다가 경례의 필수요소라 할 모자와 짝을 지어 있다는 점에서도 그럴듯하다. 일설에는 토너먼트에 참석한 기사들이 아름다운 여인들 자태에 현혹되어 시합을 망치지 않으려고 오른손을 들어 시야를 가리는 동작에서 유래하였다는 얘기도 있다. 하지만, 중세시대 인사법 역시 그 뒤를 잇는 다른 군사집단에 전승되었다는 확증은 없다.

유럽 쪽에선 일반적인 인사법인 모자를 들어 인사하는 동작에서 유래했다는 설도 있다. 대부분 서양 문화권에선 모자를 들어 인사하는 동작이 있고 군대에서도 그랬는데, 모자 모양이 복잡해져서 벗었다 썼다가 어렵게 되자 모자챙 끝에 손을 갖다 대는 것으로 벗는 것을 대신했다는 얘기고 이것을 뒷받침하는 증거로 1745년 영국 콜드스트림 보병연대가 남긴 명령서도 존재하니 기록으로 확인할 수 있는 꽤 그럴듯한 설이다.

덧붙여 여기에도 중세와 비슷한 얘기로 영국에서 여왕에게 인사를 할 때 그 미모에 반할까 봐 병사들에게 오른손을 들어 눈을 가리도록 명령한 데서 유래했다는 설이 있는데… 영국 왕실 초상화들로 봐서 솔직히 믿기는 어렵다.

모자 설을 좀 더 구체화한 것으로 흑색화약 책임설도 있다. 흑색화약을 사용하면 손이 쉽게 더러워지고 이런 손으로 모자를 들어 인사하면 신사 정장이 대개 군복으로 응용되면 당시 패션에 비추어 깨끗한 상태를 유지하기 어려워서 그냥 모자에 손만 가져다 대는 것으로 인사를 대신하면서 경례가 유래했다는 얘기다. 이 실용적인 설은 미국 남북전쟁 때를 배경으로 하고 있어 유럽과는 확실히 다른 양키 냄새가 풀풀 난다.

여러 가지 설을 휙 둘러보면 무기가 없다는 동작에서 시작해서 상관에 대해 존경을 표시하는 행동으로 발전해 나갔다는 공통점이 있다. 또 현대로 가까이 올수록 모자와 관련된 동작으로 발전해 왔다는 공통점도 있다. 모자를 벗지 않아도 되는 인사법으로 경례가 발전했다는 것은 약모건 철모건 군인에겐 모자가 필수요소라는 것과 근대와 현대 공통으로 군대는 야전에서는 모자를 벗지 않는 것을 원칙으로 한다는 사실과도 관계가 깊다.

여자 보기를 돌같이 하라는 차원에서 경례가 생겨났다는 설이 같은 패턴으로 여러 번 등장하는 것은 아무래도 시대를 막론하고 병사들의 왕성한 혈기를 통제하는 것이 지휘관이 고충이었다는 사족이지 싶다.

군대에서 경례한다는 것

영화 〈밴드 오브 브라더스〉에는 자기보다 계급이 높아진 예전 부하

▶ 나라마다 경례하는 방법은 조금씩 다르지만, 충성을 다짐하고 개인보다 집단을 우선하라는 근본 원리를 공유한다.

에게 경례를 생략하고 지나치려는 쇼벨 대위를 불러 끝내 거수경례를 챙기는 윈터스 소령을 볼 수 있다. 이때 윈터스 선생이 남긴, '경례는 사람에게 하는 것이 아니라 계급에 하는 것이다.'라는 얘기야말로 군대에서 거수경례가 가진 뜻을 확실하게 압축하고 있다.

불교 신자들이 삼보에 귀의하는 것을 표하려 합장을 하고, 기독교 신자들이 신께 모든 것을 맡긴다는 뜻에서 기도하듯, 군인들은 삼가 계급에 귀의하고 자신이 속한 부대에 모든 운명을 맡긴다는 뜻에서 경례한다. 곧 군인은 경례를 통해 계급 관계 속에서 자신의 위치를 확인하게 되고 또 경례를 함으로써 자신이 속한 부대가 내리는 어떤 명령이라도 받아들일 것임을 인정하게 된다(쉽게 말해 '까라면 까지 말입니다.'라는 얘기).

이것을 뒷받침하는 사소한 증거 하나는 군대에서 경례는 차례 자세와 세트를 이루고 있다는 점이다. 곧 경례라는 동작은 차렷에서 시작해서 차렷으로 마치게 되어 있는데 이 차려야 말로 자기 의지와는 관계없이 일단 멈춰서 명령을 기다려야 하는, 사회와는 확실히 다른 군인이라는 존재를 대변한다. 차려가 군대에 매인 몸을 확인하는 수동적인 행동이라면 경례는 그런 사실을 받아들이고 열심히 해 보련다는 자기 뜻을 나타내는 대략 능동적인 행동으로 이 두 가지의 조화야말로 적당히 수동적이며 적당히 능동적이어야 하는 군인 신세를 잘 보여주고 있다.

이처럼 거수경례는 딱 군대 것이지만 민간에서도 경례는 즐겨 사용된다. 일단 공무원, 경찰, 군대와 같이 나라에 소속되었다면 거수경례가 즐겨 쓰인다. 나라 소속이 아니더라도 제복을 입고 일하는 곳에서는 대부분 거수경례가 쓰이고, 계급 체계가 강하고 수직으로 부서가 분화된 곳에서도 거수경례는 곧잘 등장한다. 전역한 베테랑들은 민간인 신분이라도 거수경례를 즐겨 사용하곤 하는데 그 빈도는 군 생활 시 만족도에 비례한다. 또 이런저런 경우에 속하지 않는 민간인이라도 민간 인사법으로는 완전히 드러내기 어려운 존경심이나 애국심, 명예 같은 가치들을 위해서 거수경례가 절로 나오기도 한다.

경례와 추임새

우리나라에 서양식 거수경례가 들어온 것은 별기군을 시작으로 신식 군대를 조직한 것과 함께 시작된 것으로 추정되고 1894년 갑오개혁 이

▶ 2009년 10월 오바마 미국 대통령은 새벽 4시 아프가니스탄에서 미국으로 운구된 18명의 전사자를 거수경례로 맞으며 국민에게 무언의 메시지를 전했다.

후로 서양식 거수경례가 공식화되었다고 한다. 당시 일본이나 러시아에서 온 교관들이 신식군대 훈련을 맡았기 때문에 이들을 통해 거수경례가 훈련되었을 것이다. 1903년에 촬영된 시위대 훈련 사진에는 일본인 교관과 함께 '받들어 총'을 하고 장면이 남아 있다.

대한민국 군인 아저씨들은 모두 같은 방식으로 거수경례를 하지만 여기에 붙이는 구호는 부대별로 제각각으로 이것을 통해 나름의 정체성 확립을 시도하는지도 모른다. 일반적으로 많이 쓰이는 것으로야 '충성'이나 '단결'이 있고 대략 '필승'이라면 해병대일 것이다. 잘 나가는 부대일 경우에는 '맹호'나 '백골'같은 식으로 부대 이름으로 경례를 하는데 이런 때 6·25 동란이나 월남전에서 전공이 있어줘야 한다.

재미있는 것은 대부분 두 글자 구호를 쓰는 데 비해 이기자 부대 같은 경우엔 '이기자!' 세 글자 구호를 쓴다. '이기자!' 구호 유래에는 '6·25 때 사단기를 빼앗겼다.', '사단장 사모 이름이 이기자였다.' (설마?) 등등 여러 설이 있지만 모두 낭설로 확인되었고 이기자 부대 출신인 회사 동료에게 물어보았으나 자기도 잘 모르겠다는 답을 들었다(네?). 민망했던지 이기자 출신은 사족을 달았는데 남들은 '이기자!' 세 글자가 어색하다지만 이기자 세 박자가 입에 익은 자기는 예비군 훈련 가서 '충성'같은 것으로 두 글자로 하면 그게 더 어색하다고….

경례에 구호를 붙이는 것이 박정희 대통령 때 시작된 것으로 일제 잔재라는 설도 있지만 6·25 동란 때도 이미 구호를 붙였으니 이 또한 정설은 아니다. 또 미군도 부대별로 다양한 구호를 붙이는 것을 알고 있으니 일반적인 경향이라 해도 될 것이다. 우리가 잘 아는 미군 사례로 '레인저가 앞장선다.' 경례하면 '언제나'하고 받는, 민요라면 매긴 소리와 받는 소리 같은 예도 있다.

개인적으로 주한미군을 가까이에서 지켜본 경험으로는 평상시 부대에선 '굿모닝 써'같은 사제 인사를 섞어 가며 가볍게 가는 경우도 많이 봤다. 물론 야전에 나가서는 각 잡힌 구호를 붙이는데 주한미군은 그들의 모토이기도 한 'Second to None'을 쓴다(누군가가 말한 바로는 '최고가 되자'라나?). 내가 직접 목격한 주한미군 어느 부대는 'Attack First!'라는 구호를 썼는데 두려운 마음으로 번역해 본다면 '선방을 날리자!'(아닌가?)

미군 이야기가 나온 김에 사족을 하나 달면 한때 '메달 오브 아너'를 받은 사람에겐 그보다 계급이 높은 사람이라도 먼저 경례를 한다는 소문이 있었는데 확인해 본즉 사실무근이란다. 경례의 본질이 곧 계급이라면 훈장을 탔다고 해서 그것을 무너뜨릴 생각은 없다는 얘기. 오히려 미군에는 갓 임관한 장교에게 제일 먼저 경례를 한 사병은 경례 값을 버는 풍습이 있다고 들었는데 웨스트포인트 연수를 다녀온 먼 친척 어르신께 여쭤본 결과 지금은 없어졌지만, 옛날 미군에 실제로 있던 관습으로 경례 값이 1달러였다고 하니 꽤 오래전 얘기였던 것 같다.

교련복과 퍼플하트

우리 사회는 오랫동안 군사정권 아래서 지내왔고 그 결과 군사문화가 사회 곳곳을 지배해 왔다. 군사문화 자체가 나쁜 것은 아님에도 민간을 무리하게 군대식으로 운영한 결과 오늘날 우리 사회에서 군사문화는 뭔가 청산해야 할 대상으로 인식되고 있는 것이 사실이다.

70년대 말을 배경으로 하는 영화 〈말죽거리 잔혹사〉 도입부는 교문 앞에 늘어서 있는 선도부를 향해 거수경례를 하면서 등교하는 장면이 등장한다. 80년대에 학교를 다닌 필자도 학교 기본 인사법이 거수경례였던 것이 기억난다. 교련복을 입고 사열대를 통과했던 기억이나 밴드부 반주를 배경으로 이사장님께 경례하면서 '추웅성!'을 붙였던 기억도 있다(이사장님이 왜?).

지금 우리 사회에서 거수경례를 비롯한 군대문화를 민간에서 사용한다면 군대에서 축구했던 얘기를 즐기는 남자가 여자들에게 인기 없는 것처럼 뭔가 낡은 사람이거나 정치적으로 보수적인 사람이라고 스스로 광고하는 것처럼 여겨질 것이다. 하지만, 여러 나라를 다녀온 사람들의 이야기를 들어보면 꼭 그렇지만은 않다고 한다.

언젠가 사장님 모시고 미국 출장을 간 지인은 우연히 우리 사장님과 저쪽 미국인 부사장이 같은 월남전 참전 군인이라는 것을 알게 되었다. 그 덕이었는지 일본 업체를 제치고 계약을 따게 되었는데 그 후에도 미국에서 열리는 대형 전시회 같은 곳에서 만나게 되면 가볍게 거수경례를 주고받는다는데 이런 때 거수경례는 베테랑끼리 통하는 일종의 암호가 된 셈이다.

언젠가 대학 동창이 러시아를 방문하여 레스토랑에서 식사하고 있었는데 훈장을 잔뜩 단 2차 대전 노병이 부부동반으로 식사하러 왔다. 예약자가 2차 대전 베테랑임을 알아본 지배인은 원래 예약했던 저렴한 자리가 아닌 VIP를 위한 자리로 노부부를 모셨고 그들이 지나갈 때 몇몇 남자들이 일어서 거수경례로 인사를 하는 것을 보았다고 한다.

▶ 미국식으로 경례하는 그로밋(왼쪽)과 영국식으로 답하는 월레스(오른쪽). 미국이나 유럽 대중문화에서 종종 밀리터리 교양 수준을 확인할 수 있다.

필자의 친구는 모 신문사 기자인데 시위 현장을 취재하다가 날아온 돌에 맞아 머리를 다쳤다. 같은 신문사에 캐나다에서 온 젊은이가 일하고 있었는데 대뜸 무슨 관광기념품 같은 것을 달아주면서 '당신에게 퍼플하트를 수여하는 바입니다.' 하며 장난스럽게 거수경례를 붙였다고 한다. 그 캐나다 친구는 군대경험은 전혀 없었지만 부상자에게 퍼플하트를 수여할 수 있는 밀리터리 센스를 가지고 있었고 일상에서 군대문화를 즐겁게 활용한 셈이다.

요즘이야 그런 일이 없겠지만, 필자는 대학에서도 선배들에게 맞아가며 군기 어쩌고 하며 살았다. 그런 안 좋은 추억이 많다고 해서 군사문화의 좋은 면까지 싸잡아 모두 비난하고 배척한다면 그것 역시 또 다른 편향일 것이다. 2차 대전–6·25–월남전을 거쳐 오늘날 이라크전쟁까지 굵직한 전쟁들에 참여했고 남성 대부분이 베테랑인 대한민국이라면 군사문화의 좋은 면을 민간의 활기와 결합시켜 상승무공을 펼치는 정도의 여유는 욕심내볼 수 있지 않을까?

26 보병의 감정이입

전쟁의 시작은 위성 정보를 받아 날아가는 최첨단 미사일이 맡더라도 전쟁의 진행과 매듭은 소총을 들고 걸어 들어가 깃발을 꽂는 보병에 달렸다. 전쟁의 필수요소이자 기본이요 최종 병기라고도 하겠지만, 인간의 몸 그 자체이기에 제일 나약한 존재인 보병. 그 보병들이 감정으로 느끼는 전쟁의 모습들….

애인-소총

특별히 임무를 주지 않았다면 보병이라면 대략 소총수다. 소총은 보병의 상징, 보병의 분신, 보병의 필수요소다. 결국, 보병이란 소총을 잘 쏘아 다른 보병을 쓰러뜨리는 존재이며 소총을 잘 쏘는 보병이 '좋은' 보병이다.

군인이 되었다 해서 바로 소총을 주지는 않는다. 군복을 입고 군화

▶ 보병이 가진 여러 무기와 장비 중에서 하나를 고르라면 무조건 소총이다. 영화 〈풀 메탈 자켓〉에서.

끈 매는 법 같은 사소한 부분부터 시작해서 줄을 맞춰 행진하고 전장에서 이동하는 훈련 등을 지루하게 거친 뒤에야 자기 소총을 만질 수 있다. 소총을 손에 쥐었다 해서 바로 쏠 수 있는 것은 아니며 다시 고되고 지루한 사격술 훈련을 거쳐야만 첫 발을 쏠 수 있다.

생각보다 큰 소음이 귀를 멍하게 만들고 매캐한 화약 냄새가 코끝으로 파고들어 오는 '첫 경험'은 보병이라면 누구나 기억하는 순간일 것이다. 다른 어떤 훈련보다 첫 사격을 해냈을 때 보병은 자신이 군인이 되었다는 것을 자각하게 된다.

좋은 보병은 소총과 친해야 한다. 일단 소총을 부여받으면 그 소총과 보병은 군 생활을 함께한다. 보병에게 주어지는 제식 소총이란 공장에서 대량생산된 모두 똑같은 모습이지만 그 보병에게는 단 하나뿐인 '내' 소총이다.

미 해병대는 소총을 애인처럼 여기라고 요구한다. 그렇게 찍어 가르치지 않아도 보병들이 소총에 대해 갖는 마음은 일종의 연애 감정 같은 것이다. 보병의 군 생활은 소총을 알아가는 과정이며 그 관계는 머리는 물론 몸으로 이뤄져야 단단하다. 처음에는 강렬한 감정으로 다가오지만, 짬밥이 찰수록 일종의 권태기랄까 시큰둥해지는 것마저 연애 감정과 닮았다.

공군이나 포병들은 부르기만 하면 달려가겠다고 장담하지만, 전선에선 보병이 믿을 것은 오직 자기 두 손에 쥐어져 있는 소총뿐이다. 아무리 권태기에 시달린 커플(?)이라도 이 순간만큼은 서로 의지하기 마련이다. 전쟁터에서 살아남고 싶은 보병이라면 평소 '애정관리'를 잘해 두어야 할 것이다.

괴물–탱크

탱크란 그 태생부터 보병을 잡으려고 만들어진 존재다. 보병을 보호해 주는 철조망과 참호를 가차없이 짓밟아 버리며, 보병이 휴대하는 통상적인 소총이나 수류탄으로는 치명상을 입힐 수 없는 탱크는 보병

▶ 보병에게 천적이 있다면 바로 탱크다. 탱크는 보병에게 공포 그 자체다. 영화 〈스탈린그라드〉에서.

의 각도에서 본다면 무시무시한 괴물이다.

굉음과 함께 탱크가 나타나는 순간 보병들은 충격과 공포에 빠지기 쉽다. 탱크는 물리적으로 보병을 공략하는 무기지만 그 등장만으로 이미 보병들의 정신과 사기에 깊은 상처를 남긴다. 원래 나약하기 그지없는 것이 보병이지만 그 나약함을 바닥까지 처절하게 느끼도록 해주는 괴물이 바로 탱크다.

보병에게도 탱크를 상대하는 무기가 있다. 조악한 화염병부터 나름 믿을만한 휴대용 대전차 로켓들을 준다. 보병이 탱크를 잡으려면 거리가 가까울수록 성공할 확률이 높아지지만, 거리가 가까울수록 탱크라는 괴물에 잡아먹힐 위험도 따라 높아진다. 누가 고양이 목에 방울을 달 것인가? 탱크를 잡으려는 보병은 먼저 자기 안에 있는 본능적인 공포와 싸워야 한다.

괴물의 상대는 또 다른 괴물이듯 적 탱크에 대한 가장 확실한 대책은 아군 탱크다. 하지만, 전쟁터를 지배하는 '머피의 법칙'을 따르자면, 적 탱크는 항상 가까이 있고 아군 탱크는 무전기 너머 멀리 있다. 팔자 좋은 보병들은 같은 부대에 소속된 탱크와 함께 다니기도 하지만 모든 보병에게 그런 운(?)이 고르게 돌아가지는 않는다.

탱크와 함께 움직이는 보병들 얘기를 들어본다면 아군이라 해도 탱크는 역시 보병에겐 괴물이라 한다. 탱크가 보병을 보호하기보다는 탱크를 보호하기 위해 보병이 나서야 하는 꼴이다. 탱크보다 앞서 나가 정찰해야 하고 탱크를 노리는 적 보병을 막아줘야 한다. 적이건 아군이건 탱크란 보병들에게 길들이기엔 너무 까다로운 존재임이 분명하다.

택시-장갑차

보병은 이름 그대로 걸어 다니는 병사들이다. 보병이 걸어 다니는 길은 포장이 잘 된 도로일 리가 없다. 오늘도 보병들은 산을 넘고 정글을 헤치고 강을 건넌다. 목숨을 걸고 바다 너머 상륙작전을 감행한 보병들이 해안을 휩쓸던 기관총의 마수에서 살아남았다면 다시 짐을 둘러메고 터벅터벅 걸어가야 할 것이다.

보병은 소총과 탄약은 물론 자신에게 필요한 의식주를 직접 등에 지고 다녀야 한다. 흥미로운 통계로는 고대 로마 시대부터 현대의 이라크 전쟁까지 보병 개인이 지고 다녀야 하는 군장의 무게는 별 차이가 없다고 한다. 기술 발전에 따라 그 무게가 줄어들기는커녕 오히려 더 늘어나는 추세다.

그래도 현대 보병들은 과거 보병들이라면 누리지 못했던 문명의 혜택을 보기도 한다. 바로 자동차나 장갑차를 타고 전장을 이동하는 것이다. 말이나 마차를 타고 유유자적 지나가는 무리를 부러워했던 옛날 보병들이라면, 비록 트럭 짐칸에 구겨져 실렸더라도 직접 걸어갈 필요 없는 현대 보병들이 위대해 보일 것이다.

장갑차는 보병을 실어 나르는 것을 넘어 적의 총탄으로부터 보호까지 해준다. 탱크가 아군이라도 부담스러운 괴물이라면 장갑차는 어딘

▶ 베트남 전쟁에 투입된 M113 APC는 보병들에게 '배틀 택시'라는 별명을 얻었다.

가 농촌에서 키우는 소처럼 보병에게 친근한 존재다. 하지만, 보병을 실어 나르는 장갑차에 '배틀 택시'라는 별명을 붙인 것처럼 장갑차는 보병들을 전쟁터로 실어 나르는 물건이지 끝까지 보호해주는 존재는 아니며 무엇보다 '자가용'이 아니다.

보병을 실어 나르는 장갑차들은 무장이나 장갑이 강화되는 추세다. 예전처럼 소총탄에도 뚫리는 나약한 택시가 아니라 더욱 든든하게 보병을 보호해줄지도 모른다. 하지만, 브래들리에 뚫려 있던 총안구가 없어진 것처럼 강화된 장갑 역시 실어 나른다는 택시 역할을 충실하게 하기 위함이며 여전히 보병들은 목적지에 도착하는 순간 안전한 장갑차에서 내려 다시 맨몸으로 전쟁터로 나서야 한다.

천사–메딕

보통 사람도 그렇겠지만, 전쟁터에 선 보병들이 제일 꺼리는 일은 다치거나 죽는 일이다. 하지만, 전쟁터에서 보병에게 맡은 바 임무란 다치거나 죽을 위험에 굴하지 않고 앞으로 나아가 목표 지점을 빼앗고 지키는 것이다. 때로 장군님들은 투입된 모든 보병을 잃더라도 해당 지점을 지켰다면 '작전성공' 도장을 꾹 찍기도 하신다.

총성이 휩쓸고 간 직후 가장 먼저 터져 나오는 보병들의 목소리는

▶ 격렬한 전쟁터에서 보병을 위해 달려오는 구원의 손길은 바로 메딕이다. 영화 〈라이언 일병 구하기〉에서.

"메딕~!"을 찾는 목소리일 것이다. 바로 그 순간 보병을 구원해줄 손길은 다른 곳에 있는 것이 아니라 함께 전진하던 메딕 손에 달렸다. 생과 사의 갈림길에서 적탄을 뚫고 내게 다가와 '처음이자 마지막이 될지도 모르는 도움'(first aid?)을 주는 메딕이야말로 보병들에겐 수호천사다.

메딕들이 휴대하는 의료장비나 그들이 받는 훈련 수준이라면 일반 병원의 간호사 정도에 해당할 것이다. 하지만, 전선의 보병들에게 메딕은 종합병원 같은 존재이고 그래서 많은 보병은 습관적으로 '닥터'라는 별명으로 메딕을 부르며 신뢰와 애정을 표시한다.

병사들은 메딕에게서 천사를 느끼지만 메딕 역시 군인이기에 그들에겐 나름의 임무수행 방식이 있다. 메딕들은 가장 위급한 병사보다는 회복 가능성이 큰 병사부터 구해야 하는 전장의 논리를 요구받는다. 신과 인간 사이에서 고뇌했던 천사들처럼 전쟁과 인간 사이, 임무와 능력 사이에서 메딕들 역시 고뇌한다.

메딕이라는 천사에게 날개가 있다면 그 날개는 분명히 헬리콥터다. 전쟁터에서 병사를 바로 들어 올려 야전 병원으로 옮겨 주는 '응급 헬리콥터'(MEDVAC)의 등장은 메딕의 한계를 저만치 멀리 밀어내었다. 최근 아프가니스탄이나 이라크에서 구조 임무 중 격추된 헬리콥터가 많았듯이 조종사나 메딕들에겐 가장 취약하고 피를 말리는 순간이겠지만 생사기로에 서 있는 보병으로서는 자신을 들어 올리려 날아온 응급 헬리콥터야말로 '천사강림' 그 자체일 것이다.

Chapter 3

천재들의 전쟁

31 천재들의 전쟁

원래 타고난 과학자들은 시계가 삶아지는지 달걀이 삶아지는지 그저 자기 하고픈 연구에만 빠져들기 마련이지만 조국은 이들을 그냥 내버려 두는 일이 없다. 하물며 전쟁이 코앞이라면 더더욱!

아르키메데스

목욕탕에 들어갔다 외쳤다는 "유레카!"로 유명한 아르키메데스는 시대를 뛰어넘은 천재였다. 기원전 200년 언저리를 살았던 그는 수학에 물리학을 지나 철학은 물론 원리를 응용한 기계 만들기까지 못하는 게 없었다. 특히 그는 지렛대의 원리를 발견하고 지레에 푹 빠져서 적당한(?) 길이의 막대기하고 서 있을 자리만 구해주면 지구도 들어 올리겠다고 호언장담할 정도였다.

아르키메데스는 조국 시라큐사가 로마의 침공을 받았을 때 왕의 부탁으로 신무기를 만들었다. 섬이었던 시라큐사는 로마 함선들에 포위당했는데 그의 특기라 할 지레를 이용하여 거대한 돌덩이를 날리는 투석기와 갈고리로 로마 함선을 들어 던져 버리는 기중기를 만들었다.

거울을 이용해서 햇빛을 모아 아예 로마 함선을 불태워 버리기도 했다는데 아쉬운 점은 아르키메데스의 무기들은 말로만 전해질 뿐, 그림이나 유적이 남아있지 않아 그 실체를 가늠하기 어렵다는 점이다.

아르키메데스의 신무기에도 원래 작은 나라였던 시라큐사는 결국 로마군에 함락되고 만다. 로마군 병사들이 들이닥쳤을 때 한창 모래판 위에 뭔가를 그리고 있던 아르키메데스는 로마군 병사가 그림을 지우자 호통을 치다가 죽임을 당한다.

로마군 지휘부는 '아르키메데스를 꼭 살려 둘 것'이란 엄명을 내려 두었지만, 점령군 병사의 오만함이 비극을 낳았다. 전쟁이 없었다면 그 천재적인 능력으로 평화와 문명을 위해 어떤 신기한 기계들을 만들어 냈을까?

레오나르도 다빈치

레오나르도 다빈치 하면 '모나리자'의 화가로 알려졌고 요즘은 〈다빈치 코드〉로 뭔가 음모의 대가처럼 되어 버렸지만 '박학다식', '팔방미인'같은 수식어가 전혀 아깝지 않은 천재가 바로 다빈치다. 인체를 해부하여 관찰한 그림으로 잘 알려진 다빈치의 스케치들은 그의 천재성을 유감없이 드러내고 있는데 여기에는 여러 가지 흥미로운 기계 장치들이 함께 전해지고 있다.

여러 판본이 전해지는 다빈치의 노트에는 비행기나 헬리콥터처럼 잘 알려진 것들과 함께 다양한 무기들이 등장하고 있다. 다빈치도 무기의 기본이라 할 투석기를 세련되게 디자인했고 요즘의 집속탄에 해당할 포탄도 있고 사람 키만 한 거대한 낫 4자루가 프로펠러처럼 돌아 적군을 쓸어버리는 살벌한 무기도 등장한다. 한 번에 여러 발을 쏘는 다연발포에 관심이 많아 조선시대 신기전을 닮은 야전용 대포나 대포 16개가 원형으로 배치된 연발대포도 고안했다.

원래 다빈치는 채식주의자에 평화주의자로 알려졌고 노래 부르기 좋아하고 악기도 즐겨 연주하는 섬세남이었다고 하는데 이런 살벌한 무

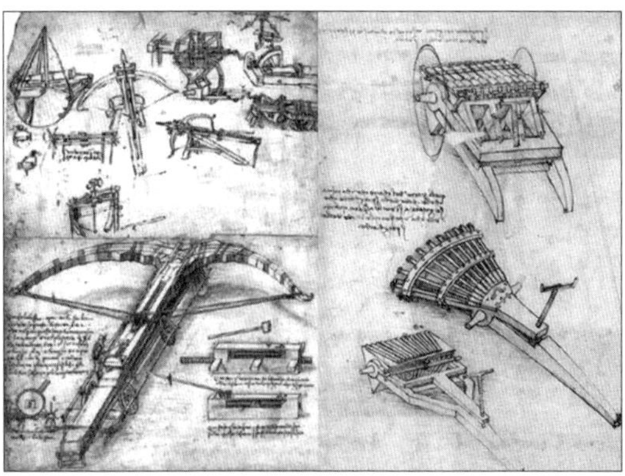

▶ 레오나르도 다빈치는 칼날이 달린 마차, 거대한 석궁, 다연발 대포 등 여러 무기 스케치를 남겼다. 실제 제작되어 사용된 것이 거의 없다는 것이 그나마 다행이다.

기들을 고안했다는 사실이 뜻밖이다. 아마도 살상을 즐겼다거나 전쟁광이었다기보다 기계의 극한을 추구했던 천재 근성이 아닐까 싶다.

다빈치가 고안한 기계들은 헬리콥터 비슷한 것처럼 당시 기술 수준보다 앞서 나간 경우가 많아서 실제 만들어 작동시키기는 쉽지 않아 다빈치의 무기들이 실전에서 실력을 보여줄 기회는 없었는데 전재의 명성을 생각한다면 다행이었다고 할까?

노벨과 하버

노벨 하면 다이너마이트다. 당시엔 액체 폭탄인 니트로글리세린이 있었지만 불안정해서 폭발 사고가 잦았고 노벨이 이것을 고체로 안정시킨 다이너마이트를 만들자 토목 건설에서 획기적인 발전이 이뤄졌고 노벨 자신은 돈도 많이 벌었다.

노벨은 다이너마이트를 만들면서 '한순간에 서로 무너뜨릴 무기가 있다면 오히려 전쟁을 일으키기 어려워질 것이다.'라는 생각을 했는데 그의 바람과 다르게 다이너마이트는 전쟁에서 신나게 쓰였고 어려서 위인전에서 읽었듯 노벨은 전쟁에 대한 반성을 담아 노벨상을 남기게 된다.

하버는 암모니아를 합성해서 화학비료를 만들어낸 선구자였다. 인구는 늘어나는데 농업 생산력은 진작 벽에 부딪힌 시대에 하버가 만들어 낸 화학비료로 생산력이 높아지자 인류는 먹고사는 문제에서 벗어날 발판을 마련하게 된다.

하지만, 하버는 1차 대전을 맞아 조국 독일을 위해 암모니아를 바탕으로 폭탄 원료가 되는 질산을 만들었다. 하버는 염소를 이용한 독가스도 개발했는데 하버도 노벨처럼 '보다 강력하고 압도적인 무기를 만드는 것이 오히려 전쟁을 빨리 끝낼 수 있다.'라는 믿음을 가졌다.

참호와 철조망 사이에서 의미 없이 죽어가던 1차 대전을 생각하면 강력한 무기로 전쟁을 끝내려는 하버의 마음도 그 취지를 이해 못 할 것은 아니지만, 그가 만든 염소 가스가 처음 쓰이던 날 그의 부인은 자살했고 전쟁이 끝나고 전범으로 다뤄졌다.

▶ 1차 대전 때 사용된 화학무기들은 전장의 병사들에게 큰 고통을 주었고 당대에 깊은 충격을 주었다. 과학은 중립적일지 모르나 정치적으로 이용되기 쉽다.

같은 취지에서 대량 살상 무기를 만든 처지지만 하버의 삶은 노벨이 노벨상으로 기억되는 것과는 대조되는 인생이 되었다. 하버는 전범 논란에도 암모니아를 합성하여 인류를 굶주림에서 해방한 공로를 인정받아 1918년 노벨 화학상을 받았으니 조금은 위로가 되었을까….

알버트 아인슈타인

'엠씨스퀘어'하면 아인슈타인을 다 안 것처럼 느껴지지만 공부할수록 모를 것이 아인슈타인의 정신세계다. 어쨌든 지금도 우유건 학습지건 머리에 좋다는 제품에는 노벨 아니면 아인슈타인 이름이 붙는 것처럼 천재의 대명사로 남아 있는데, 아인슈타인 하면 상대성 원리고 이렇게 간단하게 잘라 말하긴 그렇지만 아인슈타인 덕에 핵폭탄이 가능해 졌다.

아인슈타인이 핵무기 개발을 촉구하는 서한을 루스벨트 대통령에게 보낸 것은 잘 알려진 사실이고 노벨이 생각했던 '선불리 전쟁을 일으키지 못할 정도로 강력한 무기'가 바로 이 핵무기겠지만, 아인슈타인에게 노벨이나 하버 수준의 소신이 있진 않았다. 사실 그는 독일이 핵무기를 개발하고 있다는 소문을 듣고 미국 과학자들이 우리도 개발해야 한다는 의견을 낼 때 단지 지명도가 높아 총대를 멘 것으로 보는 견해가

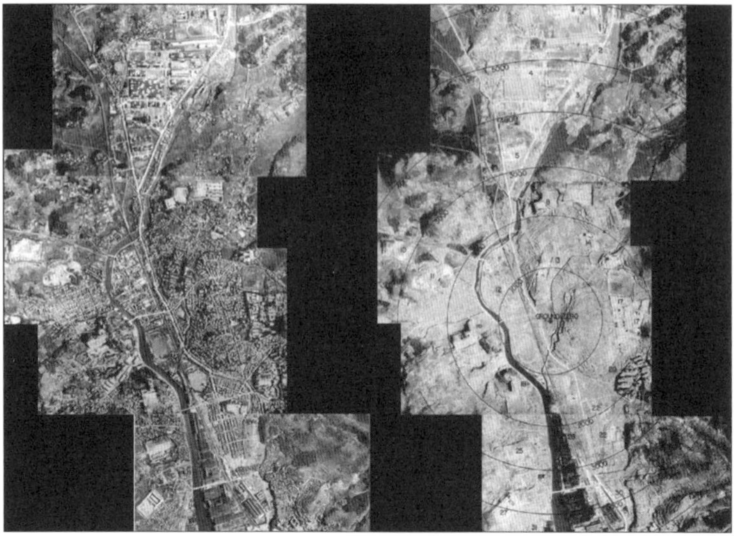

▶ 과학이 남긴 부정적인 유산에서 으뜸이라면 인류를 전멸시킬 수도 있는 핵무기일 것이다. 1945년 일본 나가사키에 핵폭탄 투하 전과 뒤를 비교한 사진.

많다.

어쨌든 아인슈타인을 비롯한 과학자들의 건의로 핵무기 개발을 위한 '맨해튼 프로젝트'가 시작되었는데 정작 아인슈타인은 FBI에서 성향이 불순한 인물로 분류하여 이 프로젝트에서 제외되었다. 사실 아인슈타인은 개인을 옹호하고 집단주의를 싫어했던 인물로 정치적으로 본다면 약간 좌파 성향이 있는 이상주의자에 가까웠다.

결국, 핵폭탄은 일본에 떨어졌고 상상을 초월하는 위력으로 승자와 패자 모두에게 상처를 남겼다. 후에 아인슈타인은 '대통령에게 편지를 보낸 것은 내 인생에서 가장 큰 실수'라고 말했는데 천재 아인슈타인의 인생에 현실이 남긴 그림자가 아닐는지.

니콜라 테슬라

사람이 너무 똑똑해도 문제가 되는데 비운의 천재 니콜라 테슬라가 바로 그런 경우다. 크로아티아에서 태어난 그는 이미 여섯 살 때 풍뎅이로(?) 움직이는 모터를 발명했다고 한다.

테슬라는 이십 대 후반에 미국으로 건너와 여러 가지 발명을 하는데 그 아이디어가 심하게 시대를 앞질러 가는 경우가 많아 어떤 사람들은 테슬라의 정체가 선진 문명을 전해주러 온 외계인이라고 주장할 정도다.

예를 들어 전기라 하면 테슬라는 아예 무선으로 전기를 송전하는 장치를 연구했는데 같은 시대 에디슨이 전선 깔아서 전기 보내고 있던 걸 생각해 보고, 사실 지금도 전선으로 전기를 보내는 걸 생각한다면 대단한 양반이다.

이렇게 튀는 인물이다 보니 테슬라는 에디슨을 비롯한 여러 기업가로부터 견제를 받았다. 말년에 테슬라는 빚에 쪼들려 살다가 호텔방에서 객사했는데 그가 죽은 직후 미국 기관원들이 그가 남긴 각종 서류를 압수해 갔다고 하고 그 서류의 내용에 대해 궁금해하는 이들이 많지만 어디로 갔는지는 오리무중이다.

테슬라가 고안한 무기는 없다. 하지만, 그가 구상했던 우주에 널려 있는 에너지를 모아 지구로 전송한다거나 하는 장치들이 언젠가 구현된다면 미래를 주도할 기술이 될 것이고 당연히 이 기술을 기반으로 한 무기들이 나올 것이다.

우주 전함 야마토에 달린 '파동포'나 로보트 킹 최후의 무기인 공간을 소멸시킨다는 '파멸기계'같은 게 될까나? 게임 좋아하시는 분들이라면 〈커맨드 앤 컨커: 적색경보〉 시리즈를 보면 '테슬라' 이름이 붙은 무기들이 나와 뿌지직하는 광선을 쏘던 것이 기억나실 게다.

테슬라가 남긴 특허는 거의 700개 이상 된다고 하는데 놀랍게도 그가 남긴 특허 대부분은 누구나 갖다 쓸 수 있다고 한다. 돈보다는 인류 발전이 중요하다고 생각하신 테슬라 어르신이 시원하게 특허를 풀어놓았기 때문이라는데 뭔 소린지 이해해야 갖다 쓸 수 있다는 문제가 있긴 하지만 이 야박한 세상에서 그 마음만으로도 감동의 물결이 밀려온다. 그런데 이거 이 양반 정말 외계인 아니야?

32 전쟁과 문명의 기술제휴

전쟁을 하는 목적은 평화를 지키기 위해서지만 그것을 위해 다루는 수단은 분명히 파괴와 살상이다. 하지만, 전쟁을 통해 얻어진 더 잘 죽이고 더 잘 부수기 위한 기술들은 때론 문명과 손을 잡고 다른 목적으로 실력 발휘를 하기도 한다. 의도했든 의도하지 않았든 간에 말이다.

트리스탄을 기억하세요?

'희망이여~ 빛이여~ 아득한 하늘이여~' 이 주제가를 기억한다면 당신은 필자와 같은 공유 폴더에 추억을 저장해 놓은 세대다. 원탁의 기사 이야기를 일본 애니메이션으로 요리한 것으로 우렁찬 주제가부터 소년들의 마음을 사로잡아 운동회 응원가로도 즐겨 불렀다(물론 그때는 국산인 줄 알고).

주인공 아더를 비롯해서 여러 기사가 개성을 뽐냈지만, 필자는 약간 내성적 성격에 매너남으로 하프겸용 활을 무기로 쓰는 트리스탄에 폭 빠졌다. 트리스탄에게 활이 주특기인 것은 어딘가 국제 공인인지 최근 영화 〈킹 아더〉에서도 역시 활을 다루는 내성남(아마도 A형?)으로 등장했다.

가끔 결혼식에 가보면 하프로 반주를 좌악 깔아주는 경우가 있다. 하프란 악기는 일단 시각적으로 특이하고 실제로 들어보니 그 소리도 묘한 매력이 있다. 하프는 사냥할 때 쓰는 활시위를 켜거나 튕기면서 유래한 악기라 하고 그래서 악기 중에서 기원이 가장 오래된 것으로 여겨지고 있다. 전쟁이나 사냥 막간에 어느 재주 좋고 흥이 넘치는 이가 디리링 튕기기 시작했으리라.

RPG 게임 좋아하는 분들이라면 활이 주특기인 요정들이 즐겨 연주하는 것이 바로 하프라는 것을 잘 알고 계실 테고 흔히 활을 쏘는 어린 천사로 묘사되는 큐피드 역시 하프를 즐겨 들고 다니는 것을 떠올려 보신다면 활과 하프를 친척으로 보는 견해는 뿌리 깊다.

어린 시절 TV 만화에 등장했던 활의 달인 트리스탄은 평소에는 그윽한 눈매로 하프를 튕기다가 다가오는 적들을 '원 샷 원 킬'로 쓰러뜨리는 살벌한 모드로 변신한다. 기사들에게 활이 얼마나 위협적인 무기였는가를 떠올려 본다면 악사이자 궁사인 트리스탄이야 말로 전쟁을 위한 기술과 문명을 위한 기술이 어떤 관계를 하고 있는가를 압축해서 보여주지 않았나 싶다. 같은 활시위가 울려도 사람 죽이는 소리일 수도 있고 사람 살리는 소리일 수도 있으니 말이다.

편의점 장사도 나폴레옹 덕?

오래전 작은 누나가 미국 유학을 다녀왔었는데 미국에는 '세븐 일레븐'이란 가게가 있어 낮이고 밤이고 새벽이고 물건을 팔고 무엇보다 '각종 간식 일체 완비'라는 설명에 넋을 잃었던 적이 있었다. 당시 대한민국에 견줄 개념이라곤 연탄불로 호빵을 쪄주던 구멍가게나 라면을 끓여주던 만화방 정도?

세월이 흘러 필자가 업무차 일본에 장기 체류를 했을 때 말로만 듣던 세븐 일레븐을 일본에서 체험하게 되었는데 그 다양한 먹을거리에 푹 빠져 헤어나질 못했다. 편의점을 고안한 것은 미국이라지만 그것을 꽃피운 것은 일본일 테고 지금 대한민국이 무서운 속도로 편의점 문화를 흡수해 가고 있다.

편의점 장사에서 제일 많이 남는 것이 바로 먹는 거라고 한다. 일본 편의점은 다양한 도시락들과 가공 식품들이 있는데 고등학교 졸업하면 대부분 독립해 나와 사는 일본 사람들 사정과 관련이 있다고 한다. 반면 아직 우리나라 편의점들은 먹는 거 비중이 일본만큼 높지는 않아서 이 부분을 늘여 보려고 노력 중인데 독거 문화가 아닌데다 밥과 국물에 대한 애착이 장애물이라고 한다.

어쨌든 편의점 진열대를 차지하는 가공식품들을 살펴보면 병조림, 통조림, 레토르트 방식, 말린 것 대체로 이런 종류인데 이 모든 것들이 군대를 위해 만들어진 것이거나 군대를 통해 대중화된 것이라 해도 지나친 말은 아니다.

필자의 엄친께서는 6·25때 미군 부대에서 지내셨고 장사도 남대문 시장에서 하셔서 미군 물건은 세계 최고라는 확고한 입장을 가지고 계셨다. 어느 정도였느냐 하면 어려서 피서를 가도 버너? 쌀? 이런 거 다 필요 없다 하시며 대략 '씨-레이션' 몇 상자 들고 가실 정도였다.

나폴레옹이 상금 걸고 병사들 휴대식량 공모할 때 당선작이 병조림이었고 이것을 기점으로 통조림을 비롯한 우리가 먹는 여러 저장 식품들이 나왔다는 것은 잘 알려진 상식이고, 병조림 이전에 전투식량의 기본이라 할 육포 같은 것들도 칭기즈칸이 이끌던 몽골군이 원조이니 이 또한 전쟁과 문명의 기술제휴인 셈.

핵폭탄이 없었으면 인터넷도 없었다?

회사 잘린 것은 별 감흥이 없었는데 회사에서 맘 놓고 쓰던 인터넷 집에선 느린 속도로 식구들 눈치 보며 쓰게 되자 너무 슬펐다는 (정신 못 차린!) 후배 이야기처럼 요즘은 인터넷 없던 시절엔 어찌 지냈을꼬 싶다. 인류 최고의 발명품으로 냉장고를 제치고 인터넷이 1위로 떠오른 지금, 인류 최악의 발명품으로 탄생 이래 부동의 1위를 지키는 핵폭탄이 서로 '호형호제'하는 사이라니 역시 전쟁과 문명은 그렇고 그런 사이다.

인터넷의 조상을 따져보면 알파넷(ARPANET)이 나오는데 이름을 풀어 보면 미 국방성 '고등연구계획국'(ARPA)이 만든 네트워크다. 요즘은 안 배울 것 같은데 옛날 학교에서 배운 전산 과목을 떠올려 보면 어쨌든 컴퓨터는 중앙에 센 거 하나 메인 프레임으로 놓고 나머지는 터미널이라는 단말기를 연결해서 썼다.

하지만, 때는 미소 냉전이요 핵전쟁 시대. 그러다 중앙 컴퓨터가 핵폭탄 맞으면 말짱 황이 아닌가 염려한 나머지 핵폭탄 몇 방은 맞아도 분산된 네트워크가 이리저리 연결되어 전체 기능을 수행하는 방식을 고민했고 그게 민간에 넘어오고 커지고 해서 인터넷이 되었다는 얘기다. 최초의 컴퓨터인 에니악도 탄도 계산을 위해 만들어진 것을 떠올

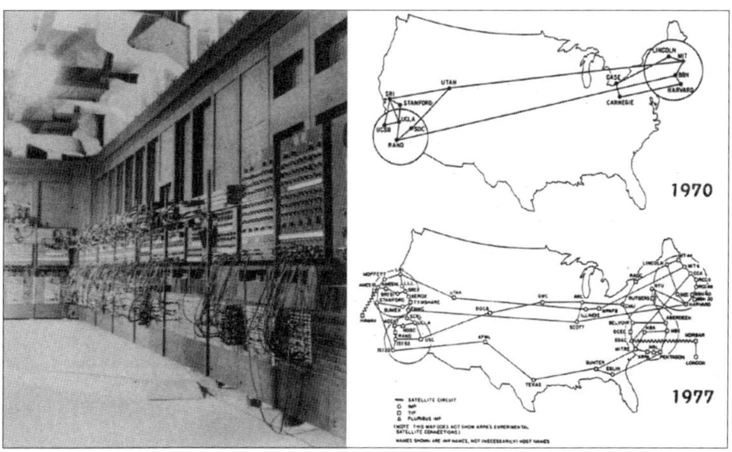

▶ 최초의 컴퓨터 에니악은 탄도 계산을 위해 등장했다(왼쪽). 인터넷도 소련의 핵 공격에 대비해서 네트워크를 분산시키자는 아이디어로 시작했다(오른쪽).

려 본다면 컴퓨터와 인터넷은 확실히 전쟁이 문명에 준 선물임이 분명하다.

2005년 노벨 경제학상은 게임이론 연구자들이 수상했다. 탄생한 지 불과 60년 조금 넘은 게임이론은 지금은 경제학과 정치외교는 물론 자연과학에까지 영향력을 끼치고 있다. 게임이론의 토대를 마련한 사람이 바로 국방부 납품용으로 에니악을 만든 폰 노이만이고 게임이론 역시 2차 대전을 통해 잠수함전 교리에 응용되거나 효과적인 원폭 지점을 고르는 데 사용되는 등 남들이 외면할 때 군대의 각별한 관심 속에 성장한 분야라 할 수 있다.

하지만, 게임이론을 통해 최악의 대결을 피하고 차선의 균형을 찾는 시도가 이어진다거나 전쟁용으로 시작한 컴퓨터와 인터넷 때문에 군대가 군사기밀 유지에 급급하고 반전여론 통제에 쩔쩔매는 것을 보면 세상은 주거니 받거니, 돌고 도는 거라고 할까나?

인공위성 좀 나눠 씁시다?

필자 집안은 6·25때 소련군 등쌀에 시달리다 월남한 집안이다. 필자는 반미열풍 가득한 대학시절을 보냈고 흔히 '점령군 포고문'으로 시작되는 미군 만행을 학습 받은 세대이지만 그 시절을 경험한 분들의 증언을 참조해 보면 소련군 만행이 확실히 한 수 위였다고 한다.

대학생 때였던 가 난데없이 미국에서 실향민들 앞으로 우편물이 날아왔는데 내용인즉 고향 생각 많으실 텐데 동봉한 지도에 동그라미 쳐서 주문을 넣으면 자기네 인공위성으로 그리운 고향땅을 찍어서 보내주겠다는 민간 상업위성 광고였다.

반신반의 주문 넣고 송금했더니 정말로 사진이 왔다는 얘기도 들려왔고 고향 생각에 한동안 소주들 많이 찾으셨다는데 때마침 전공이 우주과학이었던 필자는 개인이 인공위성을 빌려 쓸 수 있다는 사실에 흥미진진했던 기억이 있다.

인공위성은 현대 군사기술의 꽃이며 아무나 가질 수 없는 것으로 미국과 소련을 비롯한 돈도 있고 기술도 있고 권력도 있는 나라들의 전유물이다. 세계 어디에 있더라도 자기 위치를 정확하게 알 수 있다는 GPS만 해도 미국이 아닌 나라는 아직 완전하게 구현하지 못하고 있고 세계를 지배하는 미국의 힘은 자동차 번호판까지 찍어 낸다는 정찰위성 성능에 많은 부분 기대고 있다. 이렇게 강력하기에 천년만년 군대만 끼고 살 것 같던 인공위성도 몇 단계 낮은 성능이라도 민간이 나눠 쓸 수 있게 됐고 어떤 것은 공짜도 있으니 세상 참 많이 좋아졌다.

GPS만 해도 요즘은 어지간한 차엔 다 달려서 내비게이션은 안 돼도 하다못해 '안전운전 하셔야 할 곳'(?)은 알려 준다. 등산잡지를 보면 GPS를 위한 등산 지도가 따로 실리고 있고 가지고 계신 핸드폰에 GPS 달린 기종도 제법 될 것이다.

어느 월간지에는 상업위성을 이용해서 찍은 북한군 기지들 사진이 실렸는데 예전 같으면 꿈도 못 꿀 일이고 수많은 이들을 모니터 앞에 붙들어 놓은 '구글 어스'같은 서비스 때문에 군사보안이 무용지물 되었다고 각 나라에서 항의가 들어와 주요 시설을 블라인드 처리할 것인가를 놓고 논란이 벌어지기도 했다.

최근 일본은 북한을 이유로 한반도 감시용 인공위성을 신나게 쏘아 올리고 있는데 가진 건 네티즌 밖에 없는 대한민국, 블라인드 되기 전에 구글 어스라도 부지런히 해서 일본 정찰을 해 두어야 할까?

▶ 우주에 인공위성을 쏘아 올릴 수 있는 강대국이나 볼 수 있었던 위성사진을, 안방에서, 클릭 몇 번으로, 그것도 공짜로 보는 시대다. 구글 어스로 본 일본 요코스카에 있는 미 해군 기지.

방탄조끼로 허리케인을 막는다?

필자가 이어받질 않아서 대가 끊어지긴 했는데 가방 제조와 도매가 가업이었다. 전두환 대통령 시절로 기억하는데 남대문 시장 가방 골목에 청와대 경호실에서 나왔다는 사람들이 이상한 천을 들고 와서 그걸로 가방을 만들어 갔다는데 우리 집과 거래가 있던 공장에서도 문제의 가방을 만들었다고 한다.

그 천은 방탄이 되는 것으로 그 천으로 만든 외제 우산도 구경할 수 있었다는데 아무튼 보안이 대단해서 가방 만드는 내내 옆에 지켜서 있다가 천 쪼가리 남은 것 하나 남기지 않고 다 걷어 갔다고 한다. 지금 생각해 보면 아마도 '케블라'같은 것이 아니었을까 싶은데… 어쨌든 이제는 말할 수 있다?

총에 맞고 싶은 사람이 누가 있겠나. 하여 다양한 방탄소재가 개발됐다. 필자 생각에 방탄복은 실제로 효과가 있어 병력손실을 방지하는 실용적인 면도 있겠지만, 일종의 부적처럼 입고 다니면 기분이 좀 나아지고 뱃심이 생기는 정서적인 면이 더 강하지 않나 싶다.

재미있는 것은 총알을 막는 방탄복이 쇠나 뭐 이런 게 아니라 섬유가 소재라는 사실이다. 현재 방탄용 섬유는 미제와 네덜란드제가 시장을 꽉 잡고 있다. 미제로 케블라와 스펙트라가 있고 네덜란드 제로 다이니마와 트와론이 있는데 아무래도 제일 귀에 익은 것을 꼽으라면 듀폰사의 케블라일 것이고 군용을 넘어서 다양한 제품을 시도하는 쪽도 바로 케블라다.

'스톰룸(StormRoom)'은 케블라로 만든 안전가옥으로 허리케인이나 토네이도에 맞서는 것이 임무다. 나무로 집을 만드는 미국 가옥 구조상 허리케인이나 토네이도가 닥치면 유리창이 깨지는 것은 물론 지붕이 날아가기도 하고 강력한 녀석일 경우 집 자체가 무너지기도 한다. 지금까지는 나무판자로 창문을 막고 출입문을 보강하고 유사시에는 집을 버리고 피난을 가는 게 기본이었는데 갈수록 허리케인이 강력해지고 있어 그 피해가 늘고 있다고 한다.

해서 케블라로 만든 스톰룸을 집에 설치하고 허리케인이 닥치면 그 안에 대피하면 집은 무너져도 스톰룸은 견디기 때문에 목숨은 건진다는 얘기다. 사실 집은 또 지으면 되고 가족의 생명만큼 중요한 게 없으니 수많은 전쟁터에서 병사들 목숨을 구한 (적어도 기분이라도 나아지게 한) 방탄복이 이제 천재지변에 맞서 민간인들을 지킨다는 얘기.

전투기가 하면 자동차도 한다?

비행기 타기를 늘 겁내는 필자에게 항공사 직원인 처남이 2000년 이후에 들여온 737-800부터는 HUD(head-up display)가 달렸다고 귀띔해 줬다. 어지간한 전투기라면 HUD는 달렸어야 정상이고 좀 한다는 신형 전투기들은 아예 헬멧에다 이것저것 첨단 장비를 다는 추세지만 아무래도 자본주의는 최고 성능보다는 투입 대비 산출이니 여객기에는 HUD를 아껴 왔던 것이다.

그런데 여객기보다 HUD 도입에 더 적극적이어서 이미 상용화된 탈 것이 있는 것이 있으니 바로 자동차다. 아직은 고급 외제 승용자 중에서도 아주 비싼 녀석들에 국한된 것이지만 HUD를 달아 계기판을 따로 보지 않고 계속 전방을 주시할 수 있어 피로를 줄이고 안전성을 높이고 있다.

사실 요즘 자동차에는 내비게이션에 TV나 DVD도 달려서 운전하면서 신경 쓸 일이 많은데 HUD를 이용하면 더욱 효율적인 정보 처리가 가능할 것이다. 현재 비싼 고성능 내비게이션과 저가 제품의 차이를 응용해 본다면 고급 자동차에는 내비게이션 기능까지 구현되는 고급형 HUD가 장착되고 일반 자동차에는 속도계와 연료계 정도로 구성되는 저가형 HUD가 장착되는 식으로 몇 년 안에 일반화될 것으로 여겨진다.

현대전이 만들어낸 대표적인 기술적 진보라 할 야간 투시경도 이미 일부 고급 승용차엔 기본 장착되기 시작했는데 밤에 먼 거리에 있는 장애물을 미리 발견하는 것이 목적이다. 또 방탄소재 케블라로 차체를 만들어 내구성을 높인 차들도 나와 있어 전쟁을 위해 개발된 기술들이 문명사회 필수요소인 자동차의 안전성을 높이는 데 이바지하고 있다.

어떤 면에서는 BMW나 벤츠처럼 로고에 비행기 프로펠러를 남겨 비

▶ 전투기가 발전시킨 HUD를 민항기가 받아 안정성을 높이고 다시 자동차도 가세했다.

행기 만들던 시절을 추억하는 메이커도 있고 SAAB처럼 아예 비행기와 자동차를 모두 만드는 메이커도 있는 것처럼 자동차와 전투기 사이는 태생적으로 각별한 것일까? 전투기는 생존을 위해 발톱을 다듬고 자동차는 전투기를 꿈꾸며 그 발톱을 가져다 자기 살로 만드는 전쟁과 문명이 주고받는 행복한 기술제휴, 물론 평화로운 시절이 지속하여야 가능한 얘기겠지만.

33 히틀러 엑스파일?

아돌프 히틀러. 워낙 개성이 강한 인물인 탓에 언제부터인가 히틀러는 역사와 판타지 모두에 걸쳐 있는 존재가 되었다. 오늘은 역사에서 조금만 벗어나 오버 테크놀로지에 발자취를 남긴 히틀러를 만나보자.

우주로 날아간 히틀러

영화 〈콘택트〉에는 외계인이 지구로 송신한 첫 신호를 수신하는 장면이 등장한다. 과학자들이 큰 기대를 걸고 신호를 살펴보자 놀랍게도 아돌프 히틀러가 등장한다. 외계인들은 나치를 신봉한단 말인가? 미국 과학자들과 정치인들은 혼란에 빠진다.

외계인들은 단지 지구에서 외계로 송신한 첫 TV 전파를 되돌려 보냈을 뿐이다. 그들은 지구로부터 보낸 신호를 잘 받았으며 그것이 지구로부터 왔다는 것을 확실하게 인지하고 있다고 친절하게 밝힌 것이다. 그런데 지구에서 외계로 보낸 첫 TV 전파가 히틀러의 것이었다니?

60여 년의 시간을 지나 우리 눈에 비친 히틀러의 모습은 카리스마와 광기 또는 콧수염 때문인지 코믹한 이미지까지 오가고 있지만, 확실히 히틀러가 활동하던 당시에는 카리스마 넘치는 정치가였다. 게다가 그는 자신이 어떤 이미지로 대중들에게 비치는지 잘 알았고 그 효과를 증폭시키기 위해 다양한 미디어를 활용할 줄 알았다.

히틀러가 등장하는 군중집회는 무대 배치부터 히틀러를 강조하기 위해 제단처럼 구성되어 있었고 등장하는 방향부터 연설 방식까지 철저하게 미리 계획된 방식으로 진행되었다. 이런 집회들은 영화로 제작되고 독일 각지에서 상영되어 그 효과를 전국으로 전파시켰다.

같은 시기 처칠 수상이나 루스벨트 대통령이 라디오 연설을 주된 매체로 활용한 것에 비한다면 시각적인 연출과 영상 매체를 즐겨 활용한 히틀러의 감각은 한 수 앞선 것이었다. 흔히 미디어를 활용해서 승리한 정치인으로 TV 토론에서 승리한 케네디 대통령을 꼽곤 하지만 영상을 이용하여 전국 네트워크를 활용했다는 점에서는 히틀러가 선배요 개척자다.

자신을 부각시키기 위한 히틀러 연출의 정점은 1936년 베를린 올림픽이었다. 세계인을 상대로 히틀러 자신을 서구 문명의 계승자로 부각시킨 베를린 올림픽은 독일의 국력이 집중된 만큼 성대하게 치러진 올림픽이었지만 올림픽 무대가 정치 선전의 장이 되어버린 한계를 함께

▶ 영화 〈콘택트〉에는 지구에서 외계로 송신한 첫 TV 전파가 히틀러 연설이라는 내용이 나온다. 지금도 우주 어딘가로 달려나가는 지구 발 TV 영상 첫머리에 히틀러가 있다는 얘기.

남겼다.

히틀러는 올림픽에 큰 의미를 부여했고 TV로 개막식을 중계했는데 바로 이 전파가 영화 〈콘택트〉에서 외계인들이 되돌려 보낸 것이 된다. 지금도 우주에서는 지구에서 발신된 각종 전파가 끝없이 퍼져 나가고 있을 것이고 영상 중에서 제일 앞에 있는 것은 바로 히틀러의 것이니 언젠가 이것을 수신한 외계인들은 이 독특한 카리스마의 콧수염 사내를 어떻게 볼 것인지 궁금하다.

히틀러와 프로파일링

〈엑스파일〉에서 멀더는 FBI 프로파일러 출신으로 등장한다. 흔히 우리나라에서는 프로파일링을 심리분석이라고 번역하지만 원래 멀더가 속한 부서는 BSU(Behavior Science Unit)로 행동을 연구한다. 곧 행동을 분석해서 그런 행동을 하는 심리적 경향을 파악하고 그 분석을 바탕으로 다음 행동을 예측하는 것이다.

프로파일링은 영화나 드라마에서 즐겨 등장하는 소재이기 때문에 매우 강력한 수단으로 비치지만 아직 원산지인 미국에서도 정립되어가는 과정에 있다. 프로파일링만으로 범인을 찾거나 하는 경우는 많지 않고 프로파일링의 증거 능력을 어디까지 인정해야 할 것인지에 대해서도 논란이 있다.

프로파일링의 역사를 보면 이 분야를 정립한 중요한 계기점이 된 연구가 등장하는데 미국 정부가 한 인물의 프로파일을 작성하기 위해 대규모 자원을 투입하여 심리분석을 진행한 것이다.

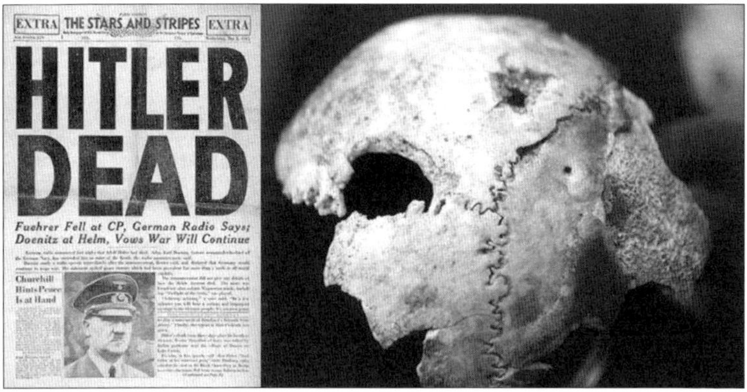

▶ 2차 대전 내내 히틀러의 생사는 중대 관심사였다. 최근 히틀러 유골로 추정되던 두개골(오른쪽) 검사 결과 여성 DNA가 나왔다고 하여 논란이 되기도 했다.

그 인물은 바로 아돌프 히틀러였다. 미국 정부는 히틀러가 어떤 사람인지 알고 싶었고 이를 위해 히틀러에 대해 증언할 수 있는 다양한 인물들을 소환하여 히틀러에 대한 방대한 자료를 구축하고 분석했다.

히틀러를 심리분석한 결과는 당대 정신분석학의 조류를 반영해서 어린 시절부터 재구성되어 그를 무심하게 대했던 아버지, 자신의 편을 들어주었던 어머니에 대한 기대, 결국 아버지의 의견을 따랐던 어머니에게 느낀 배신감이 깊게 각인되어 현재에도 영향을 주고 있다는 내용 등이 포함되어 있었다. 사소하게는 조국이라는 표현보다 모국이라는 표현을 즐겨 쓰는 것도 히틀러라는 개인의 중요한 특징이었다.

히틀러에 대한 심리분석 보고서의 최종 결론은 그는 전쟁을 중단하거나 항복하지 않을 것이며 오직 히틀러 개인이 사망하지 않고서는 전쟁을 끝나지 않는다는 것이었다. 또 히틀러는 최후의 순간까지도 현실을 인정하지 않다가 종말이 다가왔을 때는 포로로 잡히기보다는 자살을 택할 것이라는 결론을 내렸다.

연구 의뢰인인 미국 정부에게는 실망스러운 결론이었다. 여러 전선에서 독일군을 압박하는 정도로는 전쟁을 중단할 수 없으며 히틀러 개인을 죽음에 이르게 할 정도로 독일 중심부로 깊숙하게 진격해 들어가야만 한다는 얘기였기 때문이었다.

이 연구 결과에 따라 연합군의 대전략이 결정된 것은 아니었겠지만 결국 이야기의 끝에 다다르고 보면 히틀러의 죽음이 전쟁을 끝낸다는 것과 히틀러는 항복하지도 않을 것이며 포로가 되지도 않을 것이라는 결론 역시 현실에서 확인되었다.

독일군 내부에서 있었던 히틀러 암살시도들은 히틀러의 죽음만이 전쟁을 멈추게 할 수 있다는 연구 결과를 입증하는 간접 증거였을 것이다. 독일군 내부에서 전쟁을 중단시키려 했던 이들이 세운 계획들이 쿠데타를 통한 권력 장악이나 다른 방법이 아닌 히틀러 개인을 죽이는 것으로 집중되었던 것은 바로 옆에서 보기에도 오직 죽음만이 히틀러와 전쟁을 멈출 수 있다는 결론에 이른 셈이다.

전쟁 기간 히틀러는 미국인들 분노의 대상이던 공공의 적이었지만 그 히틀러를 분석하면서 다듬어진 프로파일링은 오늘날 미국에서 주목받는 수사 기법이 되었고 영화와 드라마를 꽉 잡고 있으니 확실히 세상은… 그렇다.

히틀러와 UFO

심리분석이 예측한 대로 몰락이 다가오자 히틀러는 죽음을 택했고 전쟁은 멈췄다. 하지만, 히틀러의 죽음을 누구보다 기다렸던 연합군 수뇌부들은 오히려 히틀러의 죽음을 쉽게 인정하지 못하는 모습을 보였다. 정말 히틀러가 죽었는가를 확인하기 위해 다양한 노력을 기울였는데 히틀러의 유해라고 특정할 수 있는 것을 확보하지 못한 점도 한

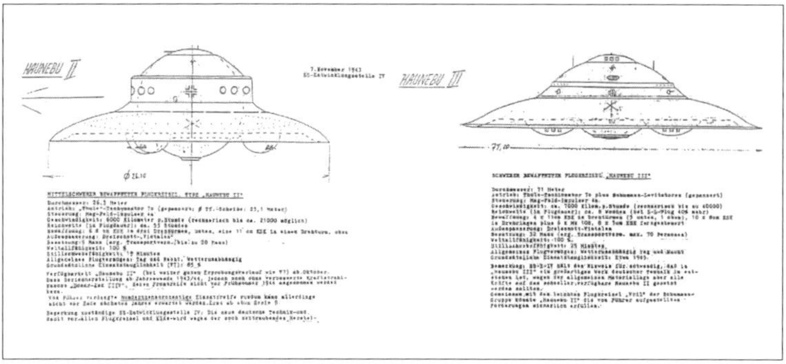

▶ 나치 독일이 남긴 원반형 비행체 '하우니브' 스케치를 근거로 히틀러가 UFO를 보내온다고 주장하는 이들도 있다.

이유였다.

히틀러의 유해와 히틀러의 측근들은 소련의 차지가 되었다. 히틀러를 병적으로 싫어했던 스탈린은 히틀러의 죽음을 확인하기 위해 철저한 조사를 지시했고 측근들에 대한 심문과 유해에 대한 조사 등을 걸쳐 오직 스탈린 한 사람만을 위한 두툼한 보고서가 제출되었다고 알려졌는데 그 내용을 두고도 의견은 분분했다.

히틀러가 1945년 베를린에서 죽지 않았다는 설은 여러 가지가 돌았다. 그 중 하나는 히틀러가 소련으로 잡혀가서 죽었다는 내용으로 스탈린의 소련 역시 비밀로 가득 찬 나라여서 여기에 대해서도 뭐라 딱 잘라 말해줄 사람은 없었다.

최근 출판된 스탈린 보고서는 히틀러의 죽음을 확인하는 내용을 담고 있고 역시 최근 러시아에서 그동안 보관해온 것이라며 히틀러 유골의 일부를 공개했지만 아무래도 스탈린 시대를 거친 것이라 역시 100%를 붙여 확인하기에는 좀 그렇다.

히틀러의 죽음을 믿지 않는 사람들의 의견은 갈수록 역사에서 판타지로 넘어갔고 결론부터 말하자면 그 끄트머리에는 UFO가 날아다닌다. 히틀러는 유보트를 타고 남미로 탈출하여 그곳에 비밀기지를 구축했고 독일이 아직 완성하지 못했던 비밀병기들을 완성했는데 이것이 오늘날 우리가 목격하곤 하는 UFO라는 얘기다.

멀더의 선배가 될 UFO 신봉자들은 1950~60년대 미국 수도 워싱턴에까지 대규모로 출몰하던 UFO가 어느 날부터 드물게 목격된 것을 두고 미국 정부와 외계인들이 밀약을 맺은 것으로 해석하는데 히틀러가 UFO를 보내온다고 얘기하는 사람들은 미국 정부와 밀약을 맺은 것은 외계인이 아니라 바로 UFO를 타고 화려하게 복귀한 히틀러 세력이라고 주장한다.

히틀러가 UFO를 만들었다는 상상력의 근거로는 독일군이 서류만 남기고 완성하지 못한 '하우니브'가 있다. '하우니브'는 설계도에 있는 모습을 보면 딱 우리가 아는 UFO를 떠올리게 하지만 미래 비행체를 상상하다 보면 결국에는 원형에 대칭인 물체에 이르게 되는 게 아니냐 하는 그런 생각도 들게 한다.

히틀러가 남미로 건너갔다는 판타지가 나올 때는 아직 세상에는 모르는 구석이 많던 시절이었지만 요즘처럼 민간인들조차도 구글 어스로 세상을 샅샅이 뒤지는 시대에 남미 어디에 히틀러가 있을까 하면 사람들은 이야기를 업그레이드시켜 남극 대륙 어딘가로 옮겨 갔다고 하고 실제로 남극은 남미에서 가깝기도 하고 UFO가 발진하는 곳 중 하나로도 꼽혀온 곳이다.

설사 탈출에 성공했더라도 이미 히틀러는 물리적으로 생존하기에는 어려운 연령대가 되었고 남극대륙도 요즘은 지구 온난화에 따라 큰 변화를 겪는 지역이 되었으니 히틀러 판타지는 또 어떤 모습으로 변해 나갈 것인지?

34 이라크, 첨단 무기와 사람 사이에서

무인 정찰기가 표적을 찾아내면 스마트 미사일이 날아와 목표를 타격한다. 펜타곤 스크린에 특수부대원들의 작전이 실시간 중계되는 첨단 전쟁이 흔히 알려진 이라크 전쟁의 이미지들이다. 하지만, 여전히 전쟁은 사람 손을 타기 마련인데….

에너미 엣 더 게이트

"타-앙!"

날카로운 총성. 저 멀리 큰길 너머에선 아군 한 명이 쓰러졌을 것이다. 희생자에겐 미안한 얘기지만 지루한 잠복을 견뎌내고 있던 길리랜드 하사는 때마침 주시하고 있던 병원 건물에서 번뜩이던 총구 화염을 놓치지 않았다. 이미 바람을 고려해서 클릭을 맞춰놓았기에 거리를 가늠하며 적 저격수의 다음 동작을 예측한다. 도주할까? 아니면 다음 희생자를 고를까?

일발 명중 뒤엔 도주가 상식이지만 적 저격수가 도사린 병원 건물은 도로에서 1km 이상 떨어진 후미진 곳이라 우왕좌왕하는 아군을 다시 노릴지도 모른다. 사상자를 옮기던 병사들이 거푸 쓰러져 가는 것은 이곳에선 너무도 흔한 일이니까. 생각을 채 마치기도 전에 그림자 하나가 다시 모습을 드러냈다. 짧게 호흡을 멈췄을 때 이미 손가락은 반사적으로 방아쇠에 걸려 있다.

너무나 몸에 익숙한 방아쇠 무게가 느껴지는가 싶더니 스코프 십자선에 놓였던 그림자가 뒤로 밀려나는 것이 보인다. '잡았다!' 전과 확인을 해야겠지만 본능적으로 느낄 수 있었다. 폐허가 된 시가지를 무대로 집요하게 아군을 노리던 적 저격수를 잡으려고 투입된 지 열흘 만에 올린 첫 전과였다. 내가 잡은 녀석이 '주바'였을까? 글쎄 장담하긴 어렵다.

TV에 비친 이라크는 무인 비행기와 스마트 미사일 그리고 전투 로봇이 전쟁하고 있지만 여기 이라크에선 1942년 스탈린그라드에서 벌어졌던 일들이 고스란히 재현되고 있다. 집요하게 미군을 노리는 저격수 '주바'의 활약(?)은 비디오까지 만들어져 미군의 심기를 건드리고 있었다. 저격이 의심되는 지역에 미사일을 퍼붓고 아군 저격수를 투입하여 사냥에 나섰지만, 미군을 노리는 저격은 줄어들 기미가 보이지 않는다.

어쩌면 주바는 신출귀몰한 천재 저격수거나 아니면 끊임없이 투입되는 저격수들의 대명사일지도 모른다. 강한 항생제를 쓰다가 어떤 항생제도 듣지 않는 슈퍼 바이러스에 시달리듯 저격수 주바라는 바이러스에 맞서 미군이 투입하는 이런저런 작전들은 근본적인 치료보다는 단지 내성을 키워주고 있는지도 모를 일이다.

신드라 스미스와 도로 위의 폭탄

폭발물은 압력을 받으면 작동하는 단순한 구조였다. 낡은 대전차 지뢰를 재활용한 것으로 이 정도는 간단하게 해체할 수 있다. 이미 같은 작업을 여러 번 해 봤기에 익숙한 솜씨로 작동부를 무력화시키고 뇌관을 제거했다. 한숨 돌리는 순간 "쾅!"하는 소리가 귓전을 때렸다. 폭발물 밑에 또 다른 폭발물이 있는 것을 눈치채지 못했다. 베트콩들이 쓰던 간단한 속임수가 아직도 미군을 괴롭히고 있다. "실전이라면 네놈들 모두 죽은 목숨이다!" 교관의 고함에 귀가 다 멍할 지경이다.

다행히 이곳은 이라크가 아니라 플로리다에 있는 훈련장이다. 곧 이라크에 투입되어 이동로에 매설되어 있을 폭발물 탐색과 제거 임무를 수행하게 될 신병들 사이에서 신드라 스미스는 좀 특별한 존재다. 마흔을 바라보는 나이에 지원 나이를 꽉 채워 입대한 그녀는 스무 살 아래인 전우들로부터 '할머니'로 불리고 있다. 실제로 그녀는 큰딸이 두

아이를 두었으니 할머니 소리를 듣는다 해서 틀린 말은 아니다.

'신드라 할머니'가 이라크 전쟁터로 떠날 결심을 한 것은 둘째 딸 벤턴이 이라크에서 크게 다치고 돌아온 뒤였다. 둘째 딸은 트럭을 타고 이동하다가 도로에 매설된 폭발물이 터지면서 상처를 입었고 그녀는 반전 시위에 합류하는 대신 이라크로 가 자신의 딸을 다치게 한 폭발물을 제거할 결심으로 군에 자원했다.

부시 미 대통령이 멋진 조종사로 차려입고 항모에 착함하여 승전 선언을 한 것이 2003년의 일이지만 여전히 이라크에선 미군이 죽어나가고 있다. 2009년 현재 전사자 수는 4천 명을 넘어서 버렸는데 특히 최근 발생한 사상자 대부분은 도로에 매설된 폭발물이나 시가지에 설치된 부비트랩에 당하고 있다.

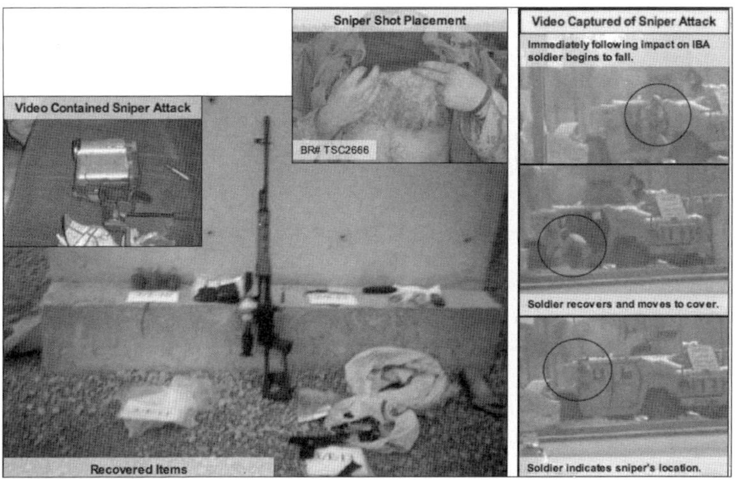

▶ 2차 대전 스탈린그라드에서나 벌어졌을 저격전이 21세기 이라크에서 미군을 상대로 재연되고 있다. 저격 과정을 비디오로 찍는 것이 시대를 반영하는지도 모르겠다.

그것이 이라크 내부의 종파 다툼이건 점령군 미군에 대한 공격이건, 조직적인 전투를 벌이는 부담이 없으면서 성공하면 적에게 큰 피해를 강요하는 급조 폭발물은 값싸고 매력적인 수단이다. 저격수를 키우는 것에 비한다면 한적한 시간을 골라 폭발물을 설치하는 것은 일도 아니다. 2006년 7월 한 달 동안에만 미군을 노린 도로매설 폭탄 테러만 무려 2,625건으로 이라크인들 사이에서 벌어진 공격은 포함되지 않은 수치다.

대량살상무기의 정체?

기억들 하실지 모르겠는데 미국이 이라크를 침공하며 내세운 명분은 이라크가 숨겨 놓았다는 '대량살상무기(WMD)'가 테러범들 손에 넘어가는 것을 막기 위해서였다. 화생방을 망라한 이런저런 살벌한 무기들이 언급되었지만, 막상 뚜껑을 열어보니 대량살상무기라 부를만한 것을 찾아내지는 못했다. 오히려 국방부와 백악관 그리고 CIA 고위 관계자들 입을 통해 "사실 이라크에 WMD가 있었는지는 잘 모르고 시작한 전쟁이었다."라는 수줍은(?) 고백이 이어졌다.

최근 미국 워싱턴포스트는 '드디어 이라크에서 대량살상무기를 찾았다.'라는 기사를 실었다. 이라크에서 찾아낸 대량살상무기는 바로…

'AK-47'이란다.

AK-47 손에 들고 RPG 하나 둘러메면 이라크 저항세력 풀 옵션일 것이다. 미군을 향한 공격이건 이라크 내부 종파 다툼이건 어김없이 AK-47 특유의 날카로운 총성이 울려 퍼진다. 비공식 통계로는 세계 곳곳에서 AK-47에 맞아 쓰러지는 사상자 수를 무려 연간 25만 명까지 잡기도 한다.

AK-47은 이름 그대로 칼라시니코프(Kalashnikov)가 1947년에 만든 자동(Automatic) 소총이다. 대부분의 소련 총기가 그렇듯이 단순 명쾌한 구조로 고장 없이 잘 작동되고 분해조립도 쉽고, 사격도 쉽게 배울 수 있다. 처음부터 그럴 의도로 만든 것은 아니었지만, 철심 박힌 7.62mm 탄은 방탄복을 위협하는 요긴한 수단이다. AK-47의 아버지 미하일 칼라시니코프 자신은 '나치 독일에 맞서 조국을 지키려 만든 총이 테러범 손에 쥐어져 민간인이 희생되는 장면에 가슴이 미어진다.'라고 씁쓸한 심경을 토로했다.

AK-47은 워낙 많은 나라에서 만들어졌기 때문에 정확한 집계는 어렵지만 1947년 이후 적어도 1억 정 이상이 만들어진 것으로 여겨진다. 대략 닭 한 마리 값이면 제3세계 어느 뒷골목에서 손쉽게 살 수 있고 야후 쇼핑몰에선 반자동 모델을 25달러에 배송까지 해 준다. 웃기는 것은 오늘날 아프가니스탄과 이라크에서 미군을 겨냥하는 AK-47 중에는 지난 1980년대 소련을 괴롭히라며 CIA가 빈 라덴에게 사 준 물건들이 제법 남아 있으니 미국도 AK-47의 주요 고객이었던 셈이다.

▶ AK-47과 RPG-7 그리고 급조된 폭발물. 무인항공기와 로봇 병사를 투입하는 미군을 괴롭히는 것은 세상에 등장한 지 오래된 무기들이다.

펀치력은 세지만 무겁고 둔한 M14를 들고 베트남 정글로 갔다가 AK-47에 놀라 맞수로 투입한 것이 상큼한 M16이었다. 오늘날 이라크에서 미군들이 주력 화기로 쓰는 M4 계열 역시 어쨌거나 M16 가족이니 베트남 정글에서 시작된 AK-47과 M16의 대결은 50년 세월을 이어가며 계속되고 있다. 오늘도 바그다드 어딘 가에선 AK-47과 M16의 총성이 울리고 있겠지만, 이 맞수의 대결은 쉽게 결판날 것 같진 않다.

펜타곤 대 마이클 화이트

2006년 11월 26일은 미국이 이라크 전쟁을 시작한 지 3년 8개월하고도 7일째 되는 날이었다. 이라크 파병이 미국의 제2차 세계대전 참전 기간을 넘어서는 날로 ABC방송 보도국에선 특집 뉴스를 준비하는 손길이 바빴다. 전사자들 사진을 빠르게 선보이면서 점점 올라가는 전사자 숫자가 큼지막하게 화면을 차지하는 구성을 결정하고 전사자 수를 확인하기 위해 접속한 사이트는 미국 국방성이 아니라 www.icasualties.org라는 개인 사이트였다.

주요 언론과 블로거들이 절대적인 믿음을 갖고 인용하는 이라크 전사자 집계 사이트 www.icasualties.org는 온전히 마이클 화이트 개인이 지켜나가고 있다. 2003년 5월 팻 나이슬러라는 여성이 이라크 전사자 집계를 하는 것을 발견하고 단지 취미 삼아 따라 할 때만 해도 이것이 6년 넘게 이어지는 여정이 되리라곤 짐작도 하지 못했다. 있는 사실을 전함으로서 전쟁을 반대하는 자신의 마음을 표현한다는 소박한 뜻이었는데 원조라 할 나이슬러의 사이트가 없어진 지금엔 일종의 사명감마저 느끼고 있다.

마이클 화이트가 하는 일은 아침, 점심, 저녁 이라크에서 발생한 사상사 소식을 체크해서 정리하는 것이다. 그가 올리는 자료들은 미 국방성이나 이런저런 언론 사이트에서도 확인할 수 있지만, 국방부 자료들은 잘 보이지 않는 곳에 감춰져 있고 언론사에 오르는 소식들은 들쑥날쑥하기 마련이다. 마이클 화이트가 정리하는 자료들은 체계적이고 정확한 것으로 호평받고 있는데 무보수로 아무런 영광도 없이 홀로 이 일을 하는 그에겐 워싱턴타임스나 뉴욕타임스 같은 권위 있는 매체들이 자신의 사이트를 인용하곤 하거나 전사자 가족에게서 자기 자식을 기억해줘 고맙다는 감사 편지를 받을 때 보람을 느끼곤 한다.

이라크 전쟁에서 미국 언론들은 전쟁을 생중계하는 시대를 선보였다. 하지만, 미 국방성이 보여주고 싶은 것만 허락되고, 날아가는 미사일이나 조준기에 비친 영상처럼 전쟁을 마치 흥미진진한 게임처럼 묘사한다는 비판에 직면했다.

비행기에서 전사자 관을 내리는 사진이 보도되자 관련 항공사 직원을 해고시킬 정도로 미 국방성은 여전히 이라크에서 사상자가 발생하

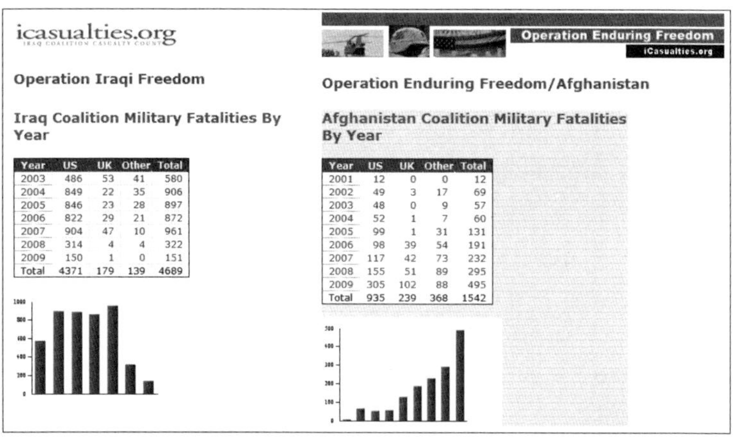

icasualties.org

Operation Iraqi Freedom

Iraq Coalition Military Fatalities By Year

Year	US	UK	Other	Total
2003	486	53	41	580
2004	849	22	35	906
2005	846	23	28	897
2006	822	29	21	872
2007	904	47	10	961
2008	314	4	4	322
2009	150	1	0	151
Total	4371	179	139	4689

Operation Enduring Freedom

iCasualties.org

Operation Enduring Freedom/Afghanistan

Afghanistan Coalition Military Fatalities By Year

Year	US	UK	Other	Total
2001	12	0	0	12
2002	49	3	17	69
2003	48	0	9	57
2004	52	1	7	60
2005	99	1	31	131
2006	98	39	54	191
2007	117	42	73	232
2008	155	51	89	295
2009	305	102	88	495
Total	935	239	368	1542

▶ 오늘도 사망자 수는 멈추지 않는다. 오히려 이라크와 아프가니스탄으로 전선만 넓어졌을 뿐이다.

고 있다는 사실을 감추기에 급급하지만, 마이클 화이트의 작은 노력은 누군가의 아들, 누군가의 아버지였고 그 자신이 하나의 우주였을 이들의 죽음을 상기시키고 있다. 그는 고단한 집계를 마칠 날을 기대하지만 유감스럽게도 2009년 오늘도 이라크는 전쟁 중이다.

35 로봇 병사가 온다

군견 근무 시간을 늘리라는 장군님 지시에 "사람은 개처럼 부려 먹어도 개는 사람처럼 부려 먹을 수 없습니다!" 대꾸했다는 오래된 군대 농담처럼 군대란 결국 '사람 부리는 일'로 귀결된다. 어떨 땐 사람처럼, 또 어떨 땐 개처럼 부려 먹을 수 있는 '궁극의 병사'를 애타게 기다려왔던 장군님들은 생각하신다. '하지만, 로봇을 보내면 어떨까?'

로봇 인 액션

2009년 서울. 35세 주부 김명희 씨는 소파에 편하게 누워 홈쇼핑 채널을 즐기고 있다. 그녀가 여유를 즐기는 동안 마루에는 지름 34cm 크기를 가진 원반 하나가 부지런히 움직이고 있다. 남편을 졸라 장만한 이 로봇 청소기는 제법 깔끔하게 청소를 해낸다. 시간 되면 알아서 청소를 시작하고 일을 마치면 자기 집(?)으로 돌아가 충전까지 알아서 한다. 한 대 50만 원이라 생각하면 비싸다 하겠지만 내 몸 편하기로 친다면야 아까울 것도 없다.

같은 시간 이라크 모술. 하킴은 모든 감각을 곤두세우며 은신처 입구를 겨누고 있다. 죽어도 혼자 죽지는 않으리라. 적어도 미군 몇 놈은 길동무로 삼겠다 다짐하며 AK 소총을 움켜쥔다. 복도 쪽에서 쿵 하며 뭔가 떨어지는 소리가 나더니 알 수 없는 기계음이 들린다. 불쑥 문으로 뭔가 들어오자 하킴은 반사적으로 총구를 겨누지만, 거기에 기대했던 미군은 없고 배낭 크기의 뭔가가 움직이고 있다. 캐터필러가 달린 것을 본 것 같았는데 쾅! 하는 소리와 함께 하킴의 몸이 날아가 버린다.

같은 장소 조금 떨어진 곳. 마이크 상병은 원격조종으로 은신처에 숨어 있던 저항세력 하나를 날려 버린 참이다. 그가 무선으로 조종하는

▶ 유선 조종으로 적 전차를 공격한다는 독일군의 '골리아테'는 당시엔 큰 위력을 발휘하지 못했지만, 현대 군사 로봇의 원조일지도 모른다.

로봇은 건물 안에 아무렇게나 집어던져도 자세를 잡고 주행할 수 있는 다부진 녀석이다. 주된 임무는 카메라로 영상을 전송하는 정찰 임무지만 지금처럼 적과 맞닥뜨렸을 때는 장착된 산탄총으로 적을 날려 버릴 수도 있다. 무선조종으로 사람을 죽이는 것이 그리 유쾌한 경험은 아니지만 내가 직접 총을 들고 거기 들어가는 것보다야 백배 낫다. 오늘도 마이크 상병은 방아쇠가 아닌 조이스틱으로 전투를 치른다.

33% 또는 그 이상

로봇 병사는 더는 공상과학이 아니다. 2009년 오늘 서울에서 이라크까지, 먼지로부터 저항세력에 이르는 다양한 적들과 맞서 싸우는 현역들이다. 로봇 병사를 주도하는 것은 (당연히!) 미군이다. 미군은 공격용 항공기는 2012년까지, 지상 전투차량은 2015년까지 1/3을 무인화한다는 목표를 세우고 있다. 1/3이라는 비율도 만만치 않지만, 무인병기가 먼저 전투에 투입된다고 본다면 실제 전장에서 차지하는 비중은 급속도로 늘어날 것이다.

미군이 로봇 병사에 적극적인 까닭은 무엇일까? 일단 사람 구하기가 쉽지 않다. 이라크와 아프가니스탄 그것도 전면전이 아닌 상황에서도 미군은 병력 수급에 쩔쩔매고 있다. 이런 여파로 요즘 미군은 병력 손실 없는 전쟁이라는 목표에 심하다 싶을 만큼 매달려 있는데 이런 목표를 충족시키는데도 로봇만 한 것이 없다.

전술적으로도 미군이 치러야 할 전쟁들이 전면전보다는 국지전, 그것도 비정규전 비중이 높아지는 추세도 로봇 병사를 부르고 있다. 여기에 다른 신병기보다 로봇이 더욱 실현 가능한 기술이라는 것도 가속도를 더해준다. 기술적인 면과 실용적인 면을 따져 본다면 '랜드 워리어' 실전 배치보다 로봇 병사가 더 현실적이다. (어쩌면 이게 제일 중요할 수도 있겠는데) 인건비 늘어나는 것보다는 장비 팔아먹을 일이 많아지는 것이 좋은 자본과 군대의 의견일치도 좋은 배경이 되고 있다.

결국, 돈 문제라면… 한 번 따져 보자. 현재 미군이 전사하면 받는 보상금은 약 12,000달러 정도. 생각보다는 적지만 대부분 미군은 보험을 들고 전사하면 유족이 지급받는 보험금은 약 25만 달러로 알려졌다. 전임 부시 대통령이 모병을 촉진하기 위해 보상금은 10만 달러, 보험금은 40만 달러로 올려놓았으니 병사 한 명이 전사하면 우리 돈으로 최대 5억 원 정도가 지출되고 여기에 훈련비용이나 평소 봉급이나 복지비용을 포함한다면 비용은 더 커질 것이다.

현재 일선에서 활약하는 로봇 병사 몸값은 팩봇의 경우 우리 돈으로 대략 4천5백만 원으로 알려졌다. 배터리만 잘 채워주고 가끔 오일만 발라주면 군말 없이 일하고 전사해도 추가비용은 없다.

혼자서도 잘해요

로봇 병기를 나눠 본다면 그 임무에 따라 정찰, 수송, 전투 등으로 나눌 수 있겠고, 형태에 따라 차량, 비행, 동물, 인간형 등으로 나눌 수도 있겠지만 가장 결정적인 구분은 수동형과 능동형일 것이다. 곧 사람이 원격조종으로 움직이는 무인병기와 인공지능에 의해 자기가 알아서 행동하는 것으로 여기에는 기술적으로 넘어야 할 장벽과 그에 따른 비용 문제 그리고 정치적이고 도덕적인 문제가 걸려 있다.

로봇 병사를 배치하는 것이 기술적으로 어렵지 않다는 것은 기존 비행체나 전투차량을 무인화하는 것으로 개발이 진행되고 있기 때문인데 여기서 무인화는 주로 원격조종으로 이뤄지고 있다. 좀 무식하게 말해서 지금 가진 R/C 기술로도 가능하다고 할까?

하지만, 원격조종은 로봇 병사 하나당 사람도 하나 이상은 붙어 있어야 한다는 뜻이 되므로 결국에는 독립적으로 작동되는 자동화를 목표로 가야만 로봇 병사를 배치하는 의미를 살릴 수 있다. 공장에 있는 산업 로봇들이 사람이 붙어 있지 않아도 알아서 조립하는 것처럼 말이다.

사실 자동화라는 것도 생각하면 그렇게 어려운 문제는 아니다. 지뢰는 '바보'지만 훌륭한 '자동' 병기다. 현재 실전에서 운용하는 무인 정찰기 중에는 일정 시간 동안 알아서 날아다니다가 적군이 레이더를 켜면 불을 쫓는 부나방처럼 돌진하는 녀석들도 있는데 이것 역시 간단하지만, 효율적인 자동화다.

▶ 보병이 등에 지고 다니다가 집어 던져 투입하고 무선으로 조종하는 '팩봇'.

본격적인 로봇 병사가 되려면 더욱 세련된 인공지능을 갖춰야 한다. 엘리베이터 기다리다 보면 각자 따로 움직이는 바보 엘리베이터가 있는가 하면 여러 대가 연동하여 가장 가까운 녀석을 보내 준다거나 하는 더욱 똑똑한 녀석이 있는데 그 생산성 차이를 실감하셨을 것이다. 자동화에도 수준이 있고 로봇 병사는 일정 수준 이상의 인공지능 탑재를 목표로 삼아야 한다.

게임을 해 보면 같은 패턴으로만 공격해 오는 인공지능을 상대하는 것처럼 쉽고 지루한 일도 없다. 포인트 한 곳만 잡고 내리 당기면 그만. 하지만, 상대가 조금만 똑똑해져도 사람 바보 되기 금방이다. 최근에 경험한 게임에선 탄창 교환하는 타이밍을 노려 공격하는 치사한(?) 녀석들에 애를 먹었다.

요즘은 혼자 하기보다는 부하를 거느려야 하는 경우가 많아져서 인공지능을 거느리고 게임을 할 때도 길도 못 찾아 벽 보고 뛰는 바보들

보는 심정에서 대략 방향만 지정해 주면 알아서 잘 싸우는 부하들 보고 대견한 경우까지 다양한 감정을 경험하곤 하는데 어쩌면 이것은 가까운 시기 로봇 병사와 함께 싸우거나 맞서 싸울 사람 병사들이 느낄 감정의 예고편일지도 모른다.

인공지능에 의해 스스로 판단하고 공격하는 로봇 병사는 도덕적인 문제에 직면하게 된다. 어차피 전쟁이란 목숨을 빼앗고 문명을 파괴하는 일이지만 사람의 판단이 배제되고 기계가 그것을 수행한다는 것은 인류에게 중요한 경계선을 넘어선다는 뜻이다. 과거 이지스 시스템의 오작동으로 민간 여객기를 날려 버린 경우나 걸프전에서 피아식별 문제로 미군 전차끼리 치고받은 사례처럼 기계의 판단이라는 것이 늘 정확한 것은 아니기 때문이다.

돈 많은 나라는 사람 대신 로봇을 보내고 가난한 나라는 남는 건 사

▶ 환자를 돕는다는 같은 목적이지만 일본은 노인 간호를 개발하고(왼쪽), 미국은 부상병 구호를 개발한다(오른쪽). 각자 무엇이 급한 과제인가를 보여준다.

람밖에 없다는 식으로 대응하는 일종의 양극화라 할 처절한 상황도 충분히 가능하다. 하여 본격적인 인공지능을 갖춘 로봇 병사가 등장한다면 실전 배치에 앞서 그것에 대한 국제 협약이나 어떤 기준이 마련되어야 할 것이다.

대세와 대안

무려 20억 원이 걸린 '그랜드 챌린지'라는 대회가 있다. 캘리포니아에 있는 모하비 사막에서 228km를 완주하는 것이 목표다. 228km에 20억 원이라면 단가가 센 경기인데 문제는 이 대회는 사람이 아닌 로봇 자동차만이 출전할 수 있다는 것. 2004년 1회 대회만 해도 완주에 성공한 로봇이 없었는데 불과 1년 만인 2005년엔 22대가 도전해서 4대가 완주에 성공했으니 로봇 기술의 발전은 놀라워라.

필자는 어린 시절 타미야 카탈로그에 실린 파리-다카르 랠리 디오라마를 보면서 '커서 꼭 사하라 사막을 달리다 죽어야지.'(?) 하는 로망을 품어 왔는데 시대가 변하다 보니 사막 랠리 비명횡사의 로망도 로봇 손으로 넘어갔다….

그런데 거금 20억 원을 누가 걸었는가 하면 (짐작하신 대로) 미 국방성이다. 모하비 사막을 무대로 삼은 것도 나름대로 험한데다가 대회를 운영하기에 편한 점도 있었지만, 현재 미군이 작전을 뛰는 무대가 대부분 사막 비슷한 곳에서 이뤄지고 있다는 점이 중요한 이유다.

무인주행이 가능한 인공지능을 목표로 내건 점도 로봇 병사에 거는 미군의 기대가 어느 쪽으로 기울고 있는가를 보여주고 있다. 미군과 밀접한 관계를 맺고 로봇 병사를 만드는 아이로봇도 '운전사 없는 군용 트럭' 개발에 박차를 가하고 있다. 여기에 외국팀의 참가를 원천봉쇄하는 것 역시 로봇 병사에 대한 미군의 심보를 잘 보여 주고 있다.

미국은 로봇 병사를 나만 갖고 남들은 갖지 못했으면 한다. 가능할까? 미국과 어깨를 견주는 로봇 선진국은 단연 일본이다. 피아노를 치고 자전거를 타는 재롱둥이 로봇들은 죄다 일본산이다. 이런 재롱둥이를 만드는 기업들이 소니, 혼다, 도요타 같은 굵직한 기업이라는 것은 일본에서 로봇이 여흥이 아니라 차세대 주력산업임을 보여준다.

일본은 드러내놓고 로봇 병사를 만들고 있지는 않지만, 마음만 먹으면 만들 수 있는 실력을 갖추고 있음은 분명하다. 유럽은? 미국 못지않게 병사들 목숨 값이 비싼 곳이고 나토와 유럽연합의 갈등처럼 군사적으로 미국과 대등해지려는 마음이 있기에 분명히 로봇 병사에 대해서도 뭔가 계획이 있을 것이다. 실제로 유럽은 이지스 시스템이나 랜드 워리어에 대응하는 프로젝트도 부지런히 따라가고 있지 않은가.

중국은 어떨까? 로봇 병사가 기술과 비용의 문제라면 일단 중국은 남아도는 게 사람이고 아직은 사람이 훨씬 싸다. 실용적인 무인 탐사보다는 보여주기에는 좋으나 실익은 적은 유인 우주선에 집착하는 것

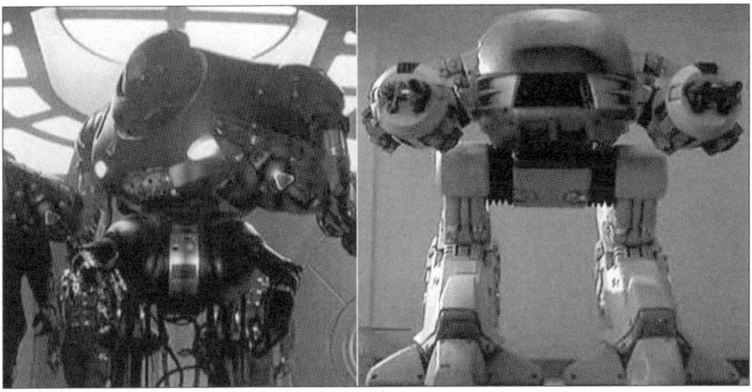

▶ 헐리우드 영화가 상상한 전투형 로봇들은 안정성을 강조한 2족 보행으로 팔에 무기를 장착한 형태들이다. 가까운 시일에 전투형 로봇이 등장한다면 이런 모습이 될 가능성이 있다.

처럼 로봇 병사보다는 항공모함 같은 폼 나는 쪽에 주력할 것으로 보인다. 하지만, 50~200만 원 하는 로봇 청소기와 비교해서 10만 원 안팎인데 대략 비슷하게 움직이는 중국산 로봇 청소기를 보면 미국이 뭘 만들면 그까이꺼 대충 따라 만들 가능성도 충분히 있다.

러시아는? 가지고 있는 비행기나 군함도 유지하기 어려운 상황이지만 미국이 랩터를 만들면 비슷한 거라도 일단 만들고 보는 근성(?)을 보면 역시 그냥 손 놓고 있지는 않을 것이다.

우리나라 국방부도 2011년까지 총 334억 원을 투입하여 '견마형 로봇'을 개발할 것이라고 발표했다. 견마형 로봇은 보행이나 주행을 하고 원격조종으로도 작동하지만, 자체적인 인공지능도 갖춰 전투도 수행한다고 한다. 총 334억 하면 많아 보여도 1년에 50억 원쯤 되는 셈인데 미국에서 사막 랠리 하나에만 20억 원을 거는 것을 보면 뭐 그렇다.

견마형 로봇은 미군에서 개발 중인 4족 보행 로봇인 플루토 프로젝트와 견줄 수 있겠는데 미국 랜드 워리어는 멈춰 버렸지만 그걸 보고 시작했던 한국형 디지털 보병시스템은 차근차근 진행되고 차세대 보병화기는 오히려 우리가 먼저 실용화시킨 것처럼 무리하지 않고 잘 묻어가면서 실속을 차리는 것이 어떨지?

36 항공모함과 휴먼테크

항공모함은 강대국의 로망이다. 건조에서 운영에 이르는 모든 과정에서 진입 장벽이 높아 현재로선 미국만이 제대로 된 항공모함과 항모 전단을 가지고 있다. 하지만, 첨단 기술의 총합인 항공모함에도 여전히 사람 손을 타는, 아니 아직은 기계보다 사람이 더 나은 영역이 있으니….

발레

영화 〈탑 건〉(1986)의 도입부는 실제 항공모함에서 촬영한 이함과 착함 장면들로 이뤄져 있다. 감독 토니 스콧은 미 해군의 도움을 얻어 항공모함을 취재했는데 돌아와서 촬영 장면들을 살펴보니 처음 계획했던 것들과는 다른 장면들을 많이 찍어온 것을 발견했다.

원래 준비한 콘티에는 전투기들의 다양한 모습을 담아올 예정이었지만 막상 갑판 위에서 정신없이 찍어댄 필름들에는 급유하는 사람, 전투기를 유도하는 사람, 뭔가를 치우는 사람, 수신호를 하는 사람… 자기 임무에 열중하는 '사람'들의 모습들로 가득 차 있었다.

영화감독의 예리한 감수성이 감지해 낸 것처럼 원자력으로 움직이는 강철의 도시이자 첨단 장비들로 가득 찬 항공모함이지만 그것을 움직이는 힘은 사람에 있다. 첨단 기술인 '하이테크'에 대응되는 개념으로 인간 친화적인 기술을 '휴먼테크'라 표현하는데 영화감독을 사로잡은 항모의 사람들이 기술과 인간이 만나는 바로 그 지점에 있다.

각기 다른 임무를 가진 여러 사람이 따로 또 같이 일을 하는 모습 자체는 꼭 항공모함이 아닌 곳이라도 사람의 마음을 울리는 힘이 있지만, 영화감독의 눈을 사로잡은 첫 번째 장본인은 항공모함 요원들이 주고받는 다양한 수신호들과 몸동작이었을 것이다.

'갑판 위의 발레'라고도 불리는 항모 요원들의 수신호는 일단 바다 위인 데다가 비행기 이함과 착함 소음으로 엄청난 소음이 있는 공간에서 찾아낸 효율적인 방법이겠지만 보는 사람에게 어떤 리듬감이랄지 시각적 감흥을 주는 게 사실이다. 의경들이 교통정리 하는 걸 봐도 기본기는 같아도 개성과 실력에 따라 동작이 다르게 나오는 것처럼 갑판 위의 발레도 하는 사람에 따라서 개성과 내공이 묻어나기 마련이다.

각 항모 요원마다 개별 통신기를 달아주어 수신호를 대체하면 될까 싶어도 모두가 개별 통신기를 달아 소통하는 데 드는 자원이 낭비가 심하고 때론 말로 장황하게 하는 것보다 몇 가지 정해진 신호로 소통하는 것이 더 효율적이다. 거리가 멀리 떨어지면 몸짓이나 수신호

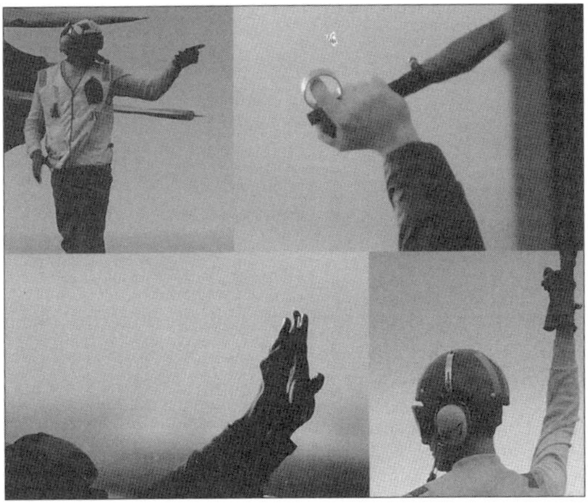

▶ 항공모함을 대표하는 이미지로 흔히 '함상 위의 발레'라 불리는 수신호가 있다.

가 더 잘 보이고 게다가 갑판 위의 발레는 전기가 떨어지고 전자파 방해가 와도 작동한다는 장점마저 있으니 한동안 항모 위의 발레 공연은 계속될 것이다.

손

항공모함의 핵심은 이함과 착함이다. 특히 미국의 항공모함들은 원자로에서 만들어내는 증기를 이용해서 비행기를 쏘아 올리는 사출 시스템으로 유명하다. 미군 항모 하면 갑판에 피어오르는 증기부터 떠올리게 되는 데 이 증기들은 그림도 좋지만, 미군 항모가 가진 원자력이라는 힘을 직관적으로 보여준다.

이함 시스템은 자동화가 발전하면서 F/A-18부터는 거의 전자동을 실현했다. 이제 파일럿은 아예 조종간에서 손을 떼고 있으면 컴퓨터가 알아서 비행기를 쏘아 올려준다. F/A-18에 달린 자동 이함 때 조종간 대신 잡는 파일럿을 위한 손잡이는 자동화와 인간의 관계를 보여주는 하나의 상징이다.

하지만, 이 자동화된 이함 시스템 아래에는 여전히 수작업이 존재하고 있다. 사출 과정에서 각 전투기의 중량과 무장 상태를 고려해서 정확한 힘을 걸어줘야 하는데 갑판 위에 있는 전투기들의 상태를 모니터링 하는 시스템은 일일이 사람 손을 타는 아날로그 방식으로 움직인다.

한마디로 '모형'을 쓴다. 갑판을 모형으로 만들어 놓고 그 위에 비행기 모양으로 잘라낸 조각들을 얹어 현재 어느 전투기가 어디에 있는지 표시한다. 다시 전투기 위에 여러 색으로 된 볼트나 너트를 올려놓아 무장 상태나 급유 상태 등을 표시한다. 재미있는 것은 볼트나 너트의 사용법은 항모마다 나름의 전통이 전해지고 있는지 조금씩 다르다

▶ 항공기 이륙과 착함을 모니터하기 위해 모형과 볼트나 너트를 쓴다. 구체적인 표현 방법은 항공모함마다 다르다고 한다.

는 점이다.

한 때는 이 과정을 컴퓨터로 대체할 계획을 세웠지만, 매우 급하게 변하는 상황을 반영하는데 입력하고 출력하는 과정이 오히려 사람이 그냥 모형을 쓱 옮기고 그 위에 볼트를 올려놓는 것보다 더디고 복잡해서 그냥 옛날 방식으로 돌아왔다. 우리나라 공군에서도 유리로 된 상황판에 거울 반사처럼 반대로 적어서 건너편 지휘관들에게 현재 상황을 보여주는 경우도 숙련된 병사들이 전광판보다 빠르다니 뭐 다행히도 아직은 사람의 처리 능력이 기계보다 낫다.

경험

항공모함에 착함하는 과정은 잘 아시는 것처럼 비행기에 달린 고리로 갑판 위에 있는 줄을 걸어 세우는 방식이다. 물론 이 과정에서도 줄에 걸리는 압력을 정밀하게 조정하는 하이테크가 있지만, 눈에 보이는 대로 말한다면 줄로 비행기를 걸어서 세우고 줄을 놓치면 그물로 잡는 원초적인 방법으로 굴러가는 셈이다.

항공모함에서 벌어지는 통상 훈련 가운데 규정된 시간 안에 와이어를 설치하거나 교체하는 훈련, 비상착륙에 대비해서 바리케이드 그물을 펴는 훈련 등이 있는데 이 경우에는 오로지 사람들이 달리고 움직이며 해내야 하기 때문에 원자력의 힘으로 줄을 당기는 착함 시스템에도 아직은 줄을 들고 달리는 사람 몫이 있다.

실전을 거친 미 해군 파일럿들이 이구동성으로 하는 얘기가 해도 해도 쉬워지지 않는 것이 착함이라고 한다. 공중전도 좋고 악천후 비행도 좋은데 손바닥만 해 보이는 갑판에 비행기를 내릴라 치면 이제는 익숙해질 때도 되었건만 그 압박감은 쉬이 가시지 않는다고 한다.

착함하는 파일럿들의 목표는 줄에 비행기 고리를 거는 것이지만 파일럿들은 줄을 보고 착함하는 것은 아니며 착함을 돕는 자동화된 장비들이 있어 파일럿을 돕는다. 야구의 스트라이크 존 같은 이상적인 공간에 파일럿 머리가 통과하는 것을 주된 개념으로 전광판을 이용해서 신호를 주고 파일럿 쪽에서는 십자선을 맞추는 노력으로 착함을 시도한다.

착함을 돕는 그 전광판 뒤에는 역시나 사람들이 있다. 다큐멘터리나

▶ 거대한 첨단 구조물인 항공모함이지만 그것을 움직이는 것은 바로 사람이다. 영화 〈탑건〉에서.

영화를 보면 한 손에는 전화기(?)를 들고 다른 손에는 무슨 스위치를 든 사람들을 볼 수 있는데 이들은 파일럿과 교신하면서 비행기를 유도하고 최종 착함을 승인하는 임무를 수행한다. 이들이 든 스위치는 안전한 착함이 어렵다고 느낄 때 전광판에 빨간 불을 켜 전투기를 다시 가속해 상승하라는 신호를 주는 용도로 이들 중 한 사람이라도 스위치를 누른다면 착함은 거부된다.

안전한 착함을 책임지는 임무는 파일럿이거나 파일럿 경력이 있는 장교가 맡는다. 판단은 사람이 하는 것이지만 그 판단의 근거는 전문성과 경험이다. 어느 컴퓨터 회사의 혁신 사례 중에 콜 센터 상담원들을 숙련자와 초보자를 짝 지워 놓았더니 상담 수준이 상향평준화되어 고객 불만이 줄어들었다는 얘기가 있는 것처럼 사람과 사람이 경험을 주고받아 더 강해지는 것이 하이테크의 틈을 메우는 휴먼테크의 전략이다.

사회생활

항공모함을 담은 영상이나 사진들을 보면 갑판 위가 주된 관심사요 잘해야 격납고가 등장하지만, 실제 항공모함에는 대략 5천 명 안팎의 사람들이 타고 있다. 이들 중에는 갑판에 올라가 볼 일이 거의 없이 묵묵히 자기 일을 하는 병력이 대부분이다.

규모가 크고 방송국에 우체국까지 있다고 해서 항공모함을 바다 위에 떠다니는 도시에 비유하는데 5천 명이면 실제로 작은 도시 규모가 되고 미국 어디 시골 마을에서 온 친구라면 평생 만나본 사람보다 몇 배나 많은 이들과 한배를 타는 셈이다.

한국형 이지스함을 취재한 기사들을 보면 울산급보다는 여유 있지만 그래도 좁다는 표현들이 자주 등장하는데 이런 사정은 항공모함이라 해서 크게 다르지는 않다. 어느 나라 해군이건 비좁기는 마찬가지이고 항공모함에 옹기종기 사는 시민도 좁은 공간에서 제한된 생활을 하며 긴장된 임무들을 수행해야 한다.

그런 의미에서 항공모함을 움직이는 궁극의 휴먼테크는 바로 '사회생활'이 아닐까 싶다. 사람 사이라는 것이 좋을 때도 있고 나쁠 때도 있지만 부대끼는 속에서도 원만한 해결책을 찾고 업무는 조직적으로, 생활은 가족적으로 해 나가는 것에서 항공모함의 전투력은 시작되는 것이다. 뭐 사람 사는 게 다 그런 이치인 것처럼 말이다.

37 대한민국 우주군을 부탁해

지금까지 전쟁은 보병이나 탱크가 국경선을 넘는 것으로 시작했다. 1991년 걸프전부터는 하늘에서 쏟아지는 미사일들로 전쟁이 시작되었지만, 전장은 육해공을 벗어나지 않았다. 하지만, 21세기로 접어든 지금 새로운 전쟁이 벌어진다면 그 첫 전투는 제4의 전장, 우주에서 시작될 것이다.

레이건의 SDI 구라쇼

필자가 대학에서 조경철 박사님 모시고 우주과학을 전공했다고 하면 아무도 믿지 않지만 어쨌든 그 길로 나서게 된 것은 레이건 미 대통령 때문이었다. 레이건 대통령은 소련의 핵미사일을 우주에서 격추한다는 SDI(전략방위구상, Strategic Defense Initiative)를 들고 나왔고 당시 미국 과학계는 SDI에 참여해서 예산을 받을 것인가 불참하고 매국노

소리를 들을 것인가 하는 난감한 갈림길에 섰다. 〈사이언스〉같은 과학 잡지들도 하루가 멀다고 SDI 관련 연구들을 소개할 지경이었는데 당시 '질풍민감'(?)의 청소년 시기를 보내던 나는 이런 기사들에 현혹된 나머지 우주과학자가 되어 호쾌하게 살겠노라고 결심한다.

SDI 계획은 '별들의 전쟁' 그러니까 '스타워즈'라는 멋진 별명으로 포장되었는데 영화배우 출신답게 대중들에겐 쉽고 분명한 것이 먹힌다는 것을 간파한 레이건 대통령의 히트작이었다. 지금도 기억하는 〈사이언스〉 잡지의 한 기사를 떠올리면 실험복에 방독면을 한 과학자 두 명이 심각한 눈빛으로 입자 가속기 앞에 서 있는 장면으로 입자 가속기에 텅스텐 덩어리를 넣어 고속으로 쏘아 탄도미사일이나 인공위성을 요격한다는 '레일건'을 연구한다는 얘기였다. 미국과 소련의 군비경쟁이 경제에 미칠 부담이나 입자 가속기가 무기로 가능한지 따져 보는 복잡한 얘기들은 입자 가속기를 최첨단 대포처럼 연출한 사진 한 장으로 다 해결되었다.

▶ 1983년 SDI를 발표하는 고 레이건 미국 대통령(왼쪽). SDI는 별들의 전쟁이라는 별명 아래 헐리우드 영화 같은 화려한 상상도로 대중들에 알려졌다(오른쪽).

고인이 되신 레이건 대통령에겐 미안한 얘기지만 당시 미국 정부와 연구소 그리고 각종 매체를 오가며 멋진 이미지로 부풀려졌던 수많은 스타워즈 무기들은 그 실현 가능성을 따진다면 속된 말로 '구라'였다. 레일건만 해도 기술적으로 그렇게 어려운 물건은 아니다. 다만, 거의 질량이 없는 물질들을 가속하는 실험용에 비해 그래도 몇 그램이라도 되는 탄자를 쏘게 하려면 살인적인 발사속도가 필요하고 어느 정도 파괴력을 얻는다 해도 전기 먹는 하마가 된다. 대략 레일건 하나에 원자력 발전소 하나씩은 달아줘야 하는 식이니까 이건 못 만드는 게 아니라 안 만드는 게 잘하는 짓이다.

그래도 이해하고 넘어가야 할 것은 미국과 소련이 대립하던 냉전시대는 수백, 수천 발의 핵미사일이 동시에 날아와 초토화하는 그런 공포가 지배하던 시대였다. 그러니 레일건과 레이저 무기에다 킬러 위성까지 등장해서 그 모든 미사일을 다 해치워 주겠다는 레이건 대통령의 스타워즈는 국민을 열광시키고도 남았다. 결과적으로 소련도 이런 레이건 대통령의 'SDI 구라쇼'에 말려들어 공산주의 계획경제를 넘어서는 무리한 군비 경쟁을 벌이다가 자멸했으니 레이건 대통령의 스타워즈는 성공한 구라로 역사에 남게 되었다.

부시의 MD와 돌아온 스타워즈

2005년 5월 19일 미국 극장에서는 영화 〈스타워즈〉 시리즈의 일단락을 짓는 에피소드 3 〈시스의 복수〉가 개봉되었다. 스토리가 완결되는 것도 뜻깊었지만, 영화 앞부분에서 발전한 특수효과 기술에 힘입어 격렬하게 펼쳐지던 우주전쟁 장면은 장엄하기까지 했다. 공교롭게도 같은 날 백악관에서는 부시 미 대통령이 '국가 안보에 관한 대통령 명령 제17호'에 서명했다. 전임 클린턴 대통령이 추구해온 우주의 평화적 이용에 대한 정책을 배제하고 우주 무기 개발과 배치를 가속하는 것으로 한마디로 '다시 스타워즈를 시작하자'라는 얘기였다.

레이건 대통령의 후임이었던 아버지 부시 대통령은 공화당이긴 했지만, 전직 CIA 출신답게 현실성 없는 스타워즈는 뒤로 미루는 까칠한 모습을 보였다. 아버지 부시를 밀어내고 대통령 자리에 오른 클린턴 대통령은 굳이 공화당 프로젝트를 이어갈 뜻도 없었고 나름 케네디 대통령처럼 보이고 싶었기에 화성탐사 같은 프로젝트에 더 많은 공을 들였다. 클린턴이 임기를 꽉 채우고 물러난 자리를 꿰차고 아버지 부시의 한을 풀듯 연임에 성공한 아들 부시 대통령은 북한과 이란의 탄도미사일을 이유로 MD(미사일 방위구상, Missile Defense)를 시작했다.

MD는 SDI의 부활인가? 기본 개념은 맥을 잇는다 하겠지만, 규모에선 많이 차이가 난다. SDI가 소련이라는 막강한 적이 날리는 수백 발의 미사일을 상대한다면 MD는 이름은 거창한 악의 축이라지만 북한이나 이란이 쏘는 탄도 미사일이라는 게 아직은 몇 발 수준이어서 핵이 미국 본토까지 온다는 공포심은 있지만, 그 스케일은 고만고만한 형편이다. 게다가 SDI가 펼쳐보였던 화려한 레퍼토리에 비한다면 MD는 공중발사 레이저나 탄도탄 요격 미사일 같은 상식적인 것들로 이뤄져 있어 오히려 SDI가 구라였다는 것을 간접 증명하는 셈이다.

SDI가 시나리오였다면 MD는 촬영 중인 영화라 하겠다. SDI는 찍을 수 있거나 말거나 일단 화려한 청사진을 펼쳐 투자자를 끌어모으고 관객들 기대 심리를 부추기고 이를 통해 경쟁사를 자극하는 것이 목적이었으니 구라를 좀 펼쳤다고 해서 뭐라 하기도 그렇다. MD는 어쨌거나 몇 년 안에 뭔가 보여줘야 하는 상황이라 있는 미사일 쏘고 비행기에 레이저 다는 식으로 일단은 가능한 것부터 굴러가고 있다.

물론 MD도 슬슬 탄력받으면서 약간 미래 지향적인(?) 무기들도 등장하고 있다. 평화와 군축에 관심이 많은 이들은 이 MD마저도 실현 불가능한 구라라고 비판하지만, 현재 기술 수준과 부시 대통령이 서명한 정책들이나 승인한 예산들을 고려해 볼 때 실질적인 우주전쟁의 서막을 여는 견인차가 될 것임은 분명하다. MD가 실현 가능성이 있느냐 없느냐보다 분명하고 중요한 것은 이미 여러 나라가 우주 공간을 제4의 전장으로 인식하고 이를 장악하기 위해 뛰어들었다는 것이다. 어쩌면 21세기에는 핵전력보다 우주 공간을 장악하는 능력에서 전략적 우위가 판가름나게 될 가능성이 크다.

소리가 없고 사람이 없는 전쟁

21세기 어느 날. 드디어(?) 우주전쟁이 일어났다고 치자. 성조기를 단 우주선들이 기지를 발진해서 상대편 우주선을 찾아 레이저를 발사하는 호쾌한 장면이 펼쳐질 것인가 하면 그건 아니다. 국가의 흥망을 가르고 인류 생존마저 위협할 우주전쟁은 그동안 우리가 겪어왔던 전쟁들에 비하면 조용하고 심심하게 그리고 사람 없이 이뤄질 것이다. 일단 우주는 진공이라 소리가 없으니 레이저가 번뜩이고 미사일이 날아도 폭발은 있을지언정 무성영화를 보듯 조용한 전쟁이 될 것이다. 뭐 미국 방송국에서 따로 효과음을 더빙해서 보여줄지는 모르겠지만.

당분간 우주전쟁의 주역은 인공위성이다. 개전이 되면 자국의 핵심위성들을 지키면서 적국 인공위성들을 공격하는 전쟁이 벌어지는데 이 과정은 원격 조정이나 자동화된 프로그램에 의해 진행된다. 물론 일부 사람이 개입해서 인공위성을 직접 공격하거나 보급 임무를 수행할 수는 있겠지만, 인공위성 만드는 데 드는 비용과 기술 수준보다 우주선 쪽이 턱없이 비싸고 어렵다. 땅에서나 우주에서나 전쟁은 사람을 아끼는 것이 아니라 사람과 기계 중에 더 싼 쪽을 많이 내보내기 마련이어서 그래서 우주에선 인공위성끼리 싸울 가능성이 크다.

이미 벌어지는 인공위성 전쟁 1라운드는 (화끈한 우주전쟁을 꿈꾸는 이들에겐 섭섭하게도) 보기에는 밋밋한 'GPS 전쟁'이다. 걸프전, 유고내전, 이라크 전쟁을 거치면서 미군에 있어 GPS 유도를 받는 것은 사

▶ 대기권과 우주 경계에서 마하 12 이상으로 날아다닐 '우주 항공기'도 실현 가능성이 큰 우주 무기로 꼽힌다(왼쪽). 우주항공기용으로 탄자를 자유 낙하시키는 '궤도 폭탄'이 연구되고 있다(오른쪽).

람에게나 미사일에나 너무도 당연한 것이 되었다. 미군은 현재 이미 구축된 GPS 시스템을 2010년까지 1m 이내의 정밀도를 갖는 GPS III로 업그레이드 할 계획이다. 유럽 연합은 '갈릴레오', 러시아는 '글로나스'라는 이름으로 독자적인 GPS 시스템을 구축하고 있는데 이들 역시 2010년을 목표로 달리고 있다.

이미 대한민국 민간인들조차 GPS가 없으면 길 잃을 자동차들이 많은 상황이다. 미군을 기준으로 본다면 육해공 어떤 무기 체계라도 GPS 신세를 지지 않는 것이 없는 처지라 우주는 단순히 새로운 전장이 아니라 기존 전장의 밑바탕이 되고 전력을 끌어 올려주는 제4의 전장이 되었다. GPS는 미군이 구축하려는 위성체계에서 '기본 정석'이고 '실력 정석'에 해당하는 것은 감시위성들이다. 정지궤도와 타원 궤도 그리고 저궤도에 최소 40기에 이르는 각종 감시위성을 배치해서 지구 곳곳을 실시간으로 감시한다는 계획 역시 2010년을 목표로 진행되고 있다.

이렇게 비싸고 중요한 인공위성을 깔아 놓자니 지키는 것도 일이다. 미국과 맞설 수준의 감시위성을 띄우기는 어려워도 미국이 깔아 놓은 감시위성들을 떨어뜨리는 쪽은 해볼 만하다. 미국이 아닌 나라들은 오히려 인공위성을 요격하는 시스템에 관심이 많고 그런 만큼 미국은 위성방어에도 더 많은 공을 들여야 한다. 미 공군의 '비전 2025'에 따르면 중요 인공위성 1기를 지키려고 적어도 5기의 보디가드 위성이 필요하다고 하니 얼추 잡아도 미국 인공위성만 200~300기가 우주를 떠다니게 된다는 얘기다.

신이 던지는 지팡이와 기생 위성

인공위성은 고도가 높아서 요격하기 어려울 것 같지만, 탄도미사일에 비하면 오히려 쉬운 면이 있다. 탄도미사일은 발사를 포착한 직후부터 궤도를 계산해서 빨리 대응해야 하지만 인공위성은 일정한 궤도를 돌기 마련이어서 궤도를 미리 파악하고 있다면 다양한 방법으로 떨어뜨릴 수 있다. 과거 소련은 같은 궤도에 인공위성을 진입시켜서 들이받는 간단한 방법부터 MIG-31에서 요격 미사일을 발사해서 저궤도 인공위성을 잡는 방법까지 다양한 실험을 했다.

냉전시대엔 정찰위성은 미국이 앞서가고 소련이 뒤쫓던 시절이라 오히려 위성요격 기술은 소련이 주도했지만, 소련이 해체된 뒤로는 우주전쟁에 투자할 여력은 없었다. 대신 쫓기던 미국은 위성방어를 위해서 오히려 위성요격을 연구하게 되었는데 전쟁이 발발하면 위성 주위에 기뢰를 부설하는 편리한 방법부터 레이저를 쏘거나 탄자를 발사하는 킬러위성을 개발하는 복잡한 방법까지 여러 연구가 진행되었고 최근 MD를 맞아 이들 중 일부가 물 위로 떠올라 실전 배치를 목표로 가다듬어지고 있다.

최근 무섭게 우주로 치닫는 중국도 미국을 염두에 두다 보니 위성요격에 부쩍 관심을 두고 있다. 중국이 내놓은 해답 중 하나는 기생위성. 평소 적국 주요 위성 옆에 아주 작은 위성을 슬쩍 심어 놓았다가 전쟁이 터지면 활성화해 자폭시킨다거나 하는 것인데 비용 대비 효과가 탁월한 것이 '메이드 인 차이나'다운 묘안이다. 만화 〈문 라이트 마일〉에는 무인 위성인 줄 알았던 중국 킬러위성에 사실은 사람이 타고 있었다는 설정이 있는데 사람과 기계의 몸값이라는 함수 관계에서 미국과는 반대로 중국은 유인공격을 선호할지도 모른다.

인공위성을 둘러싸고 벌어지는 우주전쟁은 사람 없이 기계끼리 벌어지는 깔끔한 전쟁처럼 이야기되지만, 인공위성이 감시 임무를 넘어 지상을 직접 공격하게 되면 얘기는 달라진다. 지난 전쟁에서 포격이나 공습이 주었던 공포에 비한다면 우주에서 직접 지상을 공격하는 것은 예측하지 못한 곳에서 난데없이 벼락이 떨어진다는 점에서 그 충격과 공포가 비할 것이 아니다.

인공위성은 항공기에 비한다면 통상 폭탄을 탑재하는 능력은 미약하지만, 비장의 무기 '위치에너지'가 있다. 미국이 구상 중인 '신이 던지는 지팡이(Rods from God)'라는 그리스 신화 냄새가 나는 위성 무기는 길이 6m, 무게 100kg쯤 되는 텅스텐이나 열화우라늄 탄자를 그냥 툭 떨어뜨리는 것인데 불과 1분이면 지상에 도달하고 그 위력은 전술핵폭탄 수준에 이를 것으로 예상한다.

실현 가능성으로 볼 때 우주전쟁에서 떠오르는 다크호스로 '우주 항공기'가 있다. 30km 상공을 마하 12로 날아다닌다는 이 비행체는 현재 여객기나 가벼운 우주 관광용으로 개발되고 있지만, 군사용으로 쓰지 않을 이유가 없다. 현실화된다면 세계 어느 곳이든 2시간 안에 이르기 때문에 북한이나 이란에서 탄도미사일에 연료 넣기 시작하면 시동 걸고 날아가 30분 안에 폭격할 수 있고 살짝 우주로 나가 직접 인공위성을 요격하는 것도 가능하다. 우주 항공기는 미국은 2025년쯤이면 실전 배치가 가능할 것으로 예상하고 있다.

대한민국 우주군이 온다

자원 고갈이나 환경 문제 등 지구가 갈수록 힘들어지므로 언젠가 인류는 우주로 나가 살 길을 찾을 수밖에 없을 것이다. 그런 점에서 지금

불붙는 우주전쟁 열기는 어쨌거나 관련 기술을 발전시킨다는 긍정적인 점도 있고 만에 하나 전쟁이 벌어진다면 인류의 앞길을 막는 재앙이 될 위험성도 있다. 인공위성 잔해들이 지구를 둘러싸 인류의 우주 진출이 몇백 년 동안 가로막힐 수도 있고 가뜩이나 지구 온난화로 얇아진 대기권에 영향을 줄 수도 있다.

우주전쟁으로 말미암은 환경재앙은 조금은 먼 얘기라 치고 일단 발등의 불은 '우주군'이다. 실전 배치된 항공모함도 돈이 없어 팔아 치우는 러시아지만 우주군에는 돈을 아끼지 않는다. 21세기에서 미국과 맞서는 힘은 핵미사일이나 항공모함보다 우주에 있다는 판단을 내린 것이다. 유인 우주선을 시작으로 달 착륙까지 공언하는 중국이나, 수많은 실패를 하면서도 자체 발사체를 줄기차게 쏘아 올리는 일본, 핵은 이미 깔았고 이제는 유인 우주선 발사를 목표로 박차를 가하는 인도를 비롯해서 유감스럽게도 우주군 경쟁 역시 한반도 부근이 열심이다.

우리라고 노는 건 아니다. 무슨 방송사 이벤트처럼 되어 버렸지만, 대한민국 최초 우주인 배출 과정에 공군 항공우주의료원이 실무에 참

▶ 2006년 8월 발사된 무궁화 5호 위성은 군용통신 임무도 수행하는 민·군 합작 위성이다. 본격적인 군사위성은 아니지만, 군사 임무를 수행하는 위성을 운용하기 시작했다는데 의미가 있다.

여했듯이 대한민국 공군 역시 우주군에 대한 비전을 갖고 있다. 공군은 최근 우주방위 관련 세미나를 개최하는 등 나름의 노력을 기울이고 있는데 늘 느끼는 것이지만 정치권에서 잘 받쳐주는 것도 아닌데 열악한 환경에서 노력하는 우리 군을 보면 마음이 짜안 하다.

우주개발은 돈이 모자라 서로 걸쳐 가는 경우는 있지만, 중국과 인도의 경쟁이나 일본의 독자 행보처럼 자기 힘으로 가야 하는 경우가 많고 남에게 선불리 알려주지 못할 것들이 많다. 세계에서 제일 우주기술이 좋다는 미국과는 그 사이가 예전만 못하고 MD 참여에도 소극적이었기 때문에 얻을 것이 많지 않은 상황이고 대한민국 최초 우주인 사업도 러시아 우주선을 빌려 나갔지만, 러시아 역시 돈 받고 태워는 줘도 기술은 쉽게 주지 않는 나라다. 대한민국 국력을 본다면 우주경쟁에 나서는 것이 부담스러운 것도 사실이지만 대한민국 생존과 번영을 위해서는 뛰어들지 않을 수 없는 상황이고 적어도 자기 머리 위 지킬 힘은 갖춰야 마땅하다.

고철이 다 된 나이키 미사일 대체하려고 '패트리엇' 사자는 게 언제적 얘기인데 아직도 그걸 사면 MD를 해서 미국 꼬봉이 되네 마네 태클 들어오는 상황이라 우주군 얘기를 꺼내면 또 어떤 소리를 들을지 알 수 없는 상황이다. 원래 우리 민족은 하늘에서 내려와 참성단 쌓고 북두칠성 올려다보며 장사(?) 시작한 우주 친화적 민족이라 왠지 우주군을 만들어 우주평화에 한 몫 거들 것만 같은 엄한 생각도 드는데… 대략 어찌 되었든 '대한민국 우주군'을 부탁해!

Chapter 4

군대에서 무술을 한다는 것

41 군대에서 무술을 한다는 것

허공으로 솟구친 고수는 창을 든 병사들을 훌쩍 뛰어넘어 바로 본진에 착지한다. 고수가 한 번 칼을 번득이니 십여 명의 적병이 낙엽처럼 우수수. 탄력받은 고수는 내공을 끌어올려 장풍을 쏘는데…? 무림고수는 전쟁영웅이 될 수 있을까?

냉 병기와 떡대

찌르고, 베고, 때리고, 던지던 냉 병기(Cold Weapon)의 시대에는 무술이 곧 전투력이었을까? 냉 병기로 싸우던 일반 병사들에게 가장 중요한 덕목은 자리를 지키는 것이었다. 어느 진영이 더욱 단단하게 대열을 유지하는가, 어느 진영이 지휘관의 지시에 따라 신속하게 대형을 전환할 수 있는가에 따라 전세가 판가름나던 시대였다. 이 시기에 병사들에게 되풀이된 제식훈련은 단지 군기를 들이자는 게 아니라 전투력과 생사가 걸린 문제였다.

냉 병기 시대에서 양 진영이 격돌하면 밀집된 공간과 좁은 간격에서 전투가 벌어지게 된다. 충분한 공간과 시간을 가지고 1:1로 대결하는 것이 아니라 집단 난투극 형태로 전투가 벌어지니 화려한 기술보다는 단순한 동작을 반복하는 것이 생존 확률이 높았다. 로마군의 칼인 '글라디우스'가 짧은 것이 기술의 한계 때문이 아니라 어깨와 어깨를 맞대고 대형을 이루어 전진하던 당시 전술에 맞췄기 때문인 것처럼 '냉 병기+밀집 대형+집단 난투'가 되면 무술이 설 자리는 거의 없었다.

냉 병기 시대에서 전쟁의 패러다임을 바꾸는 역할은 무기의 진보와 그에 따른 새로운 전술이 자리 잡고 있다. 새로운 무기에 따라 그것을 다루는 방법을 개선하는 예도 있지만, 이 경우에도 무술 수준으로 섬세하게 들어가기보다는 무기를 든 보병 다수를 어떻게 운용할 것인가 하는 측면이 더욱 강하다. 미늘창과 장창의 밀집대형으로 기사를 저지했던 스위스 용병들처럼 말이다.

냉 병기 시대에서는 무술보다는 체격과 체력이 곧 전투력이었다. 더 무거운 갑옷, 더 묵직한 병기는 강력한 전투력을 의미하기 때문에 이를 거뜬히 소화할 수 있는 체격과 체력을 가진다면 곧 장군감이다. 당시 일반 보병들의 체격은 현대인보다 작았기 때문에 이 시대에 남다른 체격과 체력을 가졌다면 그 자체가 무기가 되었을 것이다. 아시아 지역에서 장수들을 언급할 때, 키가 몇 척이네, 몇 근 되는 칼을 들었네 하는 식으로 소개하거나 과장하는 것 자체가 이 시대에서 떡대가 곧 경쟁력이었음을 보여주는 것이리라.

냉 병기 시대의 무술에 대해 우리가 가진 환상 중에 양 진영의 장수들이 대표로 일대일 대결을 벌여 승패를 가른다는 '일기토'가 있다. 삼국지 정사에서는 거의 찾아보기 어렵고 〈삼국지연의〉에서 주로 등장하는데 전쟁을 실제로 묘사하면 재미가 떨어지기 때문에 캐릭터를 살리려는 방편이었을 것이다. 말단 보병들 처지에서는 장군들끼리 싸워서 승패가 결정된다면 참 좋은 일이겠지만 역사를 보나 상식으로 보나 그럴 리는 없다.

〈삼국지연의〉의 일기토가 코에이사의 게임 〈삼국지〉 시리즈를 통해 강조되면서 일기토는 실제로 존재했던 것처럼 여겨지게 되었다. 우리나라나 중국에 일기토에 대응되는 표현 자체가 없고 전해지는 기록도 없으니 실제 전장에서는 행해지지 않았을 것이지만 오늘도 TV 사극에서는 대조영이나 광개토대왕이 일기토를 벌이는 식으로 묘사되고 있는데 일본 게임의 영향력일 수도 있고 대중들이 무술에 대해 갖는 기대치일 수도 있다.

▶ 많은 병사가 혼전을 벌이는 전쟁터에서 화려한 무술이 설 자리는 별로 없었을 것이다. 영화 〈명장〉에서.

화기와 총검술

영화 〈레이더스〉에서 검은 옷을 입고 나타난 중동의 무술가를 인디아나 존스가 무심하게 리볼버로 쏘아 버리는 상징적인 장면이 등장한다. 냉 병기의 시대가 가고 화기(Firearms)의 시대로 접어들면서 전장의 풍경은 근본적으로 바뀌게 된다. 이제 더는 병사들은 밀집대형을 이뤄 행군하지도 않고, 코앞까지 근접해서 격투를 벌이지도 않는다. 병사들은 산개해서 각개 약진하고 전투는 '멀가중'의 거리에서 벌어지는데 가능하면 '멀'에서 해결되면 좋고 참호 안에 적이 들이닥치는 순간이라면 이미 '막장'인 셈이다.

사람이라는 게 쉽게 바뀌는 존재는 아녀서 화기의 시대로 넘어왔지만, 냉 병기의 습관은 오래도록 이어지고 있다. 돌격소총의 시대를 지나 이젠 카빈총이 보편화하는 시대라 보병들의 총은 갈수록 짧아지고 있지만, 한동안 소총은 마치 창처럼 여겨지고 다뤄져서 FAL처럼 길고 묵직한 녀석은 되어야 총이구나 하고 받아들여졌다. 실전에서 쓰는 일이 가끔 있기는 하지만 사용 빈도에 비춘다면 소총에 착검장치를 만들어 칼이나 창을 끼우는 습관은 이제 없어질 법도 한데 끈질기게 이어지고 있다.

현대전에서 무술에 해당하는 유산이라면 바로 총검술이다. 여전히 많은 군대에서는 제식 훈련과 사격 못지않게 총검술을 훈련한다. 주요 전쟁에서 총검으로 싸운 경우가 아주 없지는 않지만, 총검술로 격돌하

▶ 현대 군대에서 하는 무술이라면 총검술이 가장 가까운 답일 것이다. 2차 대전 태평양 전선의 미군 훈련.

는 상황은 지휘관이나 병사들이나 다들 피하고 싶은 순간이다. 하지만, 여전히 걸어 들어가 적진을 점령하는 것이 보병의 숙명이기에 총검술로 싸우는 순간과 맞닥뜨리기도 하고 이때는 평소 몸에 익혀둔 총검술 동작 몇 가지가 삶과 죽음의 경계를 가르기도 한다.

군대에서 배우는 여러 훈련이 모두 사람을 살상하는 동작이지만 묘한 흥분까지 불러일으키는 사격이나 수류탄 투척보다 확실히 총검술은 어딘가 좀 오싹한 느낌이 드는 것이 사실이다. 찌르고 베는 동작을 배울 때 전방에 사람이 서 있는 것을 상상하면서 하게 되는데 목을 벤다거나 몸통을 찌르고 나서 총검이 잘 빠지도록 적병의 몸에 발을 대고 비틀어 빼는 동작을 해보면 기분이 그리 좋지는 않다. 대부분 타이어 같은 온순한 표적을 쓰지만, 영국군처럼 군복 입힌 허수아비를 써서 좀 더 사람을 찌른다는 리얼리티를 추구하는 나라들도 있다.

무술 하면 여전히 주먹이나 칼을 써야 한다고 생각하지만, 특수부대에서 시작되어 요즘은 일반 보병까지 내려오는 전술 사격도 현대전에서 행해지는 무술의 일종이 아닐까? 무술이라는 것이 사람이 몸이나 도구를 써서 상대를 때리는 기술을 몇 가지 형으로 정리하여 전수하는 것이라면 자동화기 사격을 보다 효과적으로 하려면 무릎 쏴 보다는 쪼그려 쏴가 낫다거나, 최근 〈플래툰〉에도 소개된 것처럼 사격하고 습관적으로 옆으로 이동하는 것을 몸에 익히게 하는 것도 고수가 터득한 무공을 일종의 품새로 만들어 전수하는 과정일 것이다.

태권도와 전투력

유럽 어디선가 나온 책을 봤더니 한국군을 소개하면서 '군인 대부분이 태권도로 단련되어 있어 근접전에서 막강한 전투력을 보인다.'라고 적혀 있다. 한국 남자라면 어려서 태권도장 드나들면서 이런저런 색깔 띠 한 번은 매보았기 마련이고 군대를 다녀왔다면 '단증' 하나씩은 따고 나왔으니 대부분이 태권도로 단련되었다는 말 자체는 거짓말은 아니겠지만, 그것이 곧 근접 전투력으로 이어지는 것인지는 장담하기 어렵다.

실전 격투에 대한 책을 보면 여러 가지 동작이나 기술이 필요한 것이 아니라 자기에게 맞는 한두 가지 기술만 집중적으로 연마해서 현장에서 생각할 겨를 없이 몸에서 바로 튀어나오도록 해야 한다고 하는데 평소 태권도를 익혀두면 적과 얼굴을 맞대고 싸울 때 무의식적으로 내지른 발길질 하나로 목숨을 건질지도 모를 일이다.

군대에서 태권도를 배우는 것은 의미 없는 일일까? 인정해야 할 것은 군인이라는 직업의 기초는 여전히 체력이며 전쟁의지 역시 몸이 바탕이 될 때 제대로 살아난다. 태권도 수련은 체력을 키우는 방편이 될 것이며, 일종의 제식훈련 효과가 있어 규율성을 높이는 데 도움이 될 것이다. 군인이라는 것이 명령에 죽고 사는 자세가 중요하다면 태권도 수련이 길러주는 자세 역시 도움이 될 것이다. 다만, 모든 훈련이 그럴 듯이 훈련을 위한 훈련이 아니라 실제로 도움이 되는 훈련이라는 전제 아래 말이다.

어느 중국 영화에서 권투를 서양권이라고 부르는 경우가 있었는데 미군에게 권투는 사관학교에서 가르치는 과목이기도 하고 일반 보병들에게 장려하는 스포츠이기도 하다. 사관학교에서 권투를 가르치는 이유에 대해서 '공포를 알기 위해서'라는 설명이 있었는데 신체 단련을 통해서 정신력을 키워주는 용도로 무술(또는 스포츠)을 활용한다는 얘

▶ 태권도는 한국군 특유의 문화로 세계에 잘 알려졌다. 베트남부터 이라크까지 민사 작전에서도 태권도는 제 몫을 한다.

기다. 주로 장교들을 키울 때에 검도나 펜싱처럼 칼을 다루는 무술을 권장하는데 이 경우에도 칼을 다룬다는 전투적인 측면보다는 집중력 같은 정신력 쪽에 무게가 실려 있다.

정신력 차원에서 가르치기도 하지만 무술을 보다 전투적으로 다루는 집단으로 미 해병대가 있다. 미 해병대는 병사 하나하나의 전투력을 중요하게 여기는 집단이어서 그 훈련과정에는 맨손을 이용한 격투나 나이프 파이팅이 비중 있게 다뤄지고 있다. 참호에 병사들을 몰아넣고 봉을 들고 격투를 벌이는 참호격투를 놀이(?)로 즐기다 못해 코뼈라도 부러뜨리면 잘했다고 격려해주며 맥주라도 한 박스 던져주는 미 해병대는 21세기에 건재하는 (좋은 뜻에서) 구식 군대다.

특수부대의 칼 놀림

결국, 군대 무술이라는 것이 체력이나 정신력을 키워준다는 면에서 도움이 되지만 화려한 개인기로 상대를 제압하는 것은 아닌갑다…라고 정리하면 아쉬워할 분들이 더러 계실 것이다. 그렇다면 특수부대는 어떨까? 영화에 신물 나게 등장하는 장면을 보면 소리 없이 다가가 뒤에서 목에다 칼을 들이대고 스윽 그어대는 그런 상황은 어떨까?

특수부대의 작전 중에서 소리 없이 상대를 무력화시켜야 하는 경우는 자주 존재한다. 이 경우에도 소음총 같은 방법을 쓰기 마련이지 다가가 칼로 제압하는 것은 최후의 선택이거나 최악의 선택일 수도 있다. 일단 칼로 상대하자면 아주 가까이 접근해야 하지만 그게 쉽지 않고 한칼에 사람을 제압하는 것이 영화에서는 가능할지 모르지만 실제로는 그리 깔끔한(?) 방법이 아니기 때문이다. 좋은 비유는 아니지만, 혹시 시골에서 닭 잡는 거 보신 분이 계신다면 작은 동물 하나 잡기도 쉽지 않다는 것을 아실 것이다.

도구를 보면 사용법이 드러난다. 네이비씰 대원들이 애용한다는 스트라이더 같은 칼들을 보면 나이프 파이팅보다는 거친 환경을 헤쳐나가기 위한 다부진 도구로 느껴진다. 베는 용도보다는 찌르고 비틀기 위한 칼로 메이커의 선전도 자동차 보닛을 뚫어 버린다거나 문을 여는데 쓰는 장면을 강조한다. 영화에 람보나 코만도가 들고 나오는 커다랗고 우툴두툴한 칼들도 보기에는 살벌해 보이지만 그 이름이 서바이

벌 나이프인 것처럼 무기보다는 도구의 성격이 강하다.

물론 애플게이트-페어번 나이프처럼 나이프 파이팅을 위해 만들어진 좁고 날카로운 날을 자랑하는 칼들도 있다. 스매치 나이프나 쿠크리처럼 작정하고 사람을 잡을(?) 목적으로 세상에 태어난 칼들과 그 애용자들도 있다. 사격이나 폭파 같은 다른 기술에 비해 비중은 높지 않아도 나이프 파이팅이나 격투술은 특수부대 훈련에서 한 자리를 차지하고 있다. 모사드 요원을 훈련하기 위해 탄생했다는 이스라엘의 '크라브마가'나 멀리 갈 것도 없이 우리나라의 '특공무술'처럼 군대가 만들어내는 신종 무술도 존재한다.

미래 군대에서도 무술은 전수될 것인가? 예산 때문에 주춤거리고는 있지만, 주요 선진국 군대에서 진행 중인 차세대 보병들은 네트워크로 연결되고 과거 분대 수준에서 무장하던 화력을 개인에게 들려주는 것으로 요약된다. 이런 시대가 온다면 교전거리는 좀 더 먼 거리에서 이뤄질 것이고 직접 대면할 기회는 좀 더 뜸해질 것이지만 화력이 강해지는 만큼 병사들은 소수정예가 될 것이고 장비가 복잡해지는 만큼 보다 강한 체력과 집중력이 요구되기 때문에 체력과 정신력을 한 번에 키우는 훈련으로 여전히 군대에서는 무술을 수련하고 있지 않을까나?

42 CQC 기인열전

예전엔 CQB(Close Quarters Battle), 요즘엔 보다 범위를 좁혀 CQC(Close Quarters Combat)로 사고 되는 제한된 공간에서 벌어지는 근접전투는 원래 특수부대의 전문 영역이었지만 이라크 전쟁을 거치면서 정규군의 세계로 넘어오고 있다. 할리우드에 사는 CQC 기인들을 만나 한 수 배워보자.

총알을 피하고 싶으냐?

정규군 사이에서 벌어지는 사격이란 가늠자로 어슴푸레 보이는 형체를 향해 방아쇠를 당긴 뒤 참호로 몸을 숨기고 다시 고개를 들어 표적을 찾는 식이다. '멀가중 멀중가중'에서도 주로 '멀'에서 전투가 이뤄지고 표적이 맞았는지 확인하기도 바쁜 그런 상황이다. 하지만, CQC에서는 바로 몇 미터 앞에서 적이 불쑥 나타나고 총탄이 오가기 때문에 내가 쏜 총에 적이 쓰러지는 모습을 보기도 하고 나를 향해 날아드는 총탄을 실감 나게(?) 느끼게 된다.

총탄이 난무하는 CQC에서 눈앞에서 쏘는 총알을 막거나 피할 수 있다면 그야말로 'CQC 극에 달한 자'가 될 것이다. 권총탄은 총구를 떠날 때 초속 300m 정도 되니 시속 1,080km라는 살벌한 숫자가 나온다. 복도를 딱 돌아서자마자 5미터 전방에 적이 나타나고 적이 날 보자마자 권총 방아쇠를 당겼는데 이걸 피할 수 있다면 어떻겠는가?

영화 〈레모〉에 등장하는 할리우드 사상 최강의 한국인 전씨 노인은 코앞에서 권총탄을 피하는 '시난주' 무공을 선보인다. 원작 소설을 쓴 워렌 머피는 한국전 참전 용사 출신으로 떡대 미군들을 일격에 제압했던 한국인 중년 남성을 모티브로 삼았다고 하는데 떠돈다는 소문으로는 중국 군부가 주최한 무술 대회에 출전한 조선족 청년이 AK-47 한

▶ 주한미군 출신 소설가의 원작을 영화로 옮긴 〈레모〉에는 총알을 피하는 '시난주'가 등장한다. 영화 〈매트릭스〉에도 영향을 준 것으로 알려졌다.

탄창을 다 피하는 묘기를 보이고 홀연히 사라졌다는 얘기를 참조했다고도 한다.

시난주가 총탄을 피하는 방법은 발사된 뒤는 늦기 때문에 쏘기 전에 발사하려는 동작을 미리 읽고 피하면 실제로는 발사된 총탄을 피한다는 원리다. 옛날 무협에서 표창이나 화살을 피하거나 잡는 걸 떠올리게도 되는데 기척을 읽는 능력과 순간 몸을 움직여 피할 수 있는 능력, 그리고 공포를 이기고 평정심을 유지하는 능력이 필요하다.

오늘에 되살리기에 좀 어려움이 있는 것이 요즘은 작고 값싼 SMG도 많이 나와 있는 데다 가난한 강도라도 중국제 AK라도 들고 다니기 때문에 권총탄 피하는 무술로 연발을 상대할 수 있겠는가 하는 점이다. 하지만, 연발이라도 대부분 한쪽으로 발사되기 때문에 첫 방향을 잘 잡는다면 시난주로 피할 수도 있지 않을까 싶고, 시난주를 SWAT이나 FBI 체포술로 보급하면 요긴하게 쓰이지 않을까 하는 생각도 든다.

꼭 총알 피하기까지는 아니더라도 CQC에서는 감각을 곤두세워 이 모퉁이를 돌면 적이 있는지, 저 문 뒤에 적이 있는지 느끼는 것이 중요하므로 기척을 읽어내는 시난주와 대략 통하는 점도 있다. 영화 〈네고시에이터〉처럼 우리 쪽 기법을 아는 적이 실내에 도사리고 있으면 아주 애를 먹는 것처럼 CQC는 몇 가지 경우의 수를 놓고 벌어지는 심리전 성격도 있기 때문에 상대방 수를 먼저 읽고 적에게 '정신적 데미지'를 주는 시난주 주특기는 그런 점에서 교훈적(?)이다.

그냥 뚜벅뚜벅 걸어가는 거야

야전에서도 은폐, 엄폐를 잘하면서 기동하는 것이 중요한데 하물며 좁은 곳에서 박 터지게 싸우는 CQC라면 내 몸을 숨기는 것이 더더욱 중요하다. 하지만, 이런 기본과는 반대로 쏠 테면 쏘라며 뚜벅뚜벅 걸어 들어가서 쏟아지는 총탄을 온몸으로 다 받아주어라 하면서 적들을 하나하나 정조준으로 해치운 분이 계시니 '로보캅', 바로 그분이시다.

로보캅의 작전 방식은 일단 문을 박차고 들어서는 것으로 시작된다. 적들은 '어어 저 녀석 뭐야?' 당황하기도 하고 '혼자 들어오다니!' 얕보기도 하는데 이때 모든 표적을 확인해서 조준을 마쳐 놓고 나서 우선순위대로 사격을 배분한다. 이때 적들의 사격을 받아도 끄떡없는 방탄능력이 밑천인데 영화를 참조한다면 적어도 7.62mm 소총탄 직격까지는 막아낸다.

CQC에서 방탄능력은 미묘하고 난감한 문제다. 공간이 좁아 직격탄은 물론 유탄이나 파편도 큰 위협이 되기 때문에 방탄에 대한 필요성은 높지만, 너무 방탄을 추구하다 보면 움직임이 둔해져 기동력이 떨어지고 체력에도 무리가 온다. 레벨 3 방탄복으로 무장하고 진입했던 SWAT 대원들이 문 옆에 숨어서 발사한 샷건에 상대적으로 방탄복이 허술한 옆구리를 맞아 몰살에 가까운 피해를 본 실제 사례처럼 CQC에서 방탄은 쉽지 않은 문제다.

바디 벙커 앞세워 들어가는 SWAT 전술이 일종의 로보캅식 '몸빵'

작전이라 하겠는데 안심은 되지만 기동성이 떨어지는 단점이 있고 CQC에는 보다 유연하고 가벼우면서 방탄 능력은 강력한 물건이 필요하다. 특히 옆구리나 겨드랑이처럼 가동성 때문에 방탄이 허술해질 수 밖에 없는 부위까지 막아주는 게 중요하고 총탄은 쉽게 막던 로보캅이 정작 찌르는 무기에는 약했던 것처럼 총이 아닌 흉기나 둔기에 대해서도 방어력을 갖춰주는 것이 보다 행복한(?) CQC를 위한 방탄복의 조건이다.

최근 이라크 전쟁의 경험을 바탕으로 과거 상체만 보호하던 방탄복이 어깨, 낭심, 허벅지 보호대를 추가하는 형식으로 변화했다. 섬유를 소재로 했더라도 소총탄을 방어하려면 무겁고 딱딱한 판형이었던 것이 상식이었는데 레벨 3 방탄복이면서 가볍고 자유롭게 휘어진다는 '드래곤 스킨'같은 제품도 등장했으니 그래도 좀 나아진 건가?

'건 카타'를 배워보자

〈매트릭스〉 아류작으로 치부되었지만 나름 독특한 정신세계를 가진 영화가 바로 〈이퀄리브리엄〉이다. 이 영화에 등장하는 미래 사회 군기 잡는 성직자들은 '건 카타'라는 독특한 무공을 선보인다. 쉽게 말하면 쌍권총 들고 권법 하는 것인데, 실내전에서 벌어지는 모든 경우의 수

▶ 영화 〈이퀼리브리엄〉에는 총격전을 분석하여 만든 동작들을 수련하여 거의 모든 각도에서 오는 공격을 막을 수 있다는 '건 카타'가 등장한다.

를 분석하여 그것을 효과적으로 제압할 수 있는 최적의 동작만을 골라 제식화한 것이라 하겠다.

전쟁터에서 총 맞은 부위를 분석해 보니 상체에 집중되어 있더라는 결과에 근거해서 방탄조끼가 나온 것처럼 실생활에서도 그렇지만 전쟁에서도 통계라는 걸 우습게 봐선 안 된다. 현재 미군은 이라크 파병하기 전에 모의 전투를 치르고 있는데 이때 적용되는 시나리오들은 지난 3년간 실제 이라크에서 당한 사례들을 바탕으로 구성되어 있다.

인간 심리라는 것도 빤한 구석이 있어서 형사님들 말씀으로는 범인들이 뛰다가 골목에서 갈라질 때 대부분 같은 방향으로 간다고 한다. CQC도 실전 및 훈련 사례들을 분석하다 보면 몇 가지 중요한 패턴을 찾게 될 것이고, 당연히 이 패턴에 대응해서 기본형을 만들고 그것을 반복해서 배우게 될 것이다. 영화에서 건 카타 훈련하는 장면처럼 연병장에 늘어서서 PRI보다 이 갈린다는 'CQC 예비 훈련'이나 총검술보다 지루하다는 'CQC술'을 연마하는 날이 올 것인가?

실제 SAS나 델타포스에서 대테러 작전, 특히 실내 돌입을 주특기로 하는 대원들은 밥 먹고 하는 일이 타이어 하우스 같은 곳에 상황 설정해 놓고 우르르 들어가서 자기 경로 따라 주어진 목표에 사격하는 것을 반복하고 또 하는 데 연습이거나 실전이라도 주어진 경로에서 벗어나면 아군에 피탄 될 위험이 있고 한 사람이라도 자기 목표를 놓치면 반격을 당할 위험도 있으니 그저 반복과 숙달은 어디에서나 중요하다.

〈이퀼리브리엄〉에서 건 카타를 고도로 연마한 한 사람이 정규군에 17대 1(?)로 포위된 상황에서 순식간에 해치워 버리는 장면이 있는데 만약 혼자 들어가 건 카타를 휘둘러 상황을 제압할 대원이 있다면 장군님들이야 만세 부르실 일이다. 테러범들이 바짝 긴장하고 있는데 갑자기 섬광 탄이 터지더니 흑복 입은 사내가 하나 날아(?) 들어와 건 카타를 라이브로 선보이는 날이 오지 말란 법도 없다는 얘기?

대략 '포스'가 함께 하길!

광선검과 포스로 무장한 '제다이' 무공은 은하계 저 멀리를 무대로 하고 있지만 CQC에 요긴한 것으로 지구와 통하고 있다. 제다이 무공이 가장 위력을 발휘할 때가 밀집된 제국군 사이에 돌입해서 순식간에

끝장을 내는 것인데 영화 〈영웅본색 2〉에서 우리 적룡 형님이 권총과 기관단총으로 무장한 악당들 사이에서 일본도를 휘둘러 제압한 것처럼 간격이 극도로 좁으면 오히려 장검이 총보다 나은 상황이 연출되기도 한다.

제다이 무공의 약점은 넓은 공간에서 벌어지는 정규전에 약하다는 것이다. 에피소드 2에서 전투 드로이드들과 벌인 단체전에서 제다이들은 화려한 무공에도 가뭇없이 스러져 갔는데 마치 조총 부대 앞으로 돌격하다 쓰러지는 사무라이들 같았다고 할까? 에피소드 1에서 중무장한 기갑 드로이드가 나타나자 별 대응을 못 하고 도망쳤던 모습도 제다이의 굴욕 장면으로 기억된다.

밀어내기나 잡아 오기 또는 번개 쏘기 같은 포스 공격은 수련하기 쉽지 않으니 그렇다 치고 만약 익혀 쓸 수만 있다면 CQC에 요긴할 것으로 '마인드 트릭'이 있다. 일종의 세뇌라고 하겠는데 그냥 손 한 번 쓴

▶ 화려한 개인기를 가진 제다이도 전투 로봇의 공격 앞에서 무너진다. 마치 칼 든 사무라이들이 보병의 조총 대형 앞에서 무너졌던 것을 연상시킨다. 영화 〈스타워즈〉 에피소드 2에서.

움직이며 기술을 걸면 적군을 마음대로 조종한다. 적지에 침투하는 특수부대원이라면 이 기술로 검문검색을 유유히 통과할 것이고, 인질 구출 작전이라면 돌입하면서 마인드 트릭을 걸어 적군을 손쉽게 무력화시킬 것이다.

마인드 트릭도 역시 지구별로 가져와 실용화하기엔 좀 버겁다면 CQC 상황에서 벌어지는 전자전을 생각해 본다. CQC에서 개인화된 통신 장비는 이미 기본이 되었고 이번 이라크 전쟁에서 미군 특수부대원들은 비디오 카메라를 달고 다니면서 작전 상황을 본부로 실시간 중계하기도 했다. 현재 개발 중인 랜드 워리어 같은 차세대 보병 장비들은 각 병사가 컴퓨터를 휴대하는데 적이라 해서 이런 장비를 쓰지 않을 이유가 없다.

현재 전투기나 군함들이 벌이는 전자전처럼 CQC에서도 적군 통신을 교란하고 컴퓨터 오작동을 유도하면서 우리 편 통신과 전자 장비를 보호하는 장비와 기법은 당연히 개발될 것이다. EA-6B 프라울러 역할을 하는 대원이 있어서 이 녀석은 강력한 출력을 가진 전자전 장비를 지고 다니면서 그때그때 교란 전파를 쏘고 적에게 전달되는 신호를 가로채서 가짜 정보로 바꿔치기하는 임무를 수행할 것이다. 여전히 기계식인 개인 화기들이 전자식으로 바뀌게 되면 돌입하면서 사람 눈을 멀게 하는 섬광탄을 던지는 것이 아니라 전자기파 같은 것을 방출하여 적군 화기의 조준장치나 격발장치를 멈추게 하는 EMP탄을 던지는 날도 오지 않을까?

43 헤드 샷 이야기

헤드 샷 대중화 시대를 살고 있다. 과거 헤드 샷이란 군대에서도 소수 전문가만이 논하고 실행하는 옵션이었지만 지금은 동네 PC방에서 멀티를 뛰는 소녀들까지 헤드 샷을 날린다. 게임을 통한 헤드 샷의 대중화는 다시 현실에 어떤 영향을 끼칠 것인가?

헤드 샷–현실

현실 밀리터리에서 헤드 샷이란 적군의 머리를 조준하여 사격하는 것을 뜻한다. 총기를 이용하여 적군을 무력화시키는 기본원리는 뇌로 가는 산소공급을 중단시키는 것이다. 적군의 몸에 총격을 가하면 눈에 띄는 것은 출혈이지만 최종 목표는 피를 흘리게 하는 것이 아니라 뇌로 가야 할 피를 소모시켜 상대방을 무력화시키는 원리이고 정밀한 사격으로 직접 뇌기능을 정지시키는 행위가 바로 헤드 샷이다.

군대에서 사격해 본 경험을 떠올려 본다면 일반적인 보병들은 적군의 몸을 목표로 사격술을 연마한다. 표적지 자체가 몸통을 중심으로 설정되어 있고 흔히 200m 안팎으로 설정된 사격 거리를 일반적인 소총 가늠자로 겨냥해 보면 따로 머리를 조준하기는 어렵다. 일반 보병의 세계에서 헤드 샷은 가르칠 이유도 없고 시도하는 것 자체가 낭비다.

현실 밀리터리에서 헤드 샷은 스나이퍼들의 분야다. 저격이라는 것이 한 발에 적을 무력화시켜야 하는 'One Shot One Kill'의 세계라면 그 한 발은 뇌를 직격하는 것이 여러모로 효율적이다. 은폐나 엄폐한 적군이라도 주변을 살피려고 적어도 눈높이까지는 모습을 드러내야 하기 때문에 스나이퍼들은 헤드 샷을 실행할 기회를 잡게 된다. 스나이퍼를 유인하기 위해 철모를 드러내는 것도 그만큼 스나이퍼들이 헤드 샷을 선호한다는 증거가 될 것이다.

헤드 샷은 자신이 저격당했다는 것을 인지할 틈도 없이 지나가기 때문에 총격을 받는 쪽에서는 고통 없는 죽음을 제공한다는 점에서 (생존하는 것보다는 매우 나쁜 결과지만) 인간적인 배려일지도 모른다. 하지만, 바로 옆에 있던 동료가 한순간에 무력화되는 것을 봐야만 하는 주변 사람들에게 헤드 샷은 매우 강력한 공포를 준다. 보병이라면 적군은 물론 아군까지도 스나이퍼에 대해 불쾌감을 갖곤 하는데 이는 헤드 샷이 주는 공포가 그만큼 크다는 뜻이기도 하다.

일반 보병들도 헤드 샷을 쏘게 되는 경우가 있다. 하지만, 일반 보병들 사이에서 발생하는 헤드 샷은 특별히 머리를 조준한 결과가 아니라

▶ 스나이퍼를 유인하기 위해 철모를 이용하는 것은 2차 대전부터 21세기까지 이어지고 있다.

사격을 하다 보니 생겨난 결과가 대부분이어서 의식적으로 조준하는 스나이퍼의 헤드 샷과는 성질이 다르다. 기록사진을 보면 2차 대전부터 베트남은 물론 최근의 이라크 전쟁까지 빠지지 않는 레퍼토리가 헬멧에 직격을 당했으나 살아난 병사가 구멍 난 철모를 보여주는 장면인 것도 보병에게 '헤드 샷=사망'이라는 확고한 상식이 있음을 보여준다.

저격을 통해 전수되던 헤드 샷이 새롭게 발견된 곳은 대테러전이라는 새로운 영역이었다. 일단 작전이 개시되면 최대한 짧은 시간 안에 모든 상황을 종료시켜야 하는 대테러전의 특성은 도심이라는 공간에서 헤드 샷이 등장하는 계기를 마련해 주었다. 범인이나 테러범들이 방탄복을 입고 나타나는 경우가 잦아진 것이나 헤드 샷의 전수자들인 특수부대 스나이퍼들이 경찰이나 군대에 조직된 대테러 부대에 채용된 것도 대테러전에서 헤드 샷이 강력한 옵션으로 등장하게 된 또 다른 배경들이다.

도심 대테러전에서 등장하는 헤드 샷은 정규전의 헤드 샷과는 좀 다른 성격을 갖는다. 전쟁터의 헤드 샷은 적군 중에서 하나를 잡는 것이지만 도심 대테러전에서 헤드 샷은 인질이나 민간인들 사이에서 목표를 잡는 경우가 많아 보다 섬세한 접근이 필요하며 실패에 따른 리스크가 심각하다. 시민을 자극하지 않으려고 일부러 반자동 SMG를 채택하기도 하는 미국이나 유럽의 경찰 특공대들이 시민 눈에 띄지 않고 빨리 상황을 종료하는 옵션으로 매우 강력한 수단인 헤드 샷을 선택한다는 역설도 도심에서 헤드 샷이 갖는 특수성을 보여준다.

헤드 샷–게임

밀리터리 세계에서 특수한 지위를 갖던 헤드 샷은 FPS(1인칭 슈팅게임) 장르가 인기를 끌면서 대중의 영역으로 넘어온다. 게임에서 헤드 샷은 현실처럼 한 방에 적을 보낼 수 있는 옵션으로 설정되었고 〈언리얼 토너먼트〉의 경우엔 멀티 플레이에서 헤드 샷을 날리면 '헤드 샷!'이라는 멘트가 나오는 식이었다. 개발이 중단되긴 했지만, 아예 '헤드 샷 온라인'이라는 게임까지 나올 정도로 FPS 세계에서 헤드 샷은 '필수요소'로 자리 잡았다.

거의 모든 FPS가 헤드 샷을 지원하지만, 특별히 밀리터리에 기울어진 게이머라면 헤드 샷을 정립한 게임으로 〈레인보우 식스〉 시리즈를 기억할 것이다. 가상의 미래를 배경으로 했던 일반적인 FPS에 비해 대테러전이라는 구체적인 배경을 가지고 더욱 사실적인 묘사를 했던 〈레인보우 식스〉를 떠올린다면 살짝 머리만 내밀었을 뿐인데 어디선가 날아온 총탄에 픽 쓰러지면서 'Man Down! Man Down!' 멘트가 울려 퍼지던 당혹스러운 순간이 되살아난다.

〈레인보우 식스〉 시리즈에서 난이도를 높일 경우 적군들은 총기 종류에 관계없이 헤드 샷의 달인이 되는 경향이 있었는데 이는 당시 게임 시스템 특성 때문이기도 했다. 〈레인보우 식스〉 시리즈는 1998년부터 나왔는데 이때만 해도 인공지능으로 움직이는 적 캐릭터들이나 우리 편 동료 캐릭터들이 상대방을 몸 전체로 인식하는 것은 처리 용량을 넘어서는 것이었다.

그래서 인공지능은 상대방 머리만 인식하는 것으로 하고 대신 총 조준선이 흩어지는 정도를 조절하여 난이도를 구현했다고 한다. 1998년 기준 〈레인보우 식스〉 세계에서 인공지능의 눈으로 보면 머리만 둥둥 떠다니는 셈이고 머리를 조준해서 사격하면 조준선이 흩어지면서 팔이나 다리에 맞기도 하는 식으로 처리되었다는 얘기다.

문제는 머리만 인식하느냐 몸 전체를 인식하느냐 하는 기술 수준이 아니라 이렇게 해서 형성된 게임 속 헤드 샷 문화가 게이머들을 길들여 나간다는 점이다. 사람이란 게임의 법칙에 적응하고 그것을 넘어서는 방법을 찾기 마련이어서 최대한 헤드 샷을 회피하려고 게 다리 스텝이 퍼져 나가고 일단은 이쪽도 헤드 샷부터 날리고 본다. 게이머들이 헤드 샷을 선호하는 경향은 개발자들을 길들여 보다 화끈한 헤드 샷 표현들을 넣게 되고 이런 게임들은 다시 게이머들의 헤드 샷 사랑을 깊게 하는 식으로 순환고리가 만들어진다.

최근에 어떤 FPS 온라인 게임을 해 본 결과 그곳은 헤드 샷 천국이었다. 모두가 헤드 샷의 달인이어서 고개만 내밀었다 하면 머리가 날아가 버리기 십상이었고 선호하는 총기들 역시 초탄 발사에 따른 반동이 적도 구경이 커서 파워가 큰 헤드 샷 명기들로 집중되어 있었다. 게임 개발자인 친구 말에 따르면 조준을 머리 위로만 제한하는 해킹 프로그램이 만연해서 모두가 헤드 샷의 달인이 되어버리는 식으로 게임의 재미가 제한되고 있다고 한다.

마치 오래전 서바이벌 게임이 극악 파워 중심으로 전개될 때 서로 멀찍이 떨어져서 원거리 저격만 하게 되면서 게임의 재미가 땅에 떨어지

▶ 보병에게 스나이퍼는 공포의 대상이다. 스나이퍼의 헤드 샷은 보병의 공포를 배가시킨다.

던 시절이 떠올랐다. 그때도 그런 경향에 대한 반성이랄지 반작용이 있어 노말 파워로 게임을 하고 전술적 재미를 높이기 위한 다양한 시나리오를 개발하고 자율적인 매너를 강조하던 흐름이 있었다. 현실에서 헤드 샷은 효율성을 위해 복무해야 하고 게임에서 헤드 샷은 게임의 밸런스와 재미를 받쳐줘야 한다.

요즘 게임과 헤드 샷의 관계에서 눈에 띈 것이 〈레인보우 식스〉 시리즈 최신작 〈베가스 2〉의 변화다. 〈베가스 2〉는 점수 시스템을 도입했는데 헤드 샷에는 1점을 주고 장거리 사격에 3점을 주었다. 근접해서 사격하는 경우나 폭발물로 적을 해치우는 경우를 2~3점을 주기 때문에 헤드 샷에 대한 평가 기준을 낮췄다고 할 수 있어 같은 상황이면 헤드 샷을 시도하기보다는 그냥 몸을 조준하여 장거리 사격을 우선하게 하고 있다. 헤드 샷 명가 〈레인보우 식스〉가 의도적으로 헤드 샷 비중을 낮출 정도로 헤드 샷 남발이 FPS 생태계를 교란시키고 있다는 뜻이 아닐지?

헤드 샷–미래

사람은 문화의 영향을 잘 받는다. 최적의 조건을 추구하는 자연환경에 비해 문화는 꼭 최적이 아니더라도 사람 다수가 선호하여 굳어진 경향이라면 그것을 대세로 인정하는 경향이 있다. 칼 세이건이 〈코스모스〉에서 소개한 일화처럼 사무라이의 집단 자살 사건으로 영향받은 사람들이 사무라이 문양이라 느껴진 특정한 종류의 게를 잡아도 먹지 않고 다시 풀어주자 그것이 자연 생태계 자체를 바꿔버린 것처럼 사람의 작은 취향이 때론 강력한 결과를 가져오기도 한다.

최근 방송에서는 인터넷 말투를 그대로 따서 '히잉 히잉'하는 개그를 볼 수 있다. 개그를 하는 사람이나 웃는 사람이나 현실로 나온 'ㅎㅎ'나 'ㅋㅋ'를 자연스럽게 받아들이고 있다. 얼마 전 유치원에 다녀온 딸아이가 선생님께서 '방가방가'라고 인사를 하셨다며 그게 재미있다고 종일 '방가방가'만 하고 다녔는데 사실 '방가방가'만 해도 PC통신 시절부터 유행하던 말이 아직 살아남아 있으니 대단하다면 대단하다.

현실에 존재하는 군대가 일반 보병을 상대로 갑자기 헤드 샷을 강조할 가능성은 크지 않다. 물론 방탄복의 발전이 헬멧의 발전보다 빠르다는 점을 고려한다면 몸을 조준하는 것보다는 머리를 조준하는 것이

▶ 컴퓨터 게임은 소수의 영역이던 헤드 샷을 대중문화 전반으로 퍼트린 장본인이다.

유리할 가능성이 있지만, 보병을 스나이퍼로 키우는 것보다는 총기의 화력을 증가시키는 것이 더욱 경제적이다. 이라크의 미군들이 M-25(또는 M-14)를 보병 분대나 소대에 배치하는 것처럼 대략 헤드 샷도 할 보병 소수를 키우는 정도로 대처할 가능성이 크다.

하지만, 게임에서 헤드 샷을 지나치다 싶을 정도로 즐기던 세대가 현실 군대로 옮겨 가거나 그런 세대가 군대 교리라던가 무기 체계를 결정할 위치까지 성장하는 시대가 온다면 실용성이나 경제성에 관계없이 보다 헤드 샷을 강조하는 세상이 만들어질 가능성은 어떨까? 에이 설마…라고 하기에는 크게는 문화, 작게는 취향이랄지 습관이라는 것이 인간에게 끼치는 영향은 생각보다 강하다.

게임 속 헤드 샷이 사람을 거치는 것이 아니라 그냥 게임을 통해 현실 밀리터리로 옮겨갈 가능성도 크다. 미래에 전투를 보조할 인공지능이 필요하다면 그것은 현재 게임에 쓰이는 알고리즘을 응용할 가능성이 크고 이미 상용 게임을 응용한 훈련 장비가 등장했다. 지금 게임에서 해킹 프로그램을 써서 보통사람의 헤드 샷 실력을 스나이퍼 수준으로 키워주는 것처럼 가까운 미래의 보병들도 헤드 샷을 도와주는 조준 프로그램이 탑재된 개인화기나 보병전투 시스템으로 무장하여 현실에서 헤드 샷의 대중화 시대를 열어갈지도 모를 일이다.

44 탄도를 휘어보자

영화 〈원티드〉는 두 가지로 화제를 불러 일으켰다. 안젤리나 졸리 언니의 입술과 영화 속 킬러들의 총알 휘어 보내기. 전설의 킬러들은 은폐 및 엄폐를 비웃으며 총알로 커브와 슬라이더를 구사한다. 탄도를 휘어내는 것은 가능한가?

직사는 곡사를 꿈꾼다?

우리는 탄도가 직선으로 나간다고 가정하고 사격하지만, 군대에서도 배웠듯이 총구를 벗어난 탄환은 완만하게 떠올랐다가 다시 내려가는 포물선을 그린다. 하지만, 탄환의 속도라는 것이 사람의 눈으로 볼 때 순식간에 날아가 버리고 총의 유효사거리를 고려해 본다면 대략 직선으로 날아간다고 가정한다. 세상일이라는 것이 그렇고, 특히 단순함의 미학이 필요한 군대에서 탄도가 직선이라고 가정하는 것이 여러모로 좋다.

총을 쏠 때도 가늠자와 가늠쇠를 연결하는 직선에 표적을 놓고 사격하고 총을 맞는(?) 쪽도 총구로부터 직선 경로를 피하는 것으로 행동한다. 군대에서 즐겨 듣는 단어 중에 은폐 및 엄폐가 있는데 직사 및 곡사 화기로부터 몸을 사리는 것은 전쟁의 승리나 조국의 영광 이전에 이 한 몸 건사하는데 무척이나 중요하다.

초급 과정에서는 가늠자와 가늠쇠로 조준하는 것만으로도 벅차다. 호흡이 흐트러지거나 손이 떨리기라도 하면 탄환은 어김없이 벗어나 버린다. 하지만, 고급 과정으로 들어가면 직선을 유지하는 것은 기본이요, 그 직선에 여러 변형을 줄 수 있어야 한다.

표적의 이동속도를 고려하여 조금 앞을 조준하는 것이라거나 바람의 방향을 고려하여 몇 클릭 옮겨 놓는다거나 탄약의 종류를 바꾸는 것들이 그렇다. 고수의 세계에서는 처음 잡아보는 총에서도 몇 번 쏘아보

▶ 영화 〈원티드〉는 특별한 수련을 통해 탄도를 휘어 보낸다는 설정으로 큰 인기를 얻었다. 게임 〈원티드〉는 영화의 설정을 보다 자세하게 묘사하고 있다.

고 영점이 맞지 않는다 싶으면 일부러 틀리게 조준하여 표적을 맞히는 오조준의 묘기를 연출하기도 한다.

여기까지도 일단은 직사의 변형이다. 직사라는 틀을 유지하되 각도나 타이밍을 조절하는 것이고 직사는 발사체로 적을 공격하는 범주에서는 매우 단단한 패러다임이기 때문에 만약 이것을 넘어설 수 있다면 엄청난 전투력을 발휘할 수 있을 것이라는 욕심을 품게 된다. 참호 안에 웅크리고 있거나 기둥이나 벽 뒤에 숨어 있거나 단단하게 구축된 토치카 안에 들어 있는 적들에게 직사 화기 공격은 총알 낭비가 되기 십상이다.

직사 화기 패러다임을 극복하기 위해 일반화된 무기로 수류탄이 있다. 수류탄은 보병이 쉽게 휴대할 수 있고 간단한 동작만으로도 공격할 수 있다. 참호 안에 있는 적들이나 건물 안에 있는 적들에게 타격을 입힐 수 있어 요긴하지만 사람 손으로 하는 것이라 먼 거리를 공격하지는 못한다.

수류탄과 개념을 같이하면서 사거리를 늘여 나가는 것으로 유탄 발사기와 박격포가 등장한다. 요긴하고 강력하지만 다루기가 쉽지 않다는 특징이 있다. 같은 용도인데 다른 접근 방식으로 RPG-7이나 LAW 같은 무기들을 꼽을 수 있는데 직사 화기의 화력을 높여 문제를 해결하겠다는 사고방식으로 무식하게 쓸 수 있다는 점이 장점이라면 장점이다.

직사를 극복하는 곡사 화기들의 특징은 곡사의 방향이 위아래로 움직이고 있다는 점이다. 이것은 우리가 지구에 살고 있어 중력을 받고 우리가 쓰는 화약 무기들이 추진력을 얻어 날아가면서 일단은 떠오르는 한에는 원래 그렇게 되어 있는 자연스러운(?) 방식이다. 만약 위아래가 아니라 좌우로 곡선을 그리는 화기가 있다면 은폐 및 엄폐를 하는 적에게는 꽤 섬뜩한 위협이 될 것이고 영화 〈원티드〉에 등장한 총알 커브가 많은 화제를 불러일으키는 것도 그런 이유일 것이다.

〈원티드〉 따라잡기?

영화 〈원티드〉의 감독은 러시아에서 할리우드로 스카우트되어 온 양반으로 RPG랄지 판타지 느낌의 영화 〈나이트 워치〉 감독답게 설정에 많은 공을 들인다고 한다. 〈원티드〉 촬영장에 나타난 감독이 그동안 자신이 연구한 두꺼운 설정집을 들고 나타났다고 하는데 그 안에는 총알이 휘는 원리가 들어 있었다고 한다.

영화의 원작이 되는 그래픽 노블 〈원티드〉에는 총알이 휜다거나 하는 것은 나오지 않는다. 총알이 휘는 것은 영화에서 개척한 장면인데 눈에 보이지 않던 탄도를 색다르게 묘사한 〈매트릭스〉의 느낌을 받아오면서도 한 술 더 떠서 총알이 휘어져 다니면서 보이지 않는 곳에 숨어 있는 적을 공격한다는 새로운 경지를 선보였다.

▶ '코너샷'은 현재 기술 수준에서 총알을 다른 각도로 보낼 수 있는 실용적인 대안으로 영화 〈원티드〉에도 등장한다.

원래 감독이 만든 설정집에 따르면 전설의 킬러 집단이 사용하는 총에는 강선이 없다고 한다. 강선이라는 것은 007 영화의 타이틀을 장식할 정도로 총, 특히 현대의 총을 상징하는 것으로 탄환을 회전시켜 올곧게(?) 뻗어나가도록 도와준다. 팽이를 돌리면 회전하는 방향에 직각되게 축으로 꼿꼿하게 세워주는 힘이 생기는데 바로 이 힘을 이용해서 탄환이 자기 방향을 유지하도록 하는 것이다.

강선이 없으니 이 힘이 덜한 탄환이 나가고 여기에 적당한 스냅을 걸어서 탄환에 스핀을 주어 방향을 틀 수 있다는 것이 감독의 설명인데 그럴 듯하면서도 어딘가 아닌 것 같기도 하다. 당장 영화를 보면 총구를 벗어난 탄환들이 회전하며 날아가는 것을 보면 강선이 없다는 얘기는 감독 생각이고 할리우드의 상식대로 강선을 따라 회전하는 탄환이 나오는 총들이 등장하고 있다.

미세한 스냅을 주어서 방향을 바꾼다는 것도 탄환이 총구를 벗어나는 것은 거의 순식간에 일어나는 일이어서 사람의 눈으로는 볼 수가 없고 고속촬영도 초당 24,000프레임 정도 되는 수준으로 들어가야 촬영할 수 있다는 걸 떠올리면 좀 그렇다. 결국, 발사되는 순간 자체를 인지하기가 쉽지 않다는 것으로 발사하면서 탄환이 총구를 벗어나는 미세한 순간을 느껴가면서 손목에 스냅을 주기는 쉽지 않고 스냅을 준다 해도 직사 각도만 크게 벗어날 것이다.

만약 BB탄을 쓰는 에어건이라면 수련에 따라서는 어떻게 될지도 모르겠다. BB탄은 가볍고 초속도 느린 편이어서 탄이 날아가는 것이 눈에 보인다. BB탄을 쓰는 에어건은 강선도 없으니 설정도 충족시킨다. 요즘 에어건은 사거리를 늘이려고 총구 안쪽에 돌기를 두는 홉업 시스템이 있는데 이걸 옆으로 달아서 탄을 옆으로 튀기면서 뭔가 나름의 스냅을 주면 뭐가 될지도 모르겠지만, 실전에서는 이걸 연마하기보다는 BB 샤워라도 하나 다는 쪽이 낫겠지만.

영화에서는 남다른 체질이라서 초 감각이랄지 반응이 빠른 인간이라는 설명도 나오고 정신일도 하사 불성 수준의 이야기도 나오고 어디에서는 초능력이라는 얘기도 나온다. 필자는 초능력도 믿고 염력도 믿지만, 탄환이라는 것이 무척 빠른 것이어서 염력으로 통제하기 매우 까다로운 것이라 쉽지는 않을 것으로 생각한다.

뭐 〈건담〉 시리즈를 보면 사이코 뮤인가 해서 염력으로 조정해서 예상 밖의 각도에서 광선을 쏘는 공격이 등장하고 이것 역시 그 원리나 욕망은 직사 패러다임을 깨어 전투력을 극대화하려는 것이지만 이것도 일단은 '뉴타입'들이 떼로 나타나는 우주 세기에나 가야 하는 이야기라서 일단 단기나 서기를 쓰는 지구에서는 논외로 하자.

포스트 코너 샷?

다시 현실로 돌아와 보면 직사 화기 패러다임을 깨고 곡사의 힘을 터득하기 위한 노력이 심심찮게 있었던 것을 볼 수 있다. 2차 대전 당시 독일군이 StG 44 총신을 꾸준히(?) 휘어 나가다가 90도 각도까지 휘어 놓은 총에서도 분명히 발사는 되었다. 독일군이 이걸 실용화시킨 것은 아니지만, 이 물건을 노획한 미군들도 한동안 진지하게 연구를 한 것으로 보면 군대라면 곡사 화기라는 로망을 공유하는지도 모르겠다.

영화 〈원티드〉에도 등장하는 '코너 샷'은 작지만 그럴 듯한 발상의 전환이라고도 하겠는데 현재로선 곡사 화기를 구현하는 가장 현실적인 방법이겠다. 독일군의 곡사 MP44에도 페리스코프가 붙어 있던 것을 생각해 본다면 카메라와 모니터를 달아 90도를 꺾어 쏜다는 코너 샷 역시 그 원리나 로망에서는 일맥상통한다고 할까?

최근 공개된 K11 복합소총의 특징인 공중폭발 유탄도 결국 직사 화기 패러다임을 극복하기 위한 시도 중 하나다. 발사 시간을 조절하여 참호 속에 숨은 적 머리 위에서 유탄을 폭파시킨다는 발상은 수류탄이나 유탄 발사기가 걸어온 길을 과학기술의 발전을 바탕으로 세련되게 다듬어주는 시도다.

수류탄이나 유탄 발사기는 힘 조절을 한다거나 각도 조절을 하는 식으로 숙련도가 필요했지만, 디지털 병사들에게 지급될 총기들은 조준경으로 조준해서 클릭하면 거리가 자동으로 계산되어 지능형 유탄에 세팅되는 식으로 처리될 것이다. 미래화기를 정의하는 단어로 복합 또는 융합과 지능화(smart)를 꼽는다면 직사 화기가 조금만 더 똑똑해지면 대략 곡사 화기 느낌을 낼 수 있겠다.

하지만, 수류탄이나 유탄은 일단 전통적인 참호 안에 도사린 적을

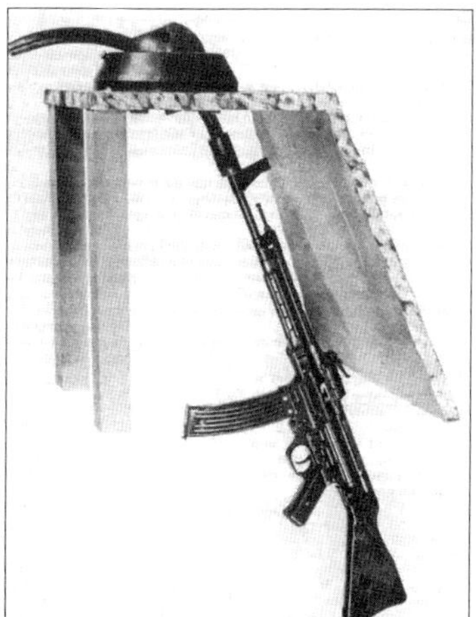

▶ 직선으로 나가는 총알을 다른 각도로 보내고자 하는 욕망은 사연이 길지만, 2차대전 독일군의 실험처럼 그 결과는 만족스럽지 못했다.

대상으로 하는 무기들이며 공중발사 유탄 역시 그 맥락이다. 현대전에서도 보병들은 참호를 파고, 미래전에서도 로봇이 대신 파 줄지는 몰라도 어쨌거나 참호는 파야 되겠지만, 시가전 비중이 높아지고 실내전도 늘어나고 있다는 추세를 생각한다면 머리 위를 공격하는 곡사가 아닌 코너를 돌아 쏘는 곡사의 세계는 분명히 개척되어야 할 장르다.

일단은 코너 샷처럼 직사 화기라는 큰 틀을 유지하면서 직사로 조준하지 않고도 코너를 돌아서 쏘는 방식부터 개척되겠지만 좀 더 나아가면 총구를 벗어난 탄환 자체가 코너를 돌아가는 방식이 시도될 가능성이 크다. 이런 경우라면 지금과 같은 탄환보다는 일종의 지능형 탄환이 되어서 마치 지금 공중발사 유탄을 세팅하는 것처럼 커브의 각도 등을 미리 세팅하여 발사되는 총탄과 유탄의 중간쯤이 될 수도 있고 아예 자체 추진력을 갖는 작은 로켓이나 미사일 느낌이 될 것도 같다.

코너를 돌아 귀신같이 파고드는 '마탄의 사수'들이 전장에 나타난다면 전장은 일시적인 혼란에 빠질 것이다. 지금까지 직사 화기라는 패러다임으로 전쟁이 움직여 왔고 하다못해 방탄복조차도 직사 화기에 대응되어 만들어졌는데 총탄이 사방에서 날아드는 시대가 된다면 장비와 전술 역시 심각한 변화를 요구받을 것이다.

부자나라 군대들은 스마트 총탄으로 세련되게 공격하는 길을 택할 것이고 가난한 나라 군대들은 차라리 'RPG-18'(?) 같은 더욱 강한 직사 화기로 공격하는 가격대비 쿨~한 방법이 있을 것이다. 그때가 되면 '멀가중 멀중가중'보다는 '좌우지 장지지'로 훈련을 하려나?

45 보병의 손이 허전할 때

훈련소에서 교관들은 항상 소리친다. "소총은 지팡이가 아니다, 이 멍청이들아!" 하지만, 군기가 바짝 들어 소총을 모시고 다니던 보병이라도 어느덧 짬밥이 차고 꿈에도 군인들만 나오는 그런 때에 이르면 소총을 둘러매기도 하고 슬쩍 내려놓기도 한다. 소총을 내려놓은 보병의 손엔 무엇을 들려줘야 할까?

수통

제 발로 걸어 다니는 병사인 '보병'은 그냥 걸어만 다니는 것이 아니라 자기가 먹고 마시고 자야 할 때 필요한 것들을 스스로 짊어지고 다녀야 한다. 이런 사정은 현대에 와서도 크게 달라지지 않아 보병이 훈련소에서 배우는 중요한 것으로 군장을 싸고 푸는 과정이 있게 마련이다. 부대에 배치되어서도 잊을 만하면 이런저런 이유로 판초 우의나

침상 위에 군장을 죽 늘어놓는 군장 검열을 받기 마련이고 훈련이나 전투를 맞아 출동하게 되면 일단 군장부터 싸야 하는 것이 보병의 삶이다.

보병이 짊어져야 하는 군장 중에서 알파요 오메가를 꼽으라면 수통을 추천해 올린다. 그래도 보병이 군인 노릇을 할 때 가장 기본 값이라 할 '단독군장'에서 수통은 당당히 필수요소로 자리 잡으며, 보병이 그리도 짊어지기 싫어하는 최종 합체 '완전군장'에서도 수통은 그 개수를 늘려가며 자리를 차지한다.

인간은 몸은 사람에 따라 60~85%가 수분이다. 사람은 밥을 먹지 않고도 한 달가량은 버틸 수 있지만 물을 마시지 않고는 일주일을 버티기 어렵다. 수분이 1~2%만 빠져나가도 갈증에 시달리고 탈수증을 막지 못하면 환각을 보거나 정신을 잃기 때문에 물을 공급하는 것은 전투력 유지를 위해 꼭 필요한 과정이다. 흔히 긴장하면 입부터 바짝 마르기 때문에 참호에서 적을 기다리던 보병이 잠시 소총을 내려놓고 수통을 들어 물을 마시는 것은 갈증을 달래는 동시에 생존과 승리를 위한 작은 여유를 벌어두는 것이기도 하다.

유엔에서 아무리 물 부족을 경고해도 평상시에 물은 남아돌기 마련이고 미군들 같은 경우엔 아예 생수를 사다 먹어 물 귀한 줄을 모른다. 우리도 사실 행군 나갈 때 수통에 물을 채우기는 해도 급수차가 따라다니곤 하니 수통에 물이 없어 고생할 일은 거의 없고 무겁다고 수통부터 슬쩍 비우는 보병들도 있다. 하지만, 실전과 맞닥뜨린 보병들은 수도꼭지와는 거리가 먼 숲 속, 정글, 사막 같은 곳에 내동댕이쳐지게 마련이고 이때부터 생존은 수통에 차 있는 물과 비례한다.

월남전 당시 백마부대 수색대원 회고록에 따르면 개인당 수통 두 개씩을 휴대했는데 각자 아껴 마시게 되어 있고 서로 달라고 하는 것은 일종의 금기로 아무리 계급이 높아도 다른 대원에게 물을 달라고는 못했다고 한다. 전우애를 발휘해서 나눠 마셔야 하지 않겠느냐 할 수도 있겠지만, 정글에서 물은 곧 생명이기 때문에 수통에 남아 있는 물은 각자의 생명이며 모두가 똑같이 담아 출발한 물을 어떻게 관리하는가 하는 것은 전투의 프로가 될 것인가 아닌가 하는 문제다.

수통의 디자인이라고 해야 물을 넣게 되어 있는 대개 원통형을 응용한 몸통과 물이 새지 않도록 닫아 두는 마개로 되어 있는데 이 기본적인 형태는 오랜 세월을 거치면서도 크게 달라지지 않았다.

요즘은 '카멜백'이라는 신기한 물건이 만들어져 등에 지고 다니다가 손을 대지 않고도 물을 마실 수 있게 되었다. 카멜백은 물 용량도 늘어나고 한 번에 적절한 양을 마실 수 있고 무엇보다 손에는 총을 든 채로 마실 수 있는 신기술이지만 그래도 수통을 손으로 들고 마개를 돌려 목젖을 젖혀가며 마셔야 뭔가 살아있다는 기분도 들고 긴장도 풀린다는 '올드 보병'들도 아직은 제법 있다던가.

야전삽

'로마군은 곡괭이로 싸운다.'라는 말이 있다. 로마군의 병기라면 '필라'라 불렸던 창과 '글라디우스'라는 칼이 있었다. 먼저 필라를 던지면 이 창은 적의 방패를 관통하면서 축 처지게 되어 있어 적의 방어망을 와해시키고 그때 방패를 맞춰 들고 밀집대형에서 효율적인 짧고 다부진 칼 글라디우스를 뽑아들고 들이닥치면 오늘도 로마군의 승리로 매듭되는 것이다. 그런데 로마군이 곡괭이로 이겼다니?

로마군은 전장에 도착하면 일단 '공구리'(?)부터 치는 것으로 유명했다. 일부는 숙영지를 건설하고 일부는 공성무기라거나 도강에 필요한 부교처럼 필요한 장비를 만들었는데 이것 역시 정해진 매뉴얼이 있어서 어떤 곳에 주둔하는 로마군이라도 표준화된 절차에 따라 건설이 이뤄졌다고 한다. 거기에는 병사들의 숙소나 화장실 같은 기본 시설물은 물론 결전을 앞두고 지휘관이 일장연설을 할 연설대까지 포함되어 있었다고 하니 참으로 '로마'스럽다.

단독군장에는 포함되지 않지만, 완전군장에는 꼭 빠지지 않는 것이 바로 야전삽이다. 야전삽이란 휴대가 편리하도록 크기를 조금 줄이고 자루를 접을 수 있도록 만들어진 삽이다. 야전삽을 휴대하는 용도는 (원래 삽이 다 그렇지만) 땅을 파기 위해서다. 보병이 전장에 도착하면 먹고 자고 쉴 공간을 마련하기 위해 땅을 파고 다져야 하고, 적과 맞설 때라면 적의 직사 및 곡사 화기로부터 자신을 보호하기 위해 참호를

▶ 고대 로마로부터 현대 보병까지 총이 아니라면 보병의 손에는 삽이나 곡괭이가 들려 있기 마련이다.

파야 한다.

참호 파는 것처럼 보병들이 싫어하는 일도 없다. 어느 부자 나라 군대는 포크레인이 와서 대신 파주기도 한다지만 그 부자 녀석들조차도 막상 실전에서는 두 팔 걷어붙이고 삽질(?)을 해야 할 것이다. 참호는 직사 화기보다는 포격이나 파편으로부터 보병을 보호하는 역할이 큰데 실제 전장에서 직사 화기보다 바로 이 포격이나 파편에 쓰러지는 보병들이 더 많다는 데이터를 참조한다면 지금부터라도 군말 없이 삽질에 신경 좀 써야 할 것이다.

월남전 당시 어느 맹호부대 중대장은 6·25때 참전했던 삼촌이 전해주신 '무조건 땅을 파라. 참호를 깊게 파면 살고 얕게 파면 죽더라.'라는 말을 명심하고 틈만 나면 땅을 파게 했더니 정말 많이 살았다는 회고를 남겼다. 월남전에서 그 위력을 떨쳤던 한국군 특유의 중대전술기지도 결국 삽으로 하는 전투가 아니었겠나. 걸프전 당시 교본대로 땅을 파던 미군들은 자신들이 연습했던 애리조나 사막 모래와는 다르게 다져지지 않고 그냥 무너져 내리는 아라비아 모래에 맞닥뜨려 모래주머니를 쌓는 방식으로 급히 전환했다고 하니 삽질이라고 우습게 볼 것이 아니라 거기에도 '택티컬'이 있는 셈이다.

특별히 한국군 출신이라면 어쩌면 소총보다는 삽이나 곡괭이와 함께한 시간이 더 많았을지도 모른다. 뭔가 한국군 경영 마인드가 로마군단 분위기인지 알 수는 없지만, 소총은 평소 관물대에 두고 근무거나 훈련 때나 들고 나가기 마련이라면 삽이나 곡괭이는 늘 손에 들려 있었지 싶다. 삽은 어딘지 M16이나 K2 같은 개인화기로 쓰였고 곡괭이나 함마는 삽으로 해결하기 어려운 곳에 나타나 화력을 투사하는 M60 같은 느낌이었다. 한국군 특유의 풍습으로 낫질하는 보병들도 있었는데 이건 비유하자면 K1이나 권총 같은 걸까나?

수류탄

미군에 대한 농담 중에 '공군을 불러!'가 있다. 미군들은 어떠한 상황을 만나도 일단 공군을 불러 해결한다는 줄거리지만 정작 양키들 얘기들어보면 현실은 좀 다르다고 한다. 부른다고 늘 오는 것도 아니고 주렁주렁 달고 온 폭탄으로 쑥대밭을 만들어도 공군이 자릴 뜨자마자 다시 총탄이 날아온다나? 사정은 포병도 비슷해서 좌표는 열심히 불러줘도 그게 늘 제대로 날아오는 것도 아닌데다가 전면전이라면 포병도 바빠서 결국 보병이 믿을 것은 보병 자신이다.

사격 훈련에서 '멀가중'을 기억하시듯 보병의 주력화기인 소총으로는 대략 200미터 안팎에 있는 적을 상대한다. 이론적으로는 이렇지만 대부분 보병은 총만 슬쩍 내놓고 무조건 자동으로 당기기 마련이어서 소총으로 싸우면서 적을 제대로 보는 경우는 없다. 운이 나빠 아군 진지까지 적이 들이닥쳤다면 대검이라도 뽑아들고 싸워야 하는데 여기까지 오면 일종의 막장이라 일단 살고 보자는 마음에, 개머리판이고 대검이고 일단 휘두르게 된다.

보병이 제일 두려워하는 시간은 멀가중의 '가' 정도에서 적들이 아군 진지로 쇄도해 들어오는 때라고들 한다. 자동으로 당겨버리면 탄창은 허무하게 비어 버리고 이럴 때 보병의 손에서 요긴한 것이 바로 수류탄이다. 아주 가끔 메이저리그 출신 보병도 있겠지만, 일반적인 보병의 수류탄 투척 거리는 대략 50~60m로 잡는다. 50m는 10초면 주파할 수 있으니 이 거리에선 소총보다는 확실히 수류탄이 저지력이 있다.

영화 〈라이언 일병 구하기〉에서 박격포탄을 수류탄처럼 쓰는 장면이 나오는데 원래 박격포라는 것이 수류탄의 연장선에서 나온 물건이니 확실히 스필버그 형님은 뭘 아는 양반이다. 유탄 발사기처럼 요긴하거나 크레모어처럼 살벌한 무기들도 역시 수류탄의 역할을 강화시킨 물건들이다. 수류탄의 역할이란 결국 보병의 주력 병기인 소총의 한계를 보강하는 것으로 한 번에 한 놈만 상대하는 소총에 비해 한 번에 여러 명을 상대하고 직사 화기인 소총에 비해 곡사 화기 노릇도 하는 적절한 녀석이다.

보병의 입장에선 참으로 귀한 수류탄이지만 솔직히 말하자면 부담스러운 존재인 것이 사실이다. 내 손안에 쏙 들어오는 이 녀석의 정체가 바로 '폭탄'이기 때문이다. 소총 역시 살벌한 도구이긴 하지만 잘 못 나간다 해도 내가 다치는 것은 아닌데 비해 수류탄은 '이게 내 손에서 터진다.'라고 생각하면 어딘가 오싹하기 마련이다. 게다가 올바른 수류탄의 사용법이란 적이 집어 되던지지 못하도록 몇 초를 세고 던지게 되어 있는데 그 시간을 충분히 기다릴 배짱이란 쉽게 생겨나는 것은 아니며 보병의 훈련 중에 꼭 들어 있는 수류탄 투척은 그래서 늘 긴장 속에 치러지기 마련이다.

영화 〈씬 레드 라인〉을 보면 알만한 녀석이 가슴에 달고 있던 수류

▶ 평소 몸에 지니고 다니다가, 포병이나 공군이 돕지 않을 때, 내 손으로 행하는 화력지원이라는 것이 수류탄의 역할이다.

탄 안전핀을 실수로 뽑아 버리는 웃기기도 하지만 웃을 수 없는 장면이 등장하는데 이게 꼭 남의 일만은 아닌 게 문제다. 〈블랙호크 다운〉에서 수류탄 안전핀을 미리 뽑아 놓고 테이프로 감는 델타포스 대원이 나오는 장면은 그만큼 수류탄이라는 것이 일반 보병에겐 버거운 녀석이라는 얘기일 것이다. 하지만, 전선에 선 보병들이 저도 모르게 수류탄을 만지작거리게 되는 것은 궁지에 몰린 보병에게 그래도 한 방을 거들어주는 것이 바로 이 녀석이기 때문이리라.

편지

이것은 보병의 제식 장비는 아니며 때로 단체로 지급해 주는 나라도 있지만 역시 지급품은 아니다. 하지만, 시대와 지역을 초월해서 거의 모든 보병은 이것을 하나씩은 지니고 다닌다. 이것은 대체로 보병의 고향에서 보급되며 발신자는 어머니나 아내 또는 애인으로 여성인 경우가 많다. 대부분 이것을 군복 주머니에 넣고 다니는데 그 용도는 훈련이나 실전에서 잠시 막간이 찾아왔을 때 홀로 꺼내보는 용도며 지극히 개인적인 것이지만 때때로 돌려 보기도 한다.

비슷한 또래의 사내들을 불러 같은 옷을 입혀 놓고 산이나 들에 울타리를 치고 모아 두었다가 평시에는 삽을 들려주고 전시에는 총을 들려주니 사회에선 이들을 군바리니 땅개니 하면서 사람대접에 소홀하기 쉽지만, 군인들은 모두 사회에서 왔으며 다시 사회로 돌아갈 이들이다. 군인들이 모여 있는 이유 역시 국가나 사회를 지키기 위해서지만 사실 그 군인 하나하나는 보편적인 국가나 일반적인 국민 모두를 지키기보다는 자신이 알고 사랑하는 그 누군가를 떠올리며 힘을 내곤 한다.

아무리 세상 좋아졌다 해도 군대란 쉽지 않다. 사실 힘들다. 힘든 게 정상이다. 규칙에 따라야만 하고 몸을 고되게 써야 하며 위험을 무릅써야 할 일도 많다. 그런 군인들에게 특식으로 나오는 닭다리나 축구에서 이겨 얻은 회식이나 호봉이 올라 조금은 두둑해진 월급도 보람차지만, 고향에서 온 사랑하는 이들의 편지 한 장만큼 뿌듯하고 아늑한 것은 없다. 내가 누구인가, 여기에서 무엇을 해야 하는가를 돌이켜 보는 시간이며 보병을 지탱하는 마지막 무기인 사기를 충전하는 순간이다.

물론 보병 손에 들려 있는 모든 편지가 다 보병을 돕는 것은 아니다. 군대 먼저 다녀왔다고 '야 아직도 까마득하네. 나 같으면 자살한다, 자살해'하는 개그라기보다는 개념 상실이 마땅할 친구의 편지나, '자기 미안해. 나를 욕해줘!' 하며 시원하게 고무신을 꺾어 신는 자비심 없는 애인의 편지는 보병에게 정신적 데미지를 입혀 버린다. 좀 극단적인 경우지만 영화 〈서부전선 이상 없다〉처럼 편지를 읽다가 적탄에 쓰러지는 부작용도 있다.

보병의 손에서 편지와 같은 역할을 하는 것으로 사진이 있다. 대개 편지에 동봉되어 오는 이 사진들 역시 보병의 손에서 은근한 힘을 준

▶ 인터넷, 영상통화, 위성전화가 있다 해도 먼 곳을 돌아 보병 손에 쥐어진 편지 한 장의 무게를 당해내긴 어렵다.

다. 주변 예비역들을 대상으로 벌인 조사로는 애인, 어머니, 가족, 연예인, 훈련소 퇴소 사진 등이 주종을 이뤘고 특이 답변으로 집에 두고 온 애견 사진과(이것까지는 이해가 간다만) 텔레토비 사진(?)이 있었다. 영화 〈실미도〉에서 어머니 사진을 몰래 보다 빼앗기고 죽음을 눈앞에 둔 비장한 순간에 전우가 찢긴 조각을 모아 어머니 사진을 돌려주는 장면에서 울컥(!) 했다는 남자들이 많은 것도 자신들이 군대에서 사진을 간직했던 기억과 겹쳐 보였기 때문일 것이다.

수통을 대신하고자 카멜백이 나왔듯이 편지와 사진의 자리를 핸드폰이나 디카 또는 아이팟이 노리고 있다. 주머니에서 사진을 꺼내 보는 것이 아니라 핸드폰에 저장된 사진을 넘겨보고, 아이팟으로 음악을 들으며 핸드폰으로 (몰래?) 문자를 보내기도 한다. 최근 이라크에선 주머니에 있던 아이팟이 적탄을 막아 냈다는 방탄신화까지 생겨나 보병의 허전한 손에 디지털 기기들이 들려지는 시류를 짐작케 한다. 하지만, 카멜백의 시대에도 50년도 족히 되었을 수통이 여전히 현역으로 한몫하듯, 병사들의 손에서 느껴지는 편지와 사진의 무게가 쉬이 가벼워지지는 않으리라.

46 조국은 너를 원해!

모병제건 징병제건 군대 가고 싶어 가는 사람은 거의 없다. 그럼에도, 군대 가고 싶게 만들어야 한다는 점에서 모병의 난이도가 있다. 에둘러 말하기보다는 정면승부를 즐기는 모병계의 본좌가 바로 '엉클 샘' 영감님이다.

군대 와서 레저를 즐기세요?

벌써 20년 전 애기다. 신검받겠다고 병무청 어딘가를 어슬렁거리던 때였다. 벽에 붙여 놓은 특전사 모병 포스터를 보게 되었는데 거기에 '각종 레저를 즐길 수 있다.'라는 문구가 있는 것이 아닌가! 물론 특전사에 가면 등산도 하고 수영도 하고 낙하산에 스키에 잠수도 하겠지만 그걸 레저 생활이라 하기에는…. 문득 궁금했다. 설마 이 포스터를 보고 "호오 공짜로 레저를!"하고 지원하는 친구가 있을까나?

최근 우연히 발견한 1919년 영국군 모병 포스터는 놀랍게도 그때 그 특전사 포스터와 같은 정신세계를 거닐고 있었다. 축구도 하고 크리켓도 한다며 육군은 일만 하는 곳이 아니라고 주장한다. 오히려 포스터를 그대로 해석하자면 육군 생활이란 33%만 근무하고 나머지 시간엔 각종 스포츠 및 레저를 즐길 수 있다. 88년 전 포스터를 보면서 여전히 궁금했다. 설마 이 포스터를 보고 "잠깐 근무하고 크리켓이나 해야지." 하며 지원한 사람이 있었을까? 그 수많은 군인이 죽어나간 1차 대전이 끝난 것이 작년인데?

징병제건 지원제건 군대 가겠다고 결심하는 것은 예나 지금이나 쉬운 일이 아니다. 모병 포스터에 낚여 군대 가는 비율이 어느 정도 되는지는 알 수 없지만, 모병 포스터 하면 누구나 떠올리는 영감님이 한 분 계신다. 1차 대전 때부터 병사들을 낚기 시작해서 21세기에도 여전히 현역에서 낚시를 휘두르고 계시는, 모병계의 강태공이랄까? 단순한 모병 포스터 캐릭터를 넘어서 미국을 대표하는 국가 상징 반열에 오른 '엉클 샘'이 바로 그 주인공이다.

사탕 따윈 필요 없어!

엉클 샘, 이 양반은 떡밥도 미끼도 없이 오직 정면 승부 외길 인생이다. 너에게 줄 사탕? 그런 건 없다. 전쟁터가 다 그렇지 뭐. 운 좋으면 국립묘지에 묻히는 거고 운 나쁘면 이름 모를 산천에 누워 푹 쉬는 거야. 어쨌든 분명한 건 어이 거기 자네, 그래 자네 말이야. 알고 있나? 조국은 자넬 원한다네! 지금 당장 튀어 와!

손가락으로 콕 찍어 '거기 자네!' 하는 포스터는 모병 선진국(?) 영국이 원조다. 노골적으로 영국 것을 카피한 엉클 샘 버전이 오히려 원본을 제치고 스스로 원본에 오른 비결은 무엇일까? 영국 버전이 우직하다면 미국 버전은 어딘가 보는 이에게 시비를 거는 느낌이 있다. '아니 꼬우면 군대 오라니까'하는 느낌이랄까?

영화 〈맨 오브 아너〉에서 심해 잠수사 교관으로 등장하는 로버트 드

▶ 원조인 영국(왼쪽)보다 후발 주자인 미국(오른쪽)의 모병 포스터가 히트한 이유는 무엇일까? 벤치마킹으로 성공한 좋은 사례.

▶ 좋은 건 따라 하지 않을 이유가 없다. 직설적인 미국식이 부담스러웠는지, 한국의 산신령 버전(왼쪽)은 케네디 명언을 섞어 한 번 더 생각하는 문구로 업그레이드.

니로는 '해군 다이버를 하면 죽기도 쉽다. 그런데 왜들 서로 못해서 안달인지 모르겠다.'라고 이죽거린다. 군대란 고달프고 위험한 곳임이 분명하지만 젊은 혈기는 때론 더 힘들고 더 위험하다는 얘기에 불끈 솟아오르기도 한다. 엉클 샘 영감님의 손가락이 콕 집어내는 곳이 바로 그 젊은 혈기를 자극하는 예민한 성감대가 아닐까?

엉클 샘을 찾아라

속설에 따르면 남북전쟁 당시 뉴욕에 주둔했던 북군 병사들이 자신들에게 지급되던 고기에 찍힌 US(United States)라는 각인을 놓고 고

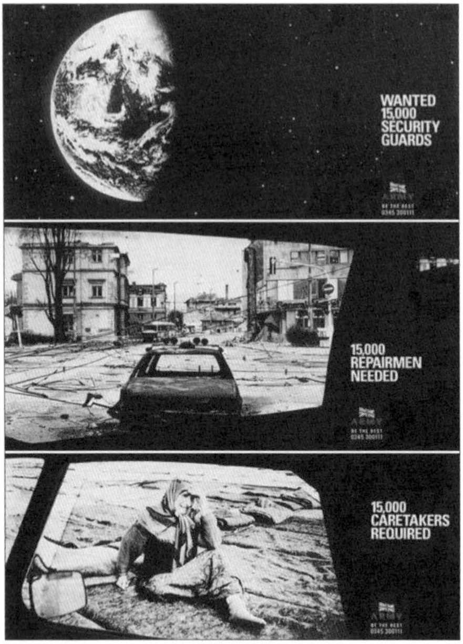

▶ 영국군 모병 포스터처럼 최근 모병 포스터들은 좀 더 세련되고 상업 광고처럼 만들어지고 있다. 물론 전면전 상황이 온다면 다시 직설적인 화법으로 돌아갈 가능성이 크다.

기 공급업자였던 새뮤얼 윌슨 아저씨(Uncle Samuel Wilson)의 머리글자라는 농담을 주고받은 것에서 엉클 샘이 유래하였다고 한다. 이 이야기를 바탕으로 기념비도 만들었다지만 일부 역사학자들은 새뮤얼 윌슨 설에 반론을 제기했고 엉클 샘의 유래는 속설은 있되 정설은 없는 상태다.

여러 모습으로 그려지던 엉클 샘의 이미지는 1차 대전 당시 제임스 플래그가 그린 모병 포스터가 대박을 터트리면서 오늘 우리가 아는 것은 모습으로 굳어진다. 1차 대전에 뒤늦게 뛰어든 미국은 머나먼 유럽의 전쟁에 뛰어들어 피를 흘렸지만, 그 대가로 오늘날 초강대국의 지위를 얻게 되었으니 이런 민감한 시기에 참전을 독려했던 엉클 샘의 이미지가 국가 상징으로 자리를 굳힌 것은 당연한 일인지도 모르겠다.

제임스 플래그는 자신의 얼굴과 한 퇴역 군인을 모델로 삼아 엉클 샘을 그렸다고 밝혔다. 하지만, 몇몇 학자들은 엉클 샘의 이미지가 남북전쟁의 북군 승리를 통해 다듬어졌는데 이 과정에서 긴 얼굴에 턱수염 그리고 실크햇으로 요약되는 링컨의 이미지가 스며들었다고 주장한다. 미국인들이 보편적으로 존경하는 링컨의 이미지를 바탕에 깔았기 때문에 미국을 의인화하는 상징으로 쉽게 받아들여졌다는 설명이다.

엉클 샘 인 액션

미국을 의인화한 상징이라면 자유의 여신상과 엉클 샘 듀엣 체제다. 자유의 여신상이 이상을 대표한다면 엉클 샘은 현실을 맡고 있다. 미국이라는 나라가 1차 대전을 시작으로 세계 질서를 적극적으로 주도하고, 필요하다면 군사적 개입도 마다하지 않는 국가 전략을 채택하고 실천해 왔다면 그 선봉에 서서 궂은 일 마다하지 않았던 것이 바로 엉클 샘이었다.

최근 미국은 이라크 전쟁으로 누적된 문제들 때문에 부족한 병력을 채우느라 골머리를 앓고 있다. 제대를 늦추는 치사한 방법에서부터 중년 남성에 외국인까지 닥치는 대로 긁어모았고 최근에는 전과자도 받아들이는 방안이 검토될 정도였다. 모병이라고 하면 직설법이건 사탕발림이건 거리에서 즉흥적으로 오가는 설레발 정도로 알기 쉽지만, 전쟁과 맞닥뜨려 보면 국가 전략과 자원 동원 체계 자체에 영향을 주는 근본적인 영역임을 깨닫게 된다.

엉클 샘에게서 미국이라는 나라를 읽는다면 우리에겐 무엇이 있을까? 대략 이런저런 모병 포스터들이 떠오르기는 하지만 뭔가 대한민국과 바로 연결되는 그 무엇은 없다. 의무병 제도에 백성이 착해서 어지간하면 제 발로 군대 오는 나라라고 이거 너무 설렁설렁 하는 것은 아닌가 싶다. 모병이란 관성으로 대충 하거나 선거철에 맞춰 고무줄처럼 늘이고 줄일 문제가 아니다. 거창하게는 국가 전략과도 닿아있고 적어도 조국을 위해 자신을 내 놓는 젊은이들에 대한 예의는 갖춰야 하지 말입니다.

47 밀리터리 동물 비유 열전

도시 생활에 인이 배겨가는 우리다. 특별히 동물원을 찾지 않고서는 동물을 보기도 쉽지 않다. 그럼에도 '곰처럼 둔하다.'라거나 '소처럼 일한다.' 또는 '비호처럼 날쌔다.'라며 동물에 빗대어 사람을 표현하는 것은 여전하다. 밀리터리에 덧붙여지는 '동물 비유'들.

마리우스의 노새

로마의 마리우스 장군님은 무산 시민 출신의 자원자들을 받아 직업군인으로 이뤄진 군대를 만들어냈다. 무기와 봉급을 지급받는 지원병들은 높은 전투력을 발휘하여 당시 로마를 위협하던 킴브리족을 무찌르는데 큰 역할을 한다. 덤으로 당시 사회문제였던 실업문제까지 해결하여 마리우스는 한 번 하기도 어렵다는 집정관 자리를 무려 네 번이나 차지한다.

마리우스 장군 밑에 모여든 병사들은 스스로를 '마리우스의 노새'라 불렀다. 40kg 정도로 추정되는 군장을 지고 다녀야 하는 자신들의 운명을 탓한 것으로 볼 수 있지만, 당시 지원병으로 이뤄진 군대가 로마보다는 마리우스에게 더 강한 충성심을 가졌던 것으로 비춰 본다면 '노새'라는 비유에는 짐꾼 노릇을 하는 보병의 신세타령에 '주인에 대한 충성심'이 더해졌을 것이다.

베트남 정글에서 '마리우스의 노새'들과 비슷한 무게를 지고 다녀야 했던 미군 병사들이 스스로를 'Grunt'라 부른 것도 같은 맥락이다. 여러 뜻이 있지만 '돼지 같은 내 신세'정도로 의역할 수 있는 'Grunt'에도 피할 도리 없이 짐 지고 다니면서 까라면 까야 하는 보병들의 신세타령이 진하게 배어 있다.

육군 아저씨들이 민감하게 생각할 수도 있을 '땅개'라는 표현도 맥락은 비슷하다. '개'라는 말에는 '개 같은 내 신세'라는 신세타령이 있지만 동시에 '개처럼 충성하겠다.'라는 자세(?)도 함께 들어 있는 셈이다. 야생 늑대를 인간이 길들인 개가 가진 가장 큰 특징은 서열 체계를 통해 자기 위치를 확인하고 주인에게 충성한다는 점이기 때문이다.

야생의 늑대처럼 전투력은 가지고 있으나 명령에 따라서만 그 이빨을 드러내야 하는 개의 지위와 역할은 살상력을 보유하되 명령에 의해서만 실행하는 군인이라는 존재와 대략 닿아있다. 군인이라면 누구나 목에 걸고 다니는 인식표를 우리도 '개목걸이'라 부르고 양키들도 'Dog Tag' 이라 부르는 것을 보면 군장 무게 아래서 느끼는 이심전심일까?

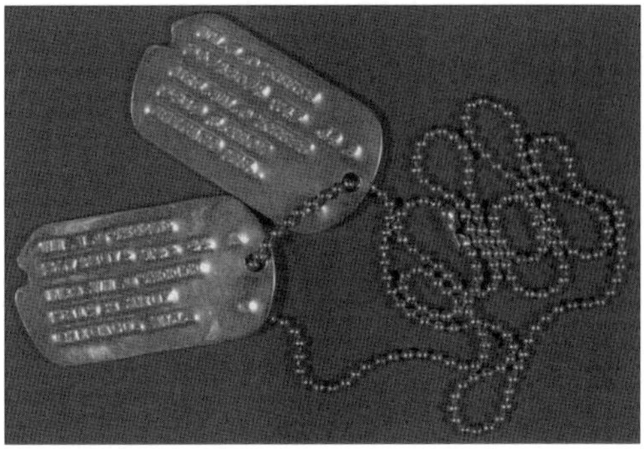

▶ 인식표라는 정식 이름이 있지만 많은 병사는 그냥 '개목걸이'라 부른다.

불도그와 진돗개

군인이라는 존재와 가장 어울리는 동물 비유가 '개'라지만 새나 고양잇과 동물들에 비한다면 개를 가지고 이름이나 별명을 붙이는 경우는 그리 많지 않다. 미군이 정찰을 주된 임무로 하는 M-8 장갑차에 그레이하운드(Greyhound)라는 사냥개 이름을 붙인 것이 그나마 눈에 띄는 경우다. M-41 전차에 붙어 있는 '워커 불도그'이라는 이름은 워커 장군의 별명이 '불도그'이었기에 따라붙은 것일 뿐 전차와 개를 연결한 것은 아니다.

개와 관련된 이름이나 별명이 전면에 나서지 않는 것은 그것이 군인의 본질에 너무 분명하게 닿아 있기 때문일 것이다. 원래 본질이 적나라하게 드러나는 것은 어딘가 불편하기 마련이어서 병사들 스스로 유

▶ 미국과 한국 해병대는 모두 개를 마스코트로 삼고 있다. 미 해병대의 불도그(왼쪽)가 근성을 강조한다면 한국 해병대의 진돗개(오른쪽)가 훨씬 더 똘똘해 보인다.

머를 섞어 씨익 웃으며 부르는 것이라면 모를까 공식적으로 붙여 주기에는 좀 무리가 있을 것이다.

개를 자기들의 상징으로 전면에 세우는 친구들이 있으니 바로 미 해병대다. 해병대가 어떤 친구들인가? 아무나 오는 데가 아니라며 빡세게 살아볼 친구들만 골라서 받겠다는 부대가 아닌가. 이런 미 해병대가 마스코트로 채택한 것이 바로 불도그(Bulldog)다. 불도그는 이름 그대로 황소와 싸우는 투견으로 키워졌고 한 번 물면 놓지 않고 절대 항복하지 않는 것으로 유명한데 미 해병대 역시 바로 이런 이유에서 불도그를 마스코트로 삼고 있다.

빡세기로 치자면 미 해병대 저리 가라 할 대한민국 해병대는 진돗개를 마스코트로 삼고 있다. 진돗개 역시 호랑이하고도 두려움 없이 맞서는 용맹성을 가지고 있지만, 미 해병대의 불도그가 일차원이라면 진돗개를 고른 대한민국 해병대는 다차원이다. 진돗개는 한 번 주인을 섬기면 평생을 간다는 충성의 상징이고, 영리하기로도 다른 견종 들을 뛰어넘는다. 따라서 대한민국 해병대가 진돗개를 통해 얻고자 하는 이미지는 용맹과 충성에다 지성까지 겸비하는 그런 군인이 아닐까?

군견 하면 누구나 떠올리는 셰퍼드는 원래 이름이 '저먼 셰퍼드'인 것처럼 어딘가 2차 대전의 독일군을 연상시킨다. 오늘날까지 현역에서 가장 활발하게 임무를 수행하는 것도 바로 이 저먼 셰퍼드로 과거에는 기지 경비 같은 임무에 주로 투입되었지만 9·11 테러와 장기화한 이라크 전쟁을 거치면서 대테러 임무와 폭발물 탐지 임무에 대한 요구가 높아졌다.

전쟁터의 군인이 애견을 데리고 있다면 어딘가 어색해 보이지만 패튼 장군의 애견 '윌리'를 보면 꼭 그렇지도 않다. '윌리'는 불테리어 특유의 불만에 찬 얼굴을 하고 있는데 그저 '앞으로 앞으로' 전차를 말달리자 하던 패튼 장군의 이미지와 너무도 잘 맞아떨어진다. 공군 파일럿들이 활주로 부근에 앉아 애견들과 한가로운 오후를 보내는 장면도 곧 다가올 출격과 죽음의 공포에 맞서는 그들 나름의 방법이었을 것이다.

야~옹과 어흥!

개와 반대에 서 있는 동물이라면 누구라도 고양이를 떠올린다. 개가 자신과 인간을 아울러 하나의 무리로 생각하고 그 속에서 인간 밑에 자신을 위치시켜 행동한다면 고양이가 생각하는 인간이란 옆에 사는 다른 고양이라고 한다. 그래서 개의 충성을 좋아하는 사람과 고양이의 독립성을 좋아하는 사람은 병과가 아예 달라서 쉽게 친해지지는 못한다.

고양이는 개처럼 집단에 충성하는 기질이 떨어지기 때문에 군사적인 상징으로 어울리지 않을 것 같지만, 독립적으로 활동하는 성격 자체는 뭔가 택티컬한 기운이 있다. 그래서 일반 보병 부대로 가면 개를 선호하고 특수부대로 가면 고양이를 선호하는 경우가 많다고 한다든가?

개는 너무 밀리터리해서 그 이름이 잘 쓰이지 않았다면 고양이는 바로 밀리터리하게 다가오지 않아서 그 이름이 잘 쓰이지 않는다. 유일한 예외가 있다면 만드는 전투기마다 고양이 이름을 줄기차게 붙여온 '그루먼'이 있다. F-4F '와일드 캣', F-6F '헬 캣', F-7F '타이거 캣', F-8F '베어 캣'을 지나 F-14 '톰 캣'까지 사장이 고양이 매니아인가 싶을 정도로 고양이 이름 외길인생이다.

고양이 하면 좀 약해 보여도 고양잇과 동물로 시야를 넓혀 보면 얘기가 달라진다. 호랑이, 사자, 표범, 치타 등 한가락하는 맹수들이 바로 고양잇과 동물이다. 사자라면 중세 유럽시절부터 군대 문장에 빠지지 않고 등장하는 존재로 네이비씰만 해도 '양이 지휘하는 사자떼보다, 사자가 지휘하는 양떼가 강하다.'를 외치고 다닌다. 호랑이 역시 동양에서는 군대를 상징하는 역할을 자주 맡았고 베트남 전쟁을 거치면서는 그 무늬를 서양 군복에 남겨 21세기 이라크에서도 사막 색 '타이거 스트라이프'를 볼 수 있다.

고양잇과 동물 이름이 강한 흔적을 남긴 것은 2차 대전 독일군 전차

▶ F-14 전투기는 'Tomcat'이란 별명으로 유명하다. 폭격 임무로 전환된 뒤로는 'Bombcat'이란 별명을 얻었다.

다. 처음에는 1호 전차, 2호 전차하며 소박하게 붙이다가 호랑이 기운이 솟아나는 '티이거 전차'가 등장했고 호랑이를 보좌하는 표범 '판터' 시리즈가 가세했는데 티이거와 판터가 연합군에 준 충격파 역시 난데없이 맹수가 튀어나와 어흥! 하던 느낌이었을 것이다. '쾨니스 티이거'로 정점에 올랐던 독일군이 코끼리(엘리펀트)나 쥐(마우스)를 이름으로 붙이면서 기가 약해졌다고 하면 일종의 밀리터리 성명학이라 할까나?

여우를 괴롭힌 쥐들?

고양이와 개 사이에서 많이 헛갈리는 것이 바로 여우다. 여우는 갯과 동물이지만 늑대가 갯과 동물이니 여우는 고양잇과 동물일 거로 생각하는 경우가 많다. 동양인들에게 여우는 요물 이미지가 강하지만 서양인들에게 여우는 이솝우화에서 받았던 캐릭터처럼 지혜를 상징하는 경우가 많다. 흔히 여우 같다 하면 얄미운 여성을 뜻하는 것 같지만, 서양에서 특히 군인에게 여우 같다면 지략에 강한 인물일 것이다.

뜻하지 않게 뛰어든 아프리카 전선에서 부족한 장비와 병력을 가지고 연합군을 괴롭혔던 롬멜 장군에게 붙은 사막의 여우라는 별명 역시 분명한 칭찬이다. 사막 여우는 보통 여우보다 훨씬 작은 몸집을 가지고 있는데 사막이라는 가혹한 환경에서 수분 손실을 최소화시키기 위해서 진화한 결과다. 사막 여우는 별다른 포식자가 없는 사막에서 낮에는 굴에서 에너지를 비축하고 밤에는 다른 조류, 설치류, 포유류에 곤충까지 가리지 않고 사냥하며 지내니 지략으로 신출귀몰했던 롬멜에겐 딱 어울리는 칭찬이다.

사막의 여우 롬멜을 괴롭힌 친구들이 몽고메리가 이끄는 영국군 제8군 일명 '사막의 들쥐'들이다. 원래 사막 여우는 사막 들쥐를 잡아먹는 게 정석이지만 이 쥐라는 동물이 가진 장점 중의 하나가 없앴다 싶으면 또 생겨나고 무찔렀다 싶으면 또 모여 있는 한마디로 근성동물이다. 신출귀몰 롬멜을 다스린 몽고메리의 작전이라는 것이 모범생 공부하듯 교과서 중심으로 공부하고 기본에 충실하고 그냥 꾸준히 하는 것이었으니 이런 스타일이야말로 사막 들쥐를 번식시키는데 딱 맞았을 것이다.

어려서 1/35 스케일로 나온 영국 제8군 보병 프라모델을 만들면서 멋진 군인들 그림 위에 빨간색으로 쓰여 있던 '일명 사막의 들쥐'에 고개를 갸우뚱했었다. 아니 이 멋진 군인들이 왜 들쥐들일까? 아무리 생각해도 들쥐라는 이미지는 강한 군인 이미지하고는 연결되는 것이 없었다. 뭔가 단체로 우르르 몰려가는 이미지를 떠올려 보기도 하고, 쥐처럼 잡기 어려운 존재인가 스스로를 이해시키려 해 보았지만 쉽지 않았다. 좀 더 커서 아프리카 전선의 혈투, 적은 둘째 치고 가혹한 사막과 먼저 싸워 살아남아야 했던 사정을 알게 되면서 '사막의 들쥐'가 제법 그럴듯한 칭찬이라는 것을 알게 되었지만 말이다.

대체로 쥐 역시 군사적인 느낌으로는 잘 쓰이지 않지만, 쥐가 가진

▶ '사막의 여우' 롬멜을 물리친 몽고메리의 영국 제8군은 '사막의 들쥐'라는 별명으로 통한다.

이미지와 그 임무가 잘 맞아떨어진 명작으로 '터널 랫츠(Tunnel Rats)'가 있다. 베트콩이 파 놓은 땅굴은 말이 땅굴이지 작은 마을을 만들어 놓은 셈인데 체구가 작고 다부진 병사들을 중심으로 터널 수색을 전담하는 부대가 바로 터널 랫츠였다.

터널 랫츠의 작전은 각종 부비트랩이 있는 좁고 어두운 공간에서 이뤄졌기 때문에 그 심리적 부담이 매우 컸다. 공간이 좁아 한 손엔 권총, 다른 한 손엔 손전등을 드는 무장 수준인데다가 몇 미터 거리를 두고 적이 불쑥 튀어나오는 예측 불가능한 경우가 많아서 처음부터 특수부대를 지향한 것은 아니지만, 실전을 거치면서 독특한 특수부대로 발전해 나갔다. 프레드릭 포사이스는 소설 〈어벤저〉에서 작은 체구지만 강인한 체력과 정신력을 가진 터널랫츠 출신 주인공을 등장시켜 눈길을 끌었다.

Chapter 5

애타게 물광을 찾아서

51 애타게 물광을 찾아서

신발장을 정리했다. 민방위 대원이 된 지도 이미 오래라 먼지를 뽀얗게 뒤집어쓰고 있던 워커가 일 순위로 지목되었다. 그래 뭐 다시 신을 일이 있을까 싶어 들고 나서는데 왠지 마음 한구석이 짠하다. 이 녀석 각 잡고 길들이고 뭣보다 광내느라 보낸 세월이 스쳐 지나간다.

용서받지 못한 '물광'?

군사문화를 비판적으로 살펴본 영화 〈용서받지 못한 자〉(2005)에는 '물광' 장면이 등장한다. 고참이 물광을 가르쳐 주면서 "물과 기름은 상극이니까 서로 반발하면서 광이 난다."라고 하자 고참과 동창이기도 한 신참은 '그래도 이상하다.'라며 고개를 갸웃거린다.

윤종관 감독은 이 장면을 두고 "전혀 말이 되지 않지만 열심히 설명하는 것이 우습지만 인상적이고 이렇게 자기도 모르면서 그대로 말하

▶ 물광의 원리는 부대마다 다르고 사람마다 다르다. 어찌 되었건 설명해주려고 하는 점이 그나마 군대가 가진 장점일지도 모르겠다. 영화 〈용서받지 못한 자〉에서.

는 것이 군대의 특징이다."라고 했다. 영화를 본 관객들도 폭력을 행사하거나 자살하는 장면보다 이 물광 장면을 군대를 설명하는 인상 깊은 장면으로 꼽는다.

필자도 이 영화를 보면서 물광 장면을 인상 깊게 봤다. 그러게 지금 생각해 보니 물과 기름이 서로 엇나가서 광이 난다는 건 뭔가 아닌 듯 싶다. 하지만 '물광 하나만 봐도 군대 X같다' 하고 넘어가기엔 심각한 문제가 있다. 실제로 물광을 내면 광이 나는 걸? 육해공군에 해병대에 심지어 경찰과 경비교도대에 이르기까지 군화를 닦아야 하는 수많은 병사는 하나같이 체험했다. 원리는 모르겠다만 어쨌든 물광을 내면 광이 난단 말이다!

해서 바로 조사 들어갔다. 탁상공론보다는 선수에게 묻자. 가까운 구두 닦는 곳에 들렀다. 오랜만에 구두를 맡기고 시원한 슬리퍼를 신고 신문을 펼쳐들고 물었다. 왜 물광을 하면 광이 나나요? 30년 동안 구두를 닦아 오셨다는 달인께서는 한동안 생각에 잠기시더니 답했다. "글쎄요…" 그냥 배운 대로 닦아 왔을 뿐 특별히 원리까지는 잘 모르시겠단다. 그런데 그 순간에도 물광을 내고 계셨다. 신기하게도 물광이 들어가는 순간 눈에 띄게 광이 살아나는 것이 아닌가.

▶ 나라마다 시대마다 사정은 다르겠지만, 보병 일과 중에 군화 광내는 것이 들어가 있는 것은 다들 비슷하다. 영화 〈풀 메탈 자켓〉에서.

물광 원리를 찾아서

부대마다 물광 방법은 다르고 구전되는 원리 역시 다르다. 영화에 등장한 물과 기름 상극설이 아닌 다른 원리를 수집해 보았다. 그중 대표적인 것 두 가지를 추려보니 구두약이 굳으니까 물로 부드럽게 해주는 거라는 좀 썰렁하긴 해도 그럴듯한 설명이 있었다. 물광과 함께 양대 산맥을 이루는 불광 역시 그런 점에서 보면 구두약을 녹이기 위한 행위일 수 있다. 결국, 물광과 불광은 구두약을 부드럽게 해서 약발을 살리기 위한 행동이라는 가설이다.

구두약도 구두약이지만 가죽 자체에 수분을 공급하려는 것이라는 이야기도 있었다. 비록 본체에서 떨어져 가죽으로 만들어졌지만, 수분과 온도에 따라 죽기도 하고 살기도 하는 가죽인 만큼 알맞은 수분을 공급해주면 광이 더 살아나기 마련이라는 가설이다. 어쩌면 두 가지 가

설을 합쳐야 할지도 모르겠다. 물을 묻혀 광을 내면 구두약을 녹이는 동시에 가죽에 수분을 공급하니 어찌 광이 나지 않을 소냐 하는 절충설에 이른다.

필자의 엄친께서는 가방 장사를 오래 하셨다. 기억을 더듬어 보니 아버지께서는 가죽 가방에 뭔가를 발라 광을 내셨다. 아시다시피 가방과 군화는 모두 소가죽이다. 아버지께 여쭤 보았다. 도대체 그때 뭘 바르신 겁니까? '콜드크림'을 바르셨단다. 콜드크림? 화장품 회사에서 일하는 친구 여동생에게 물었다. 쉽게 말해 닦아낼 때 쓰는 크림이란다. 가죽에 쓰면 먼지를 닦으면서 광도 낼 수 있단다. 그런데 놀라운 사실은 이 콜드크림이라는 것이 쉽게 말해 동물성 기름과 물을 합쳐 버무려 놓은 것이라는 얘기였다! 콜드크림 역시 물광이었단 말인가?

물광은 융이다?

본 연구(?)를 위해 기꺼이 증언해 준 수많은 예비역 아저씨들이 계셨지만, 그중에서도 물광에 대해선 전문가라 할 어느 풍채 좋은 아저씨 증언에 주목하자. 이 양반은 군화 광을 목숨보다 중요하게 여기는 헌병 출신에다가 육해공군에 해병대를 한 자리에서 접했던 경험이 있었다. 게다가 섬세한 성격을 가진 이 아저씨는 물광에서 중요한 건 오히려 '융'이 아닌가 하는 의견을 냈다.

융이라 하면 군화 닦을 때는 쓰는 천으로 원칙적으론 융이 있는 행주나 걸레를 뜻하지만, 그냥 메리야스를 잘라 쓰는 부대에서도 대략 융으로 통한다. 물광에 융이 중요하다는 증언에 주목하는 것은 가죽 제품 전용 로션을 생산하는 공장에 문의했을 때 들었던 이야기 중에 가죽을 콜드크림이나 전용 로션으로 닦을 때는 융 걸레로 닦아야 광이 나고 융이 아닌 것으로 닦으면 오히려 광이 죽는다는 내용이 있었기 때문이다.

우리 헌병 아저씨 부대에서는 군화를 닦고 나면 보통 신참이 융을 걷어 구두약 묻은 것을 빨아내고 대충 짜서 융통에 넣어 둔다고 한다. 다음날 군화를 닦을 때 이 융을 꺼내 군화를 닦으면 따로 물을 바르지 않아도 물광이 잘 먹는데 짬이 찰수록 융을 딱 만지면 습기가 적당한지 바로 알 수 있다고 한다.

실제로 여러 예비역 증언을 보면 물광을 하는 요령에서 융

▶ 낙하산 강하를 앞두고 군화 먼지를 털고 있는 옛 소련 공수부대원.

이 차지하는 비중이 컸다. 손가락에 융을 감는 파지법이나 구두약을 바를 때와 닦아 나갈 때 회전 방향을 반대로 한다거나 동전 크기 정도로 원을 그린다거나 하는 나름의 스냅들이 있었는데 결국 물광의 비밀은 융으로 모이는 것일까?

물광은 내야 맛인가?

물광이 실제로 효과가 있다곤 해도 물광을 낼 필요가 있을까? 가죽으로 된 군화를 유지 보수하는데 물광을 해 주는 것이 도움되는 것은 사실이다. 하지만, 군인이 신는 군화는 발을 보호하는 목적이기 때문에 물광을 덜 낸다 해서 보호기능이 떨어지는 것은 아니다. 부대에 따라 차이는 있지만, 군화를 지급받으면 다리미로 각을 잡아 놓은 풍습을 참고해 본다면 물광은 각을 중요하게 여기는 우리 군대의 특성을 반영하는 것으로 여겨진다.

평상시에 잡던 수많은 각이나 군기도 실전에서는 자연스럽게 정리가 돼서 뺄 것들은 알아서 없어지기 마련이다. 파월 한국군은 출발할 때는 복장 군기가 칼이지만 월남 가서는 다들 편하게 입는 것을 볼 수 있고 이라크 자이툰 부대 패션을 봐도 실전에선 확실히 실용이다.

그렇지만, 파월 한국군에게 미군 식으로 밖으로 꺼내 입는 군복을 지급했다가 껄렁해 보인다고 바로 없애 버린 것처럼 실전과 실용에서도 나라마다 추구하는 바에 따라 강조하는 것이나 꺼리는 것은 존재하기 마련이다.

확실히 우리 군은 예나 지금이나 각 잡는 것을 좋아한다. 각은 상명하복과 일사불란이 생명인 군에 긍정적인 역할을 하기도 하지만 불필요한 절차에 매여 공력을 낭비하게 되고 나쁜 뜻에서 권위적인 문제를 일으키는 측면도 있다.

물론 군대는 조직적으로 무력을 행사하는 집단이고 무엇보다 목숨 내 놓고 하는 일이라 설렁설렁 넘어가서는 안 되는 곳이고 무조건 권위를 해체하고 인권을 강조한다고 될 문제는 아니며 조선시대 표현대로 군대는 영이 서야 한다.

다만, 각에 담긴 정신은 살리고 형식은 개선해 나가야 하지 않을까. 지문이 닳도록 물광 내는 것도 좋지만 사실 액체 구두약이나 전용 로션을 사용하면 더욱 이른 시간에 마칠 수도 있는 것처럼 국방부에서 조금만 신경 써 주면 좋겠습니다만….

카페오레지 말입니다

영화 〈용서받지 못한 자〉에서 물광을 가르치면서 이론을 설명하는 장면으로 돌아가 보자. 이 장면은 '까라면 까는' 군대를 웃어주는 설정이지만 사실 이 안에는 그와 반대되는 정보가 들어 있다. 그냥 물광을 내라고 하면 될 것을 왜 원리를 설명하는가 말이다.

이상하게도 군대는 말이 안 되는 이야기라도 일단 이유를 알려주고 시키려는 좋은 습관(?)이 있다. 잘 알려진 군대 거짓말 중의 하나인 'K2 소총은 강선이 더 많아 파괴력이 크다.'라는 말조차도 그 말 자체는 말이 되지 않지만 일단 설명하려고 드는 군대를 보여준다. 사회생활 하다 보면 설명도 듣지 못하고 그냥 해야만 되는 일이 얼마나 많은지.

영화 〈용서받지 못한 자〉를 두고 평론가들은 '대한민국 군대를 제대로 다룬 최초의 영화'라고 호들갑을 떨었지만, 필자는 대략 동의할 수 없다. 제대로 다룬다는 것은 현상을 묘사하는 것을 넘어 본질을 탐구해야 하는데 이 영화엔 냉정도 없고 애정도 없다(라고 잘라 말했다간 후환이 두렵긴 하다…).

영화에서 동창생인 고참에게 군대에서 음악 들을 수 있느냐고 물었던 신참 병사는 휴가 나와선 늘 이어폰을 끼고 있다. 좋아하는 음악 맘대로 듣지 못하는 군대, 분명히 답답하고 아이팟으로 음악 듣는 미군들과 비교하면 속 쓰리다. 하지만, 그런 현실에 무너지기보다 "자판기 커피에 우유 섞으면 카페오레지 말입니다."하며 사회에선 돈 만 원 우습게 마시던 별다방 커피, 몇백 원으로 따라잡는 청춘들을 비웃지는 말아야 예술 아니겠나.

52 모히칸 헤드

머리 가운데를 남기고 좌우를 시원하게 밀어버리는 스타일을 모히칸 또는 모호크 헤어라고 한다. 데이비드 베컴이 유행시켰다고도 하는 이 머리를 보면서 밀리터리 매니아라면 노르망디 상륙작전을 앞둔 101 공수를 떠올리게 마련이다. 과연 베컴 머리는 101 공수와 닮아 있을까?

모히칸 헤드

영국에선 모히칸(Mohican), 미국에서 모호크(Mohawk)로 불리는 인디언 부족은 우리에겐 영화 〈라스트 모히칸〉으로 기억되고 있다. 프랑스와 영국이 북미대륙의 패권을 다퉜던 '프랑스-인디언 전쟁'은 영화에서 그려진 것처럼 유럽식 정규군과 식민지의 민병대 그리고 인디언 부족이 혼재된 전장이었다.

실재 역사에서 모히칸 족이 어떤 이유로 강한 인상을 남기게 되었는

▶ 여러 스타가 즐겨 하는 모히칸 머리. 사실 일반인이 소화하기엔 상당히 부담스러운 패션이고, 스타라 해도 좀 튀는 사람들이 즐겨 한다.

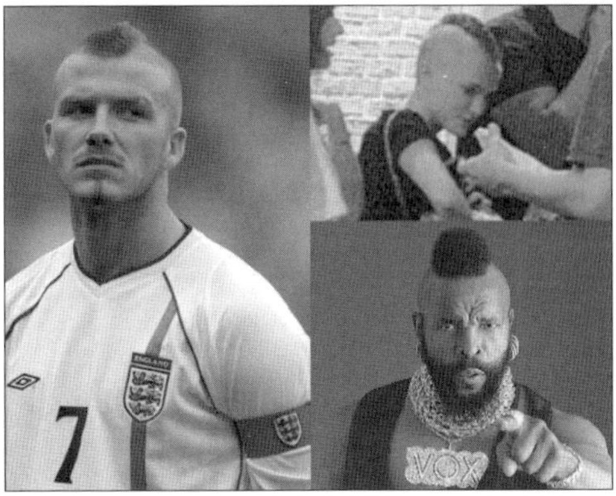

지는 확인하기 어렵다. 아마도 영화의 원작이기도 한 소설 〈모히칸 족의 최후〉 덕분에 특별히 더 강한 이미지로 남았다고 추측할 수 있겠지만 단지 헤어스타일로만 본다면 다른 인디언 부족보다 가운데를 남기고 좌우를 삭발하는 모히칸 스타일은 확실히 강한 인상을 준다.

〈트렌드를 읽는 기술〉이라는 책에는 모히칸 스타일이 프랑스 디자이너에서 영국 헤어숍으로 옮겨 유행을 탔고 2002년 베컴이 모히칸 헤드를 한 것이 결정적 계기였다고 적고 있지만, 대한민국에까지 그림자를 드리운 이른바 '반삭 머리'까지의 유행으로 좁혀야 맞는 얘기고 조금만 눈을 돌리면 그 이전에도 모히칸 스타일을 찾는 것은 어렵지 않다.

추억의 미드 〈A 특공대〉에서 근육질로 등장했던 미스터 T는 누가 봐도 모히칸 헤드였다. 미스터 T는 지금까지도 모히칸 헤드를 고집하는데 최근에는 월드 오브 워크래프트에 등장하는 나이트 엘프가 모히칸 헤드인 것을 연결한 내용으로 TV 광고에 출연하기도 했다.

모히칸 헤드의 가장 확실한 추종자들은 1970년대를 주름잡았던 영국의 펑크족들이다. 사회에 대한 반항심으로 가득 찼던 집단이라고 적는다면 너무 단순화시키는 감도 있지만 어쨌거나 삐딱선(?)을 타기로 작정한 이들 펑크족은 모히칸 헤드를 기본 스타일로 받아들였고 단지 가운데만 남기고 좌우를 미는 것에 그치지 않고 남은 가운데를 심하게 과장하는 것으로 반항의 닭 벼슬(?)을 세웠다.

물론 펑크족 이전에도 모히칸 헤드는 존재했다. 서구의 영향을 신나게 받아들이던 1960년대 일본은 시노하라 유시오라는 전위예술가가 예술적 충격을 주고자 모히칸 헤드를 하고 다녔다는 기록이 있는 것으로 미루어 보면 적어도 1960년대만 해도 모히칸 헤드는 이미 존재했던 스타일이면서 대중적이라기보다는 뭔가 소수파나 전위파를 위한 확실히 튀는 스타일이었다는 얘기다.

이미 대가 끊긴 인디언 부족의 헤어스타일이 21세기까지 이어져 스타일 좀 추구한다는 친구들의 센스로 자리 잡은 것을 거슬러 가보면 1970년대 펑크족이 나오고, 다시 1950~60년대에 '좀 튀려면 이 머리' 하는 느낌으로 전해진 것이 나오는데 과연 영국과 미국에 모히칸 헤드를 튀는 머리로 각인시켜준 이들은 누구였을까? 패션만 아는 사람에겐 어려운 문제겠지만 밀리터리 매니아라면 낡은 사진 한 장을 떠올리기 마련이다.

101 헤드

노르망디 상륙작전을 앞둔 미군 공수부대 병사들이 모히칸 헤드를 하고 서로의 얼굴에 인디언식 위장무늬를 그려주는 유명한 사진이 있다. 그 이전에는 모히칸 헤드가 어떻게 맥이 이어졌는지는 모르겠지만, 모히칸 헤드가 확 눈에 들어오게 된 계기가 바로 이 사진이며, 모히칸 헤드가 적어도 미국과 유럽에 깊은 인상을 심어준 계기 역시 이 사진이라 생각된다.

그렇다면 101 공수는 왜 모히칸 헤드를 했을까? 논픽션 〈밴드 오브 브라더스〉에는 1944년 6월 5일의 어느 풍경을 전하면서 '누군가 흑색과 녹색의 페인트통을 발견했고 병사들은 리틀 빅혼의 수우 족을 흉내 내어 얼굴에 페인트를 찍어 바르기 시작했다.'라고 적고 있다. 수우족? 모히칸 족이 아니고?

논픽션 〈밴드 오브 브라더스〉는 실제 참전 용사들의 증언을 디데이 박물관장을 역임한 스티븐 앰브로스가 정리한 것이니 일단 사료로 인정하고 본다면 인디언 스타일로 얼굴을 위장한 것은 계획된 것이 아니라 즉흥적인 발상이었다는 얘기다.

미니시리즈로 만들어진 〈밴드 오브 브라더스〉에도 잘 묘사되었듯이 무거운 낙하 장비를 매고 집합해서 대기하다가 날씨가 좋지 않아 연기, 또 어찌 되어서 작전이 연기되던 분위기 아래에서 병사들은 극도의 스트레스에 시달리고 있었다. 아예 검은색으로 위장한다면 모를까

흰색과 녹색까지 섞는 인디언 식 위장무늬는 실제 위장 효과보다는 인디언의 용맹을 빌려 보겠다는 일종의 객기에 가깝다.

인디언 식으로 밀어버린 머리 스타일이 전투력에 도움이 된다거나 생존율을 높인다는 증거는 없다. 상식적으로 그건 어디까지나 기분의 문제일 것이다. 하지만, 다른 병과보다 죽음의 문턱이 성큼 더 가까이 있는 공수부대원들에겐 인디언 식으로 머리를 밀어 버리는 객기가 일단 기다리는 시간 동안 기운을 살려주고 내친김에 적지에서도 뭔가 더 용기를 내게 해 준다면 말릴 일도 아닐 것이다.

왜 하필 인디언 스타일이었을까? 논픽션에서 언급한 리틀 빅혼 전투는 미군이 인디언에게 궤멸적인 패배를 당한 전투였고 자신들에게 강한 충격을 준 적군을 오히려 신비화시키고 아예 자기 문화로 흡수하려 드는 것은 여러 군사문화에서 자주 나타나는 경향이다.

▶ 이제는 베컴 머리로 더 유명해진 모히칸 머리의 원조. 노르망디 상륙 작전을 앞둔 미군 101 공수부대원.

때마침 공수부대 훈련소 앞산 이름도 인디언 지명을 따서 붙인 '커래히'였고 공수부대원들이 비행기에서 뛰어내릴 때 외치던 구호 중에서도 전설적인 인디언 추장 이름인 '제로니모'가 있었다는 것도 인디언 스타일에 대한 설명이 될 수 있다.

논픽션에서는 인디언 스타일로 위장무늬를 칠한 다음 18명씩 무리를 지어 비행기를 타려고 격납고 쪽으로 이동하던 공수부대원들을 '노래를 부르지도 않았고 활기찬 모습은 아니었다.'라고 적고 있고 참전 군인의 증언을 빌어 아예 '죽음의 행진 같았다.'라고 적고 있다.

엘리트로 뽑혀 훈련받은 그들이지만 1944년 6월의 그날에는 누구도 앞날을 가늠하기 어려운 시간이었다. 대규모 공수작전 자체도 처음이요 위험한 노릇이었지만 강력한 방어망을 구축한 독일군 머리 위로 떨어져야 한다는 점에서도 가만히 앉아 있기보다는 뭔가를 하면서 마음을 다져야 했을 것이다.

그래서 그들 중 누구는 모히칸 헤드를 했고, 그들을 지켜보던 누군가는 사진을 찍었는데, 이 사진이 수십 년을 돌고 돌아 결전을 눈앞에 둔 병사들과는 전혀 다른 공간, 전혀 다른 느낌으로 유행 아이템이 될 것을 누가 알았을까?

반항 헤드

군인을 특정 짓는 요소 중에서 군복과 총 그리고 헤어스타일을 꼽을 수 있다. 특히 현대에서 군대에 간다는 것은 일단 머리를 깎는 것으로 상징되는 것처럼 같은 스타일로 짧게 자른 머리는 군인이라면 피해갈 수 없는 길목이다.

우리 경험에 비추어도 짬이 좀 차면 헤어스타일에 조금이나마 여유가 생긴다거나 해병대 하면 특유의 상륙돌격머리로 기억된다거나 하는 식으로 군대에서 헤어스타일은 다 같은 제식 같지만, 그 행간에 뭔가가 있다.

아무리 사지로 뛰어드는 처지라지만 멀쩡한 녀석들이 인디언 머리를 밀고 인디언 무늬를 얼굴에 찍어 바르는 것은 군기라는 관점에서 본다면 허용할 수 있는 한계를 벗어나는 것일 수도 있다. 그럼에도, 1944년에 모히칸 헤드가 허용된 이유는 무엇이었을까?

일단 1944년 노르망디 상륙작전은 미군에겐 대단히 심각하고 위험한 작전이었고 특히 공수부대는 그중에서 가장 많은 위험을 감수해야 했기 때문에 작전을 코앞에 둔 그 시점에서 머리 좀 민다고 뭐라 할 분위기는 아니었을 것이다. 게다가 용맹하기로 소문만 인디언 스타일이라면 오히려 사기 진작 차원에서 두고 볼 여지도 많았다.

좀 과격하긴 하지만 모히칸 헤드가 미군의 기본 커트와 비슷하다는 것도 하나의 이유가 될 것이다. 영화 〈블랙호크다운〉에 등장하는 레인저들의 머리처럼 좌우를 치고 가운데를 남기는 머리가 미군들이 기본적으로 커트를 치는 방식이었고 모히칸 헤드도 기본 원리는 비슷하여서 일단 두고 볼 여지가 생긴다. 실제 당시의 병사들도 있는 머리에서 좌우를 삭발하는 것으로 모히칸 스타일을 만들었을 것이다.

전체 병사 중에서 모히칸 스타일을 한 병사는 그리 많지 않았다고 한다. 그럼에도, 모히칸 스타일의 병사 사진이 눈에 띄는 것은 무수한 일반형 병사들보다 소수라도 모히칸 스타일의 병사가 어딘가 눈에 띄고, 또 어딘가 미국적이고, 또 어딘가 특수해 보였기 때문이었을 것이다. 아이젠하워가 공수부대원을 방문한 사진에서도 모히칸 헤드를 한 병사가 있는 것을 보면 적어도 디데이까지는 모히칸 헤드에 대해 뭐라 하는 분위기는 아닌 셈이다.

강하 직후 미 공수부대원을 묘사한 드래곤의 프라모델 박스아트를 보면 네 명 중에 한 명이 모히칸 헤드를 하고 있지만, 실제 기록 사진들을 보면 디데이까지 등장하던 모히칸 헤드의 병사들이 디데이 이후에는 눈에 띄지 않는 것을 보게 된다. 노르망디 상륙작전의 성공 이후에는 승기를 잡았다는 분위기로 전환되고 공수부대의 작전도 더욱 일상화되기 때문에 결전을 앞두고 허용되었던 반항 헤드는 다시 복장 군기의 도도한 흐름 속에 흡수되었을 것이다.

모히칸 헤드와 군사문화의 조합을 강렬하게 선보인 것으로 영화 〈택시 드라이버〉(1976)를 빼놓을 수 없다. 청년 로버트 드니로가 연기한 주인공은 사회에 대한 불만을 폭발시키려는 장면에서 모히칸 헤드

▶ 영화 〈택시 드라이버〉를 통해 모히칸 헤드는 기성 문화에 대항하는 이미지를 얻었다.

로 밀어 버리고 군복을 입는 것으로 자신을 표현한다. 베트남 전쟁으로 말미암은 좌절감을 뉴욕을 배경으로 표현했다고 평가받는 〈택시 드라이버〉에서 모히칸 헤드와 군복의 조합은 미국 사회를 꿰뚫는 강한 이미지로 기억된다.

최근 이라크에 주둔하는 어느 미군 병사가 반항까지는 아니었고 대략 허용받을 수 있는 분위기 안에서였지만 모히칸 헤드를 하는 사진을 본 적이 있다. 이라크 전쟁이 미군은 물론 미국 사회 전반에 얼마나 강한 영향을 끼치고 있는가는 굳이 설명하는 것 자체가 불필요하겠지만, 어느 앳된 병사의 모히칸 헤드에서 미국의 영혼을 잠식하는 이라크 전쟁의 그림자를 느꼈다면 조금은 감상적인 얘기가 될는지….

53 기마부대는 달리고 싶다?

현대전에 기마부대를 떠올리면 대뜸 '시대착오'라는 말이 따라붙을 것이다. 자동화기가 지배하는 현대 전장에서 말 달리며 들이닥쳐 적진을 돌파하는 기마부대의 시대는 확실히 저문 것인지도 모른다. 하지만, 21세기 세계 곳곳에서 기마부대는 현역으로 달리고 있다던가?

기마부대를 보셨나요?

냉 병기가 전장을 지배하던 시절, 전쟁터에는 두 가지 계급이 있었다. 바로 말 타는 자들과 그렇지 못한 자로 말 타는 자들은 귀족이거나 상급자들로 전장을 주도했다. 그렇지 못한 자들, 징집된 아랫것들로 구성된 보병들은 '아무개 외 몇 명'으로 줄지어 있다가 말 탄 자들이 들이닥치면 그 충격을 고스란히 받아내야 했다.

1425년 아쟁쿠르 전투에서 장궁이 기사를 저지시키면서 아랫것들에게도 숨통이 트였다. 스위스 용병들도 장창 밀집대열과 미늘창의 결합으로 기사와 맞섰고 드디어 보병들 손에 총이 들려지면서 말 탄 자들은 화기의 시대를 맞아 퇴장을 재촉당했고 기관총과 철조망이 앞장서 마침표를 찍었다.

세상은 돌고 돈다고, 기병대는 사라졌지만 강력한 충격으로 보병 대오를 무너뜨린다는 그들의 역할은 탱크에 넘겨졌다. 기병대를 끝장내버린 기관총과 철조망의 전쟁인 1차 세계대전에서 기병대의 현대적 환생인 탱크가 데뷔전을 치른 것은 도전과 응전이라는 역사의 기본기를 너무도 정직하게 드러낸다.

이미 전장에서 주도권을 잃어버린 기병대라는 낡은 패러다임은 그럼에도 한동안 전쟁터를 배회했다. 기갑부대를 앞세워 전격전을 자랑했던 2차 대전의 독일군도 전선 곳곳에서 기마부대를 운용했고, 날 때부터 기병대인 코사크 족은 소련군과 독일군 양쪽 모두에 기용되었다. 좁은 전장에서 높은 밀도로 기갑과 보병이 격돌했던 6·25 동란 때도 전쟁 초반 한국군 기병대가 전투를 벌일 정도로 기병대의 그림자는 끈질기게 드리워졌다.

▶ 한국전쟁 당시 국군 기마부대는 낙동강 전선에 이르기까지 전투 기록을 남기고 있다. 정규전에서 기마부대가 활약한 마지막 사례가 아닐까 싶다.

말 타면 자세 나오거든요

민간에서도 과거 말이 하던 역할은 이미 자동차가 대체해 버렸고 이제 말의 쓰임이란 승마나 경마 같은 특정한 영역으로 좁혀졌다. 이런 시대라면 당연히 기병대는 역사의 유물로 사라져야 마땅하지만, 여전히 여러 나라 군대에는 기병대가 존재한다.

영국군처럼 말을 타는 기병대를 유지하는 나라들에선 의장대 임무로 존재하는 경우가 많다. 원래 군이라는 존재가 보수적이고 전통을 중시하고 한 번 굳어진 형식이 잘 바뀌지 않는 곳이라 같은 값이면 말 타는 의장대가 좀 더 있어 보인다. 특히 왕실이 남아 있는 나라들일수록 말 타는 부대에 대한 애착이 강하다.

미군처럼 말은 없지만, 기병대가 남아 있으면 타긴 타는데 기계 말을 탄다. 이들이 갈아탄 기계 말은 장갑차인 경우도 있고 헬리콥터인 경

▶ 기병대가 장갑차와 헬기로 갈아탄 현대전에서 말은 전투보다는 의전행사에 더 적합한 존재가 되었다.

우도 있다. 중세 전장에서 기병대는 충격력으로 승부를 겨뤘지만 이런 시대를 거치지 않은 미국은 인디언들과 싸우던 기병대에서 자기 전통을 찾는 것인지 발 빠르게 이동하는 부대로 기병대를 이해하고 있다.

한국군에는 기병대가 있을까? 현재 한국군 역시 빠른 속도로 기계화되고 있고 헬리본 작전을 전담하는 항작사도 있고 미군 경보병에 해당할 특공여단도 있으니 미군처럼 기병대 이름을 갖고 있지는 않지만 그런 느낌의 부대들은 더러 있다. 진짜 말을 타면서 의장대 역할을 하는 부대는 육사 기마대와 경찰청 기마대를 꼽을 수 있는데, 심각한 임무보다는 대민홍보 차원의 출동이 잦은 편이다.

탱크도 못 가고 헬기도 없다면

몽골 하면 한때 '말 달리자'로 세계를 휩쓸었던 민족이며 지금도 유목생활을 하는 국민이 많은 나라다. 그런데 이 몽골에 요즘 오토바이 열풍이 불어 닥쳤다고 한다. 돈 좀 벌면 다들 일제나 중국제 오토바이를 사서 타고 다니는 통에 이러다 말 타는 전통이 없어지지 않을까 걱정하는 사람들이 생길 정도라 한다. 몽골도 이제 '기계 말'로 갈아탈 때가 된 것일까?

티베트 고원지대 산악 경비대 실화를 바탕으로 만든 중국영화 〈커커

시리〉에서 밀렵꾼들과 그들을 쫓는 경비대원들은 모두 힘 좋은 지프나 트럭을 타고 다닌다. 그런데 추격전이 예정보다 길어지면서 연료가 떨어지는 상황이 생기고 사막에 고립된 이들은 모래폭풍과 추위에 쫓겨 죽음에 이르기도 한다. 안정된 보급 아래에서는 기계 말들이 훨씬 잘 달리지만, 보급이 끊어진 상황에서는 진짜 말이나 낙타들이 가혹한 자연환경에서도 안정된 성능(?)을 제공한다.

최근 군 현대화에 박차를 가하는 중국군은 뜻밖에도 기병대를 2개 대대나 운영하고 있다. 이들은 네이멍구(내몽고) 자치구에 배속되어 있는데 험지에서는 오히려 진짜 말이 더 강한 생존성과 기동성을 보장하기 때문일 것이다. 중국군의 기병대는 이미 분리주의자들이나 밀수꾼들과 실전을 치르는 것으로 알려졌는데 자동화기를 뽑아들며 말 달리는 중국 기병대원들은 현존하는 기마부대 중에서 가장 터프한 친구들인 셈이다.

진짜 말이냐 기계 말이냐 하는 문제는 비용 대비 효과로 결정된다. 3보 이상은 무조건 차나 헬리콥터를 타고 다닌다는 미군들조차 아프가니스탄이나 이라크에서 당나귀나 노새를 타고 다니는 것도 그런 문제다. 아무리 자동차가 많고 기름 보급도 그럭저럭 된다고 해도 일단 길을 먼저 만들고 난 뒤에 차를 굴려야 한다면 차라리 당나귀나 노새 등에라도 올라타는 것이 더 싸게 먹힌다는 얘기다.

시위 현장에 중세가 있다?

필자는 격동의 80년대 말미에 대학을 다녔는데 방패로 정렬한 전의경들과 쇠파이프를 휘두르는 시위대의 격돌을 보면서 마치 로마군단과 버서커의 대결을 떠올렸고, 어느 성실한 경찰 지휘관이 오묘한 무전지휘로 시위대를 포위하는 모습을 보면서 책에서 읽었던 '망치와 모루'를 실사판으로 이해할 수 있었다. 시대의 아픔을 가지고 이런 얘기를 하니 어딘가 민족의 반역자가 된 기분도 들지만, 실전의 빈도가 높은 것은 당연히 택티컬로 기운다는 얘기를 하고 싶었다.

현재 기마부대를 운영하면서 가장 실전을 많이 치르고 그만큼 택티컬한 친구들을 꼽으라면 미국이나 유럽의 경찰 기마대만 믿고 가는 거다. 실제로 말을 보면 TV나 그런 것에서 보던 것보다 훨씬 커 보인다. 그런 말이 입김을 푸욱 뿜으며 발굽을 따그닥 거리며 다가오면 아무리 간 큰 사람이라도 일단 움츠리게 되는데 서구 몇몇 나라들에선 이런 위압감을 이용해서 시위대 해산에 기마경찰을 투입한다.

과거 중세 전장에서 보병의 낮은 각도에서 보면 거대한 말의 쇄도는 얼마나 많은 공포감을 주었겠는가? 바로 그 중세 전장에서 벌어졌던 말과 보병의 대결이 21세기 하고도 민주주의 좀 한다는 나라들 거리에서 그래도 시민운동 좀 한다는 사람들을 상대로 재현되는 셈이다. 뉴스 화면을 보면 단순한 압박에 그치지 않고 시위대 쪽으로 기마대를 밀어 넣어 적극적으로 해산시키는 경찰 지휘관들도 더러 있다.

어디까지나 혹시나 해서 드리는 얘긴데, 시위강국 대한민국에서 우리도 선진 진압문화(?)를 따르자며 시위대 해산에 기마대를 써먹을 생각이라면 당연히 말려주는 게 도리겠다. 한국 시위대는 돌은 물론이고 말이 두려워하는 불을 내지르는 화염병 같은 강력한 원거리 투척 무기들이 있고, 스위스 창병들까지는 아니라도 그래도 한가락하는 쇠파이프나 죽창 부대가 있기 때문에 거기에 기마대를 밀어 넣었다가는 아쟁쿠르 전투를 재현할 가능성이 크지 말입니다.

인간의 전쟁, 동물의 전쟁

인간과 관계를 맺은 여러 동물은 바로 그놈의 인연 때문에 전쟁이라는 공간에 던져지기도 한다. 원래 동물의 세계에도 약육강식의 다툼이 있다고는 하지만 인간이 빚어내는 전쟁터에 동물이 끌려나와 목숨을 잃는 것은 그리 아름다운 일은 아니다.

인간과 가장 가까운 친구인 개는 수색 정찰 임무는 물론 경비 임무도 서고 폭탄 제거 같은 고난도 임무도 수행한다. 인간의 생산력을 한 단계 끌어올린 말은 한동안 전쟁터에서 있고 없고의 차이로 사소하게는 병과와 지위로부터 크게는 승패를 결정짓는 역할을 맡아왔다. 산업혁명은 인간의 역사에서 말의 지위와 역할을 기계 밑으로 끌어내렸지만,

▶ 아프가니스탄의 미군들은 현지인처럼 당나귀나 노새를 활용했다. 하이테크 세상이라 해도 때론 로우테크가 필요하다.

그 덕에 전쟁터에서 말이 죽는 일도 거의 없어졌다.

21세기인 오늘도 여러 동물이 전선에 서고 있다. 이라크의 미군들은 IED를 찾는데 꿀벌들을 투입하고자 애쓰고 있고 미 해군은 돌고래를 길들여 정찰 임무는 물론 기뢰 부설과 같은 임무를 맡기는데 투자하고 있다. 간간이 알려진 정보에 따르면 미 해군의 돌고래는 이미 일정 정도 실전에도 투입되고 있다고 한다.

인간과 말의 관계는 인간이 문명을 일으키는데 큰 역할을 했다. 말은 달릴 때 그 존재가 빛나기에 아직은 어디에선가 기마부대라는 존재가 현역으로 존재하기를 바라는 마음도 들고 오히려 그러기에 그동안 인간을 위해, 또는 인간 때문에 목숨을 잃었던 기마부대의 말들이 이제는 일상의 평온함을 얻기를 바라는 마음이 엇갈린다.

54 대세는 택티컬?

최근 밀리터리 업계의 주요 키워드는 단연 '택티컬(tactical)'이다. 전술적인 행동을 취하는 것은 밀리터리의 기본 원리지만 최근 불어 닥친 택티컬 열풍은 전문가로부터 관심 있는 대중들에까지 폭넓은 영향력을 끼치고 있다.

닥치고 택티컬

택티컬 라이트 메이커 '슈어파이어'에서 펴내고 〈플래툰〉에서 훈민정음 판본으로 옮긴 〈컴뱃 택틱스〉에는 자동으로 세 탄창 정도를 긁어댄 M4 카빈의 총열을 맨손으로 잡는 것처럼 따끈따끈한 택티컬 정보들이 가득하지만, 그중에서도 '거침없이 택티컬'한 해커슨 영감님 어록은 읽지 않으면 정말 후회할 터다. 베트남전 특수부대원 출신으로 세계 곳곳에서 사격 교관으로 살아온 켄 해커슨은 특별히 권총 사격에 많은 경험과 애정이 있고 그 과정에서 얻은 지혜를 나누는데 결코 인색하지 않다.

권총을 쓰는 이유가 소총을 쓸 때까지의 여유를 만드는 것이라거나, '권총=부무장'을 하나의 공식으로 만드는 이에게 "무슨 소리! 가진 게 권총밖에 없으면 권총으로 싸우는 거지!"하고 일갈할 수 있는 것도 수많은 실전을 거쳐 온 그이기에 가능하다. 〈슬램덩크〉에서 누군가 이야기한 것처럼 바스켓은 산수가 아니고 실전은 말 그대로 실전이지 말로 후려칠 수 있는 것이 아니다.

'택티컬'하면 뭔가 어렵고 전문적인 세계에 있는 것 같지만 사실 우리 모두는 누구나 다 택티컬하다. 도시락을 쌀 때 김치를 그냥 넣으면 국물이 흘러 다른 반찬을 망치니까 꽉 짜서 참기름을 조금 발라주면 딱 좋은데, 이런 것이 책에선 배울 수 없어도 실전에서 스스로 터득한 가정요리의 택티컬이다.

전철을 타다 보면 특별히 의식한 것도 아닌데 자리가 많거나 갈아타기 쉬운 곳에 딱 서 있는 자신을 보게 되는데 이것 역시 실전에서 터득하고 몸으로 기억하는 택티컬의 세계다. 곧 택티컬이란 전술적으로 유리한 행동을 추구하는 것, 전술적 우위를 유지하기 위해 최적화된 행동에 다다르는 것이라 정의할 수 있다.

도시락 반찬이야 남의 것 뺏어 먹으면 되고, 전철도 뭐 좀 서서 가면 되지만 총탄이 빗발치고 그걸 내가 맞으면 많이 아플(?) 실전에서는 그 작은 차이가 이기고 지는, 사실 그것보다 더 중요한 죽고 사는 문제를 가르기 때문에 택티컬의 습득과 실천은 무엇보다 중요하다. 영화 〈공동경비구역 JSA〉에서 총으로 멋 부리는 이병헌에게 중동 가서 실전 뛰고 온 송강호가 "실전에선 다 필요 없어"하는 한 마디 던지는 것처럼 실전에서 배우고, 실전에서 필요한 것을 최우선으로 삼는 것이 또한 택티컬의 원리다.

45구경이냐 9미리냐 우리가 총기 도감을 놓고 갑론을박할 때 "1911은 세계에서 가장 뛰어난 전투용 권총이지만… 송탄 불량의 왕이지!" 하고 껄껄 웃을 수 있는 것도 실전의 달인 해커슨 영감님이기에 가능한 멘트일 것이다. 직접 써보지 않는 사람들이야말로 책에 매이고 남의 말에 매이지만 택티컬의 세계에서는 들리는 명성보다는 자신의 경험을 믿는다.

이전에 권총 사격을 많이 하는 양반들에게 물었을 때 '권총의 이미지는 방아쇠에서 결정된다.'라는 얘길 들었는데 해커슨 영감님도 송탄 불

▶ 택티컬은 최근 밀리터리를 대표하는 개념이 되었다. 특수부대 전술에서 시작되어 택티컬 기어로 수렴되고, 다시 장비들을 통해 정규군까지 확산하고 있다.

량의 왕인 1911이 왜 여전히 택티컬 좀 한다는 친구들에게 인기 있는지 묻는 말에 "방아쇠 때문이야."하고 잘라 말하는 것도 인상적이었다. '권총은 방아쇠'라는 것 역시 써 봐야 그 맛을 아는 얘기 아니겠는가.

연장이냐 사람이냐

해커슨 영감님은 '보지 않고 총을 다시 홀스터에 넣을 수 없다면, 연습을 더 하거나 다른 홀스터를 구하라.'라고 충고한다. 이것은 택티컬의 두 가지 중요한 측면인 훈련과 장비를 뜻한다. 어떤 유닛이나 사람을 택티컬하다고 하다면 몸에 밴 전술적인 행동들과 그에 걸맞은 전문장비들이 합쳐진 상태일 것인데 택티컬에 대한 관심이 높아지고 전문메이커들이 활발하게 활동하면서 장비에 먼저 눈이 가기도 한다.

택티컬 장비들은 개인이나 유닛이 터득한 택티컬한 기술들을 반영시킨 것이기 때문에 좋은 장비를 채택할수록 전술적인 효율이 높아지는 것이 사실이다. 과거 특수부대원들이 개인적으로 기관단총이나 돌격화기에 그립을 만들어 붙이던 것이 지금은 레일 시스템의 도움으로 정식 제품으로 발매되는 것처럼 한 곳에서 터득한 전술적 성취는 택티컬장비로 수렴되어 다른 곳으로 퍼져 나간다.

이런 과정에서 장비가 곧 택티컬을 보장하는 것 같은 부작용이 생기기도 한다. 컴퓨터가 느려서 일 못한다는 신입사원 푸념을 듣고 컴퓨터를 바꿔 줄 리가 없는 것처럼 실력 있는 목수가 연장 탓하지 않는다고 연장보다는 그것을 쓰는 사람이 먼저다. 전술적 행동에 대해 충분히 이해하고 반복되는 훈련으로 본능에 가깝게 몸에 새겨 놓는 것이 먼저이고 여기에 알맞은 장비가 더해졌을 때 (공부고 승진이고 세상 이치가 다 그렇듯이) 전투력이 높아지게 마련이다.

몇몇 나라 특수부대원들의 일상적인 훈련 과정을 지켜봤던 경험은 한 마디로 지루했다. 같은 행동을 완벽하게 숙지할 때까지 되풀이하고 또 되풀이하는데 보는 사람도 지루한데 무거운 장비 들고 하는 사람들은 오죽했을까. 멋진 장비를 주렁주렁 달고 나타나서 후다닥 해치우고 아가씨 기다리는 바에 술 마시러 가는 것은 영화에서나 가능한 일이고 지루한 훈련을 견디면서 작은 오차를 하나씩 가다듬어 나가는 것이 택티컬의 길이다.

하지만, 사람이 중요하다고 장비 업그레이드 없이 훈련만 돌리는 것도 문제다. 해커슨 영감님이 연습을 더하거나 홀스터를 바꾸라고 했던 것처럼 때론 장비를 바꾸는 것으로 문제가 해결되기도 한다. 사람이 준비되었다고 가정한다면 좋은 연장을 제때 쥐여주는 것은 꼭 필요하고 오히려 연장이 나빠서 사람마저 깎아 먹는 일도 있다. 제일 좋은 방법은 현장에서 달라는 것은 빨리 주고, 어디 로비라도 들어와서 위에서 주겠다는 것은 나중에 사면되겠지만, 세상일이라는 게….

더하거나 빼거나

택티컬한 인생을 누리는데 장비의 중요성이 높아지면서 전문 업체들의 연구 개발과 마케팅 전쟁도 치열하다. 최근 추세는 특수부대에서 채택한 택티컬 장비들이 일반 병사들로 미치고 제식 장비로 채택되는 경우도 많아지고 있어서 이런 시장에 대해 업체들이 거는 기대도 높아지고 있다. 사실 그보다 더 중요한 것은 제식으로 지급되기 전에 병사들이 자비로 사는 것이 보여주듯 택티컬 장비들은 일반 보병들에게도 인기가 좋다는 사실이다.

택티컬 장비를 만드는 가장 일반적인 방법은 기존 장비에 뭔가를 더하는 것이다. 일반 소총에 레일을 달고, 거기에 라이트도 달고 손잡이도 단다. 소총에는 기본적으로 가늠자와 가늠쇠가 있지만, 여기에 도트나 홀로그래픽 방식의 조준 장치를 다는 식이다. 두 가지 이상을 하나로 합치는 것은 요즘 '컨버전스'라 해서 제품 만드는 기본기가 되어가고 있고 캐멀백과 배낭이 합쳐지는 것처럼 군사 분야도 예외는 아니다.

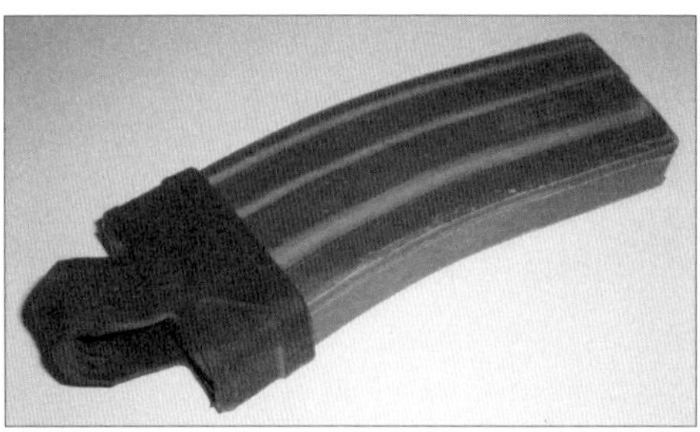

▶ 택티컬이란 최적의 행동을 추구하는 것이기에 꼭 첨단 기술이나 비싼 장비가 능사는 아니다. 맥풀의 간단 · 명쾌한 아이디어는 딱 보는 순간 감이 온다.

하지만, 이것 역시 오해를 불러오기 쉬운데 실제 택티컬 장비들은 더하고 합치는 것으로 이뤄지지 않는다. 택티컬 장비들의 기본 원리는 '선택과 집중'이다. 먼저 필요한 기능만 놓고 나머지를 없애는 '빼기'를 실시하고 남은 기능을 강조하는 '곱하기'를 하는 식이다.

영화에 등장하는 주인공들이나 액션피겨로 만들어 놓은 특수부대원들을 보면 갖은 장비를 주렁주렁 달고 등에도 한 짐 지고 다니지만, 실전의 특수부대원들은 꼭 필요한 것은 더 많이 챙기고 필요 없는 것은 과감하게 버려서 몸을 편하게 한다. 택티컬 장비들 역시 더 달자고 하는 짓이 아니라 덜 가지고 다닐 목적으로 합치기를 시도하는 것이다.

역사에서 말하는 도전과 응전처럼 택티컬 장비 역시 늘 움직이게 마련이다. 네이비 씰과 델타포스가 유행시킨 프로텍 헬멧은 방탄은 포기하고 가볍게 쓰고 시계를 확보하면서 헤드셋 사용공간을 확보할 목적이었다. 헬멧의 가장 중요한 기능인 방탄을 뺐다는 점은 좀 심각한 선택으로 돌입을 목적으로 하는 특수부대의 실전에서는 방탄보다는 행동의 자유가 더 중요하다는 얘기였다.

이것도 시간이 지나면 다시 방탄기능을 살린 헬멧으로 유행이 기운다. 더욱 가벼운 신소재의 개발이라는 요소도 작용했을 것이고 아프가니스탄과 이라크에서 실전이 길어지면서 방탄 문제가 다시 중요하게 다가왔을 수도 있다. 하지만, 방탄으로 돌아서는 순간에도 일반 철모를 버리고 프로텍을 쓰며 추구했던 시야 확보, 헤드셋 착용, 가벼운 무게가 계승되는 것이 또 택티컬의 묘미다. 같은 유닛이 같은 목적의 작전을 펼쳐도 시기와 장소에 따라 다른 요구가 나서게 되고 그것에 그때그때 대응해 나가는 것이 택티컬의 세계이기 때문에 택티컬 장비 역시 끊임없이 변화하기 마련이다.

빠숑 리더

대세는 택티컬이다. 최근 이라크에서 미군을 보면 특수부대의 택티컬 장비가 일반 보병으로 파급되는 간격이 갈수록 짧아지는 것을 볼 수 있다. 과거 특수부대만 쓰는 것처럼 여겨졌던 짧은 총, 베스트, 무릎 패드, 카멜백 같은 경우도 이제는 모두가 다 쓰는 장비가 되었다. 역시 특수부대의 전유물처럼 여겨졌던 개인 헤드셋으로 통신하는 것도 적어도 일반 보병 분대장까지는 보편화하고 있다. 물론 부자나라 미군 사정이다 할 수도 있겠지만 택티컬 장비의 제식화 경향은 다른 나라 군대에도 영향을 주고 있다.

공수부대를 위해 특별히 만들어진 점프 슈트가 일반 보병을 위한 군복 디자인으로 수렴된 것처럼 택티컬 장비가 제식화로 이어지는 것이 꼭 오늘 만의 일은 아니지만, 과거와 비교하면 그 속도가 빨라지고 있다. 일반 보병들 처지에서는 대략 환영하는 분위기인데 특수부대에서 써서 좋은 택티컬 장비들이 일반 보병들을 특수부대로 바꿔 놓지는 않을지라도 전장에서 생존 확률을 높여줄 것은 사실인데다가 군대에서 사진 찍을 때 괜히 방독면도 써보고 하는 것처럼 이런 택티컬 장비들은 일단 뭔가 있어 보여서 좋다.

택티컬 장비는 실전 중심이며 기능 우선이라 일단 실용이다. 디자인도 멋져 보이는 것보다 용도에 최적화되는 것을 목표로 한다. 그런데 멋 부리려고 한 짓은 아닌데 이게 멋이 되어버리는 것이다. 특수부대원들 쓰라고 투박하게 칼을 통짜로 하나 만들어서 질긴 줄을 둘둘 말아 놓았더니 또 그게 멋지다고 디자인을 따라 하는 칼들이 나온다. 택티컬 장비도 메이커들이 경쟁하면서 선택의 폭이 넓어지다 보니 같은 기능이라면 일부러 멋 부리는 장비들도 나오기 마련이고 특수부대원들도 사람이라 같은 값이면 멋을 찾는 친구들도 있으니 실용과 멋을 함께 고려하는 디자인이 늘어나는 추세다.

실전에 대한 부담이 적은 곳으로 갈수록 실용성보다 멋을 중심으로 장비를 선택할 수 있다. 예전에 미국에 출장 갔을 때 검은색 복장에 무

▶ 권총, 라이트, 나이프로 이뤄진 '택티컬 삼합'은 그저 멋있게 보이려는 것이 아니다. 실전을 통해 다듬어진 최적의 행동을 추구하는 것이다.

슨 패치를 달고 다니는 영감님이 계셔서 그 동네 스왓 대장이라도 되시나 했더니 은퇴가 턱에 다다른 동네 보안관 영감님으로 주정꾼 말리는 것 이상의 임무도 없는 동네에서 하루는 검은색, 하루는 어반 그레이, 또 어떤 날은 푸른색 원피스를 갈아입고 다녔다. 나중에 얘길 듣고 보니 그런 증상(?)이 미국 동네 보안관들 사이에 은근히 퍼져 있다던가?

최근 지하철에서 카고바지를 입은 청년을 보았는데 카고바지가 공수부대 점프 슈트에서 파생된 것은 잘 알려진 일이지만 이 바지에는 카고 포켓 묶는 끈도 살아 있었다. 다만, 실제 용도처럼 묶을 수 있는 길이는 아니고 짧게 모양만 살려 놓았던데 거의 65년을 돌고 돌아 대한민국 동네 패션에까지 전술적 흔적을 남긴 셈이다. 또 길에서 팔던 어떤 배낭은 그냥 배낭인데 어설픈 디지털 위장 패턴에 캐멀백 마크 비슷한 것을 달아 놓았고 역시 길에서 팔던 아저씨 바지는 5.11 바지의 주머니 구성을 닮아 있었다.

특수부대의 택티컬 패션이 일반 보병의 패션을 바꾸고 있다면 다시 이들 패션이 민간 시장에까지 영향을 주는 것도 당연한 일일 테고, 이미 길거리 패션도 뭔가 눈치를 채고 따라오고 있다면 이래저래 21세기는 택티컬의 세기가 될 것인가?

55 택티컬 라이트 이야기

최근 주목받는 택티컬 기어들을 꼽으라면 언제나 대세인 택티컬 베스트, 시나브로 필수요소가 된 카멜백 그리고 군용과 민간 모두에서 트렌드가 된 택티컬 라이트가 있다. 써보고 말하는 택티컬 라이트 이야기.

경비 아저씨의 택티컬

야근으로 달리던 날, 서울에선 흔하지 않은 일인데 건물 전체가 정전이 되었다. 이럴 때 쓰지 않으면 언제 쓰겠나 싶어 소박하게(?) 60루멘 짜리 라이트를 하나 골라들고 야식을 조달하러 복도에 나섰다. 어두운 복도를 탐색해 나가다가 평소 인사하고 지내던 경비 아저씨를 만났다. 경비 아저씨의 라이트는 예나 지금이나 변함없는 일명 '낚시꾼 랜턴'.

택티컬 기어란 이름 그대로 전술적 상황에 특화된 장비를 뜻한다. 택티컬 기어는 대체로 혁신성이 생명이지만 '택티컬 기어=신제품'은 아니다. 택티컬 기어에 대한 평가는 신상 여부나 고가 여부가 아니라 사용자가 처한 전술적 상황에 얼마나 적합한 도구인가에 따라야 마땅하다.

경비 아저씨의 전술적 환경은 어떠한가? 일상적인 야간 순찰은 완전한 암흑보다는 비상등이나 외부에서 유입되는 조명이 있어 보통 밝기의 라이트로도 충분히 대응 가능하다. 경비 아저씨들의 일상 업무는 2교대나 3교대의 순환 근무이므로 대원이 바뀌어도 쉽게 인수인계가 가능하고 조작이 쉬워야 하고 배터리나 전구 같은 유지비용 역시 저렴한 쪽이 좋다.

이런 조건들을 따져보면 싸고 무난한 낚시꾼 랜턴이 경비 아저씨들의 택티컬 라이트로 부동의 위치를 차지하는 이유를 알 수 있다. 경비 아저씨에게 부탁해서 함께 순찰을 하며 낚시꾼 랜턴을 체험한 결과 낚시꾼 랜턴은 무겁긴 해도 장시간 순찰하는 경우 팔을 자연스럽게 늘어트린 자세로 사용할 수 있는 장점도 있었다.

택티컬 기어는 전술적 상황에 대응하며 발전해 나간다는 원리는 여기에서도 통하는지 놀랍게도 우리 경비 아저씨의 낚시꾼 랜턴은 건전지를 쓰는 것이 아니라 220V로 충전하는 충전식으로 변신해 있었다. 도구를 통해 상황을 유추한다면 경비 아저씨들이 처한 전술적 요구 중에는 비용 절감의 비중이 크다는 뜻도 되겠지만.

제록스 또는 슈어파이어

제록스는 일반 용지에 바로 복사하는 복사기를 처음 만들어낸 회사다. '제록스하다'가 아예 복사한다는 뜻의 동사로 쓰일 정도로 복사기의 패러다임을 세웠다. 택티컬 라이트에서 슈어파이어라는 메이커가 차지하는 위치 역시 복사기의 제록스 버금가는 무게를 갖고 있을 것이다. 웨폰 라이트라는 장르에서 택티컬 라이트를 독립시키고, 더 크게 키워낸 것은 온전히 슈어파이어의 공로다.

복사기를 제록스만 만드는 것은 아닌 것처럼 택티컬 라이트 역시 여러 메이커가 각축전을 벌이는 시장이 되었다. 슈어파이어가 설정한 제논 라이트와 리튬 배터리를 결합시켜 얻어낸 강력한 광량과 내구성 높고 그립감을 강조한 바디는 이내 여러 메이커로 확산하였다. 제논 라이트가 LED로 세대 교체되고 있지만 '슈어파이어 어젠다'(?)는 여전히 유효하다.

남이 만들어 놓은 장르에 뛰어드는 후발 주자가 택할 수 있는 전술적 행동은 크게 두 가지가 있다. 하나는 기존 장르 자체를 새롭게 정의할 수준의 혁신성을 보여주는 것이고, 다른 하나는 자신 있는 작은 분야를 특화시켜 차별화를 노리는 것이다. 혁신성이라는 것이 그냥 바꾼다고만 되는 것이 아니기에 일반적으로 권할 수 있는 것은 작은 분야를 특화시켜 입지를 넓혀 나가다가 때가 무르익었을 때 반란을 도모하는 것이다.

▶ 슈어파이어는 소음기를 비롯한 여러 제품이 있었지만, 총기에 라이트를 결합시키는 웨폰 라이트 장르에서 독특한 포지셔닝으로 급성장했다.

CSI의 그리섬 반장님이 즐겨 쓰던 스콜피온이나 일찍부터 LED 외길 인생을 걸어온 이노바, 개성 있는 디자인과 무난한 가격을 자랑하는 펜타곤 등은 택티컬 라이트 시장이라는 정글 속에서 확고한 자기 영역을 차지하고 있다. 변화되는 전술적 상황에 대한 나름의 해석과 자기 메이커만의 독특한 접근법이 만나는 지점에 강자들의 비밀이 있다.

맥라이트는 죽지 않았어

웨폰 라이트에서 택티컬 라이트를 독립시키며 전성기를 누리던 슈어파이어로 인해 어려움을 겪은 메이커가 있다면 맥라이트였다. 맥라이트는 택티컬 라이트에 특화된 라이트는 아니었지만, 초기 웨폰 라이트라 할 때 SMG나 샷건에 달렸던 라이트가 맥라이트였고 정복 경찰관의 허리나 사복형사의 손에 들려 있던 라이트 역시 어지간하면 맥라이트였다.

초기 슈어파이어가 설정했던 제논 라이트와 리튬 전지의 조합 역시 맥라이트 스타일을 공략하고 있었다. 맥라이트는 일반 건전지를 썼던 데 비해 리튬 전지를 쓰는 슈어파이어는 더 작은 크기에 더 강력한 광량을 낼 수 있었다. 슈어파이어가 설정한 전술적 이미지들 속에서 맥라이트는 어둡고 둔한데 비해 슈어파이어는 강력하고 날렵하다는 대조를 이뤘다.

결론부터 말하자면 맥라이트는 죽지 않고 살아남았다. 그것도 잘. 맥라이트는 후발 주자로부터 공격당하는 기존 강자가 빠지기 쉬운 함정인 '그럼 나도 더 많이 변해주마'를 슬기롭게 피하고 그동안 잘하던 것에 계속 집중했다. 기존에 가진 장점을 고수하면서 하나의 개선점을 찾았는데 그것은 바로 빠른 속도로 발전하는 LED였다.

초기 LED 라이트는 여러 전구를 묶어야 할 정도였지만 이제는 LED에 뜸했던 슈어파이어도 LED 라인업에 신경 쓸 정도로 기술적 발전을 이뤄냈다. 최근 맥라이트는 LED를 채용하여 제논 라이트에 밀렸던 광량을 많은 부분 따라잡았는데 여기에 일반 건전지를 쓴다는 점이 경제성에서 장점이 되는 상승효과마저 얻고 있다.

택티컬 라이트 세계에서 맥라이트가 가진 독특한 포지셔닝은 '곤봉으로도 쓰세요.'다. 정복 경찰관들이 여전히 맥라이트를 허리에 차고 다니는 것은 라이트로 쓰다가도 그냥 휘두르면 곤봉이 되는 튼튼한 철

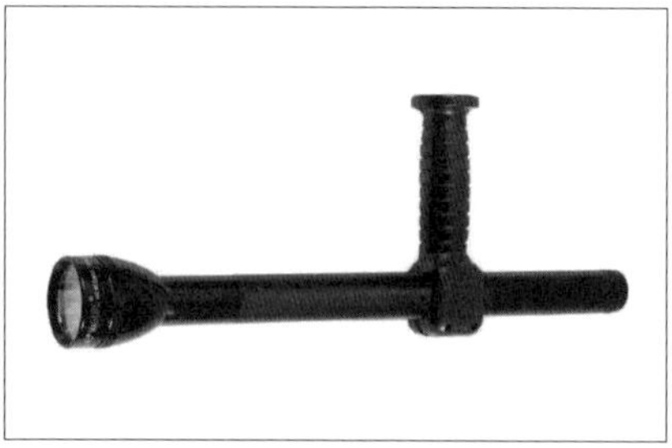

▶ 맥라이트는 일반 가정용부터 산업용 그리고 택티컬 라이트까지 커버하는 독특한 입지를 가지고 있다. 사진의 곤봉 손잡이처럼 다양한 액세서리가 존재하는 것은 그만큼 맥라이트의 저변이 넓다는 것을 보여준다.

제 바디 때문으로 맥라이트에 결합시켜 톤파처럼 쓰는 액세서리가 만들어지는 것처럼 이것만은 다른 메이커들이 넘보기 어려운 맥라이트만의 영역이다.

ㄱ자 랜턴 보완계획

일반 제식 장비에서 택티컬 기어를 특화시켜 사고하기 시작한 것은 특수부대와 특수작전에 대한 관심이 높아지기 시작한 1980년대부터라 하겠다. 택티컬 기어들이 다시 제식 장비에 영향을 주기 시작한 것은 아프가니스탄과 이라크에서 시작된 전쟁이 예상보다(?) 길어진 최근의 일이다. 실전을 지속하다 보니 더욱 효율적인 장비를 찾게 된 것이 하나의 배경이 되고, 특수부대나 용병들이 일반 보병들과 함께 작전을 뛰는 빈도가 높아진 것도 또 다른 배경이 되었다.

우리 국군 아저씨들 장비를 개선하자고 본다면 전투력은 둘째 치고 건강과 직결되는 군화나 방한복 같은 절박한 아이템부터 떠오르면서 택티컬은 무슨 택티컬이냐 싶지만, 굳이 우선순위를 본다면 고색창연한 '엑스 반도'(?) 스타일부터 방탄복과 결합한 베스트 형태로 개선하는 사업이 가장 급하지 않을까 싶다.

택티컬 라이트로 본다면 군과 경찰의 각종 특수부대에서 택티컬 라이트에 대한 관심이 뜨거운 것을 볼 수 있다. 아직은 제식 채용보다는 개인적으로 구매하여 사용하는 경우가 많지만 최근 〈플래툰〉에 실린 사진을 보면 개인적으로 구매한 택티컬 라이트를 소총에 묶어 사용하는 장면이 눈에 띄는 등 여건이 되지 않아서 그렇지 택티컬 라이트에 대한 관심 자체는 이미 보편적인 상황이라 여겨진다.

이라크 미군들에게는 이미 MRE에 리튬 전지를 함께 넣어 줄 정도로 택티컬 라이트 사용이 보편화하였다고 하지만 우리 국군 아저씨들을 본다면 일반 보병의 제식용 라이트는 나라 살림 문제도 있고 하니 리튬 전지까지는 호사스럽고 현재 사용되는 일명 'ㄱ자 랜턴'을 LED로 개선하는 정도로도 충분한 효과를 볼 것이다.

펜타곤 라이트에서 선보인 몰리 라이트가 좋은 참고가 될 것으로 미국에선 'L자' 한국에선 'ㄱ자'로 불리는 꺾인 라이트는 일반 보병들이 손에 들거나 옷이나 베스트에 결합시켜 사용하기에 편리하다. 물론 이런 보완계획은 일반 보병들의 라이트 사용이 작전 중 지도를 확인한다거나 하는 용도라는 가정 아래 진행되는 것으로 만약 한국군이 지속적인 실전 상황에서 시가전이 강조된다면 미군처럼 리튬 전지가 주는 강력함으로 옮겨가야 할지도 모르겠지만 말이다.

슈어파이어가 파는 것

예전에 슈어파이어는 택티컬 라이트를 팔았지만 요즘 슈어파이어는 '라이트가 필요한 택티컬'을 팔고 있다. 슈어파이어는 택티컬 스쿨을 두고 택티컬 라이트를 사용하는 각종 전술을 개발하여 보급하고 있는데 굳이 택티컬 라이트를 팔 게 아니라 전술적 상황에서 라이트 쓰는 법이 퍼지면 퍼질수록 슈어파이어를 찾는 고객들도 늘어날 것이라는 대인배의 자세라고 할까?

슈어파이어는 최근 아프가니스탄과 이라크 전선에서 제기된 요구들을 반영한 몇몇 괴물들을 만들어 냈다. 이 괴물 라이트들이 제품으로 성공할 것인지 아닌지도 중요하겠지만, 특수부대원을 비롯한 전술계의 선수들이 슈어파이어를 주요한 파트너로 생각하고 찾아온다는 것 자체가 하나의 메이커 입장에서는 대단히 중요한 자산인 셈이다.

초기 슈어파이어는 총에 다는 라이트로 유명해졌고 이내 총에서 라이트를 분리시켜서 총과 함께 쓰는 라이트로 발전했다가 라이트만 들고 다녀도 좋은 물건으로 나아갔다. 최근 미군이 수행하는 전쟁터에서

▶ 슈어파이어는 웨폰 라이트로 성공하고, 다시 무기에서 라이트를 분리시켜 택티컬 라이트라는 장르를 만들어 냈고 오늘날 택티컬을 대표하는 메이커가 되었다.

슈어파이어는 헬기나 장갑차에 달고 다니는 라이트를 선보여 전술적 상황에 대응하며 새로운 길을 찾아 나가는 택티컬 기어의 숙명(?)을 보여 주었다. 택티컬 라이트 업계가 상향 평준화되어가는 지금, 또 누가 택티컬 라이트의 다음 단계를 개척할 것인가?

56 밀리터리 어휘 설왕설래

원래 '아' 다르고 '어' 다른 것이 세상사이지만 자료 해석과 개념 정리가 중요한 밀리터리 분야에서 점 하나 차이는 사뭇 다른 결과를 가져온다. '어륀지'(?)를 모르면 주스 한 잔 얻어먹기도 어렵다는 세상을 맞아 살펴보는 밀리터리 어휘 설왕설래!

발터? 월터? 왈사?

돌격소총(assault rifle)의 일본식 발음인 '아저르트 라이후루'를 원어로 유추한 '아절트 라이플'이라는 단어가 쓰였던 전설의 고향처럼 외국의 자료들을 한 다리 걸러서 받아들이는 문제가 늘 골칫거리다. 과거에는 일본 자료에 대한 의존도가 높다 보니 일본식 발음을 걸러내는 것이 문제였다면 인터넷 시대를 맞아 영어 자료가 많아진 요즘은 뭐든 지네 식으로 읽어 버리는 영어식 발음과 원래 이름의 관계가 문제다.

독일의 총기 메이커 '발터'와 미국(?) 메이커 '월터'는 어떤 관계일까? 신기하게도 P-38이나 PPk처럼 같은 총을 만드는 두 메이커는 자매사인가? 여기에 아카데미에서 아주 옛날에 만들었던 P-38 프라모델 박스에 적혀 있던 '왈사'라는 메이커까지 합치면 사건은 점점 미궁 속으로…?

2차 대전 때 주옥같은 독일 화기들을 만들었고 PPk로부터 P99에 이르기까지 007 제임스 본드의 권총을 독점 공급하는 독일 총기 메이커 '발터'(Walter)는 로마자라면 뭐든 지들 식으로 읽어 버리는 미국에서는 '월터'로 불린다. 무슨 연유인지 일본에선 '와르사' 정도로 읽었나 싶고 다시 그것이 대한해협을 건너면서 '왈사'가 되었던 것이다(요즘도 드물게 일본 애니메이션 동호회 같은 곳에서 '왈사'가 눈에 띄지만).

일단 자기네 발음으로 읽어 버리는 미국식 센스는 딱 지들 성질머리 같은 측면이 있다. 프랑스 발음이나 이탈리아 발음은 가끔은 원음을 살려 주면서도 독일식 발음에 대해서는 어김없이 미국식으로 읽어 버린다. 언젠가 미국인이 자신이 쓰는 권총이 '씩! 싸–'(?)라고 해서 한동안 고민하다가 돌아서 'SIG/SAUER'라는 걸 깨닫고 멍 해졌던 기억이 있다.

현재 대한민국의 원칙은 최대한 자기 나라의 원음을 살려 주는 것이다. 맹수 이름을 딴 독일군 탱크는 '티이거'(Tiger)나 '판터'(Panther)로 적는 것은 이런 원칙에도 맞고 뭔가 전문가가 된 기분도 들어 좋다. 다만, 미국에선 초심자건 매니아건 '타이거'나 '팬

▶ 독일어로 '발터', 영어로 '월터'가 될 총기 메이커가 우리에게 '왈사'로도 알려진 것은 우리나라에서 밀리터리 용어들이 가진 복잡한 단면을 보여 준다.

저'로 읽는다는 것도 알아 두시고 우리나라에서도 '타이거' 탱크로 불린 시절이 오래되었으니 함께 써도 큰 문제는 없다. 괄호를 쳐서 스펠링을 적어 주는 친절을 더하면 좀 더 부드러운 사회 분위기가 조성될 것이다.

롬멜 대 로멜?

로마자를 자기식으로 읽는 미국 사람들을 이해 못 할 것도 없는 것이 한동안 우리도 중국 사람들이나 일본 사람들을 우리 식으로 읽어 왔다. '모택동', '장국영', '주윤발' 이랬고 '풍신수길'이나 '덕천가강' 이렇게 읽었다. 요즘은 원음을 존중하는 정책에 따라 모택동은 '마오쩌둥'이 되고 주윤발 형님은 '저우런파'가 되긴 했지만, 왠지 입에 짝짝 붙지는 않는다.

원음을 존중해 주는 것보다 우선하는 원칙은 외래어로 정착된 단어는 요즘 기준으로 발음이 좀 답답하게 느껴지더라도 쓰이던 대로 읽어주는 것이 좋다. 우리말로 대체할 단어가 있다면 그걸 먼저 써 주는 쪽이 좋다. 멀리 갈 것도 없이 '오렌지'와 '어륀지'(?)같은 경우가 그래서 대한민국에서 주황색 나는 서양 귤(?)은 오렌지로 통일해서 쓰면 되고 영어 공부할 때야 'Orange'라 쓰인 것을 '어륀지'로 읽으면 될 일이다.

어륀지와 비슷한 느낌으로 밀리터리 계에 잔잔한 파문을 일으켰던 것이 '미사일'과 '미슬'의 차이였다. 외래어로 정착된 것이 미사일이고 'Missile'을 원음으로 잘 읽어준 것이 미슬이다. 발음이야 모바일 같은 발음도 귀에 붙는 시절이니 굴려줘도 좋겠지만, 외래어로 정착되었다는 점이나 자료 검색의 통일성을 위해서 적어도 글은 미사일로 적어주는 것이 좋다. 중요한 것은 미사일이라고 쓰고 부르는 사람보다 미슬이라고 부르는 사람이 더 잘난 것은 아니라는 점이다.

외래어도 시대에 맞춰 변하고 솔직히 우리나라에선 어문정책의 변덕 때문에 자주 변한다. 어문정책에서도 보수적인 견해와 개방적인 견해가 있지만, 일단은 정해진 기준, 다수가 따르는 원칙, 그동안 지켜온 통일성 등을 고려해야 한다.

'Rocket'은 과거에는 '로케트'가 쓰였지만, 지금은 '로켓'이 되었고 이것도 미슬처럼 '롸켓'이라 적는 사람도 보긴 했다. 미사일도 시대가 좀 더 지나면 미슬이 될지도 모르겠지만 그러지는 않았으면 싶다. 왜냐하면, 데이터 검색을 할 때 과거 미사일로 기록된 많은 자료가 검색에서 벗어날 것이기 때문이다.

독일의 명장 롬멜 장군도 그동안 '롬멜'과 '로멜'이 함께 쓰여 왔다. 〈타임라이프 2차대전사〉같은 오래된 자료는 로멜로 적는 경우가 많고 최근 자료들은 롬멜로 적는 경우가 많다. 사전을 보면 백과사전은 독일인 인명을 중심으로 하여 롬멜로 적고, 국어사전은 외래어 표기 규정을 따라 로멜로 적어 의견일치를 보지 못했다.

국어표기에서 로멜로 규정했다 해도 롬멜이 독일어 발음에 가깝다고도 하고 무엇보다 기존 자료들을 검색할 때 롬멜이 더 지배적이라 일단은 계속 롬멜로 적어 나가는 것이 낫다는 판단이며 국립국어원에 의견을 내어 국어표기를 롬멜로 조정하는 게 낫다고 본다. 발음 못지않게 중요한 것은 자료의 가치와 연속성을 지키는 것으로 발음의 선명성(?) 보다는 앞뒤 맥락과 후대에 남길 자료를 먼저 생각한다면 뭔가 대인배의 기분마저 드는 것이다.

▶ '롬멜' 장군을 '로멜'이나 '러멜'로 부르는 일도 있다. 원어 발음을 강조하는 것은 좋지만, 기존 자료와 호환성을 고려하는 것도 중요하다.

Bir-Hakeim?

롬멜 장군 얘기가 나온 김에 하나 고백하고 지나가자. 언젠가 프랑스 외인부대의 격전에 대한 원고를 정리하면서 한 줌도 안 되는 프랑스 외인부대가 롬멜의 거센 공세를 지연시킨 전설의 방어전투, 'Bir-Hakeim'을 뭐라 읽어야 할지 몰라서 한동안 고민하다가 그냥 영어 스펠링만 적어 얼버무리는 묘수(?)를 부렸다.

지금까지 알려진 바로는 '비르하케임'이라 읽곤 했다. 〈타임라이프 2차대전사〉에서는 '비르 하케임'이라 띄어쓰기를 해서 적었고, 최근 책들에서는 '비르하케임'이라 붙여 적고 읽었다. 독일군과 싸운 것이기에 어딘가 독일 발음 같기도 하고 '비르'라는 말이 혹시 일본식 발음이 묻어 온 게 아닌가 미심쩍기도 한 묘한 구석이 있었다. 인터넷을 보면 다시 비르하케임이 와전된 것으로 보이는 '빌케하임'이라는 지명도 등장한다.

외인부대에 대해서라면 직접 발품 팔아가며 취재해 오신 임영훈 씨의 저서 〈외인부대〉를 보면 '버-하카임'이라고 영어식으로 읽는다. 영어 자료는 'Bir-Hakeim'이라고 표기되어 있고 당시 가자라 지구에 영국군이 설치한 방어진지 이름 중 하나로 원주민들의 지명을 따서 붙였다는 설명이 들어 있다.

원래 원주민 발음이 어떤지는 고증하지 못했지만 일단 'Bir-Hakeim'이라고 철자가 적힌 순간부터 영어식으로 '버-하카임'으로 불렸을 가능성이 크다. 당시 다른 방어진지의 이름들이 '켄싱턴'이니 '나이트 브리지'였던 것을 미루어 본다면 'Bir-Hakeim'도 영어식으로 불렀을 것이다.

임영훈 씨의 저서 〈외인부대〉에는 'Bir-Hakeim'을 읽는 또 다른 방법이 등장한다. 프랑스는 외인부대의 명예를 기억하기 위해 파리 지하철역과 다리에 'Bir-Hakeim'라는 이름을 붙이고 '비르-아켐므'라 부른다고 한다.

프랑스 역시 로마자라면 누가 뭐라든 자기들 식으로 부르는 친구들이기 때문에 영국 놈들이 뭐라 부르건 말건 '비르-아켐므'라 부를 것이다. 아마도(또는 분명히?) 1943년 북아프리카의 그 전투에서도 진지를 지은 영국군은 '버-하카임'이라 부르고 진지를 지키고 있던 프랑스 외인부대는 '비르-아켐므'라 부르지 않았겠나 싶다.

SAS?

북아프리카 전선 얘기가 나온 김에 문제. 북아프리카 전선에서 탄생한 영국군 특수부대로 초기 시행착오를 극복하고 사막의 달인으로 거듭난 특수부대가 있다. 현대에 와서는 대테러 진압을 앞장서 개척한 부대로 유명하며 지금도 아프가니스탄과 이라크에서도 알게 모르게 작전 뛰는 영국 특수부대 이름은 무엇일까요? 풀 네임은 'Special Air Service' 줄여서 SAS라고 적는 이 부대는?

정답은 '에스 에이 에스'다. 언제부터인가 SAS를 '사스'라고 부르는 경우가 있는데 아마도 'Sea-Air-Land'를 다 오간다고 하여 줄여서 'SEAL'이라 적고 그냥 '씰'이라 부르는 미국식을 응용한 것으로 보인다. 하지만, 일단 원조인 영국군 본인들은 죽으나 사나 '에스 에이 에스'라고 부르고 있으니 우리도 그렇게 부르는 것이 낫다.

하다못해 영화 〈러브 액츄얼리〉에서 수상으로 나오는 휴 그랜트가 실연당한 비서에게 작업 멘트로 '공수부대 보내서 너를 찬 그놈을 암살해 줄까?' 할 때도 '에스 에이 에스'라 부른다. 영국에서는 첩보기관인 'MI6'도 그냥 '엠 아이 식스'라 부르고 미국에서도 대개 세 글자짜리 기관들은 그냥 '에프 비 아이'나 '엔 에스 에이'로 읽으니 자기들이 부르는 대로 '에스 에이 에스'로 불러주는 게 예의일 것이다.

▶ 전설의 영국 특수부대 SAS는 '에스 에이 에스'인가 아니면 '사스'인가? 사진은 1980년 런던에서 있었던 이란대사관 구출작전.

미국에서도 특수부대에 종사하는 선수들은 '에스 에이 에스'로 잘 부르지만, 일반인 매니아들 중에서는 그냥 '사스'로 부르는 경우도 제법 있다. 하지만, 과거 매킨토시 사용자들이 IBM 계열 사용자들을 대략 '아범'이라 불렀을 때 듣는 아범들이 기분이 썩 좋지 않은 것처럼 SAS 출신들이 제일 듣기 싫어하는 소리가 바로 자신들을 '사스'라 부르는 것이라 한다.

참고로 SAS 출신들이 밝히는 구별법을 소개한다. 일단 '사스'라 한다면 볼 것도 없다. 선수들은 그렇게 부르지 않으니까. 또 자신이 SAS 대테러 부대 출신이라고 하면 역시 빨간 불이다. 대테러 팀이 따로 있는 미국 특수부대와는 달리 SAS에서 대테러 부대 역할을 하는 CRW(Counter Revolutionary Warfare)는 순환 근무로 거의 모든 대원이 한 번씩은 거치기 때문에 특별히 나 대테러 보직이다 자랑할 일은 없다고 한다.

실제 SAS 출신들은 SAS라는 단어 자체를 잘 쓰지 않고 정식 부대 명칭인 '2nd Special Air Service Regiment'를 쿨 하게 줄인 'Regiment'나 주둔지 이름인 'Hereford'로 자신들 부대를 지칭한다고 한다든가?

Chapter 6

모니터 속의 전쟁

61 모니터 속의 전쟁

최근 인류에게 닥친 중요한 변화라면 카메라를 가지고 다니는 사람들이 폭발적으로 늘어났고 이들이 찍어 대는 이미지들이 새로운 생태계를 만들어 가고 있다는 것이 아닐까? 그리고 이런 사정은 전쟁터라 해서 결코 예외는 아니다.

전쟁 그리고 이미지

개인에게나 집단에나 전쟁처럼 그 존재를 송두리째 뒤흔드는 강렬한 체험도 없을 것이다. 그래서 사람들은 여러 가지 방법으로 전쟁을 기록하고 전쟁에 참여하지 않은 다른 이들이나 후대에 기억을 남긴다. 전쟁은 시작과 과정과 결과가 있기 때문에 기본은 이야기로 전해지는 것이지만 사람이 가진 감각 중에 가장 강렬한 것이 시각인 것처럼 눈에 보이는 하나의 이미지로 전쟁을 압축해서 기억하고 전해지는 것은 무엇보다 중요했다.

이미지로 전쟁을 기록하는 것은 상당히 오래된 습관이어서 멀게는 동굴에 벽화 그리던 시절까지 거슬러 올라갈 수 있다. 다양한 그림이나 조각으로 전쟁을 압축해 왔지만, 사진이나 영화처럼 있는 그대로 이미지를 얻는 방법이 사람 손에 들어오면서 전쟁 기록은 새로운 단계로 들어섰다.

사진과 영화 기술이 발전하는 것과 발맞춰 전쟁에 대한 우리의 감수성도 함께 발전해 왔다. 2차 대전이 흑백 사진이라면 6·25 동란은 어딘가 색감이 어색한 컬러 사진으로 기억되고 베트남 전쟁하면 병사들을 따라다니며 찍은 흔들리는 비디오로 기억되는 것처럼 말이다.

전쟁 자체의 규모는 앞서 살펴본 전쟁들에 미치지 않고 그 결과도 미국의 일방적인 승리로 끝났지만 두 번에 걸친 미국과 이라크의 전쟁은 전쟁과 미디어라는 면에서 볼 때 지금까지와는 또 다른 새로운 단계를 우리에게 보여 주었다.

비디오 카메라, 위성 통신 그리고 인터넷으로 요약될 이 새로운 단계는 다시 '디지털'로 압축할 수 있을 것이다. 디지털 미디어에 담기고 가공되어 전달되는 전쟁은 이제 단순히 전쟁을 기록하는데 그치지 않고 다시 그 이미지들이 전쟁에 영향을 끼치고 심지어 승패마저 가르는 요인이 되기도 한다.

전쟁도 생중계가 되나요?

1991년 걸프전의 진정한 승자는 미국이 아니라 CNN이라는 얘기가 있다. 당시만 해도 제자리를 찾지 못했던 뉴스 전문 채널 CNN은 걸프전을 계기로 확고한 입지를 갖게 된다. 미국의 폭격이 시작된 날 바그다드 현지에서 하늘을 향해 날아가는 무수한 대공포탄의 궤적을 담은 영상을 위성으로 생중계하던 모습은 전쟁 기록에도 '리얼 타임'의 시대가 열렸다는 것을 선포했다.

지금까지 전쟁은 시차를 두고서야 일반인에게 전해지는 것이었지만 들고 다니기 좋은 비디오 카메라와 가방 하나 크기로 줄어든 위성 전화의 등장은 그 시차를 없애 버렸고 인류는 'Live' 글자가 새겨진 전쟁 영상을 거실에 앉아 TV로 보는 시대로 접어들었다.

2003년 이라크 전쟁은 걸프전으로부터 12년 동안 생중계 기술이 얼마나 발전하였는가를 유감없이 보여 주었다. 미군 탱크가 쿠웨이트-이라크 국경을 돌파하는 순간은 바로 그 탱크 위에 올라탄 기자에 의해 TV와 인터넷으로 생중계되었다.

전쟁 생중계에 등장한 새로운 세력도 있었는데 인터넷에 실시간으로 체험담을 올리는 '블로거'들이 바로 그들이다. 블로거들은 방송국처럼 화려한 영상을 제공하지는 못했지만 그들의 작은 목소리들이 인터넷을 통해 공유되기 시작한다면 얘기는 달라진다.

영국에 사는 블로거가 B-52 폭격기가 출격하는 모습을 목격하고 인터넷에 올리면 2시간 뒤 그 폭격기가 퍼부은 폭탄에 대해 바그다드에 사는 블로거가 글을 올리고 여기에 대한민국 블로거가 댓글을 다는 것이다.

이라크 전쟁에서 생중계의 진수를 선보인 것은 미군 자신이었다. 그 내막을 놓고는 잡음이 끊이지 않았지만 어쨌든 미국을 들었다 놓은 '린치 일병 구하기'는 특수부대원들에게 부착된 카메라를 통해 생생히 기록되고 잘 편집되어(?) TV를 통해 따끈따끈하고 박진감 넘치게 제공되었다.

영화 〈더 록〉(1996)에서 특수부대원에게 달아 준 카메라가 전하는

▶ 후세인 동상을 끌어내리고, 부시 대통령이 전투기를 타고 등장하며, 특수부대의 구출 작전을 중계방송하는 등 이라크 전쟁은 의도적인 이미지로 가득 차 있다.

영상을 높은 양반들이 실시간으로 지켜보는 장면을 보며 언젠가 저런 날이 오겠다 했는데 생각보다 빨리 그날이 왔다. 글쎄 이런 식이면 1인칭 시점으로 전쟁터 생중계만 전문으로 다루는 유료 채널도 생기지 않을까 하는 서글픈 상상도 해 본다.

게임처럼 또는 전쟁처럼

1991년 걸프전을 대표하는 영상을 또 하나 떠올린다면 '스마트 무기'의 고뇌를 다룬(?) 1인칭 시점일 것이다. 십자선 조준된 흑백화면, 그 자신과 목표물의 종말을 향해 하강하는 스마트 미사일(또는 폭탄)이 세상에 남긴 마지막 영상은 전쟁을 바라보는 또 다른 시점을 선보였다. 미군은 스마트 무기 영상들을 각종 매체에 물량공세로 퍼부으면서 자신들의 정밀 타격력을 과시했고 더불어 이 전쟁을 사람을 죽이는 행위가 아니라 어떤 물체들만을 골라 제거하는 미군 자신의 표현을 빌리자

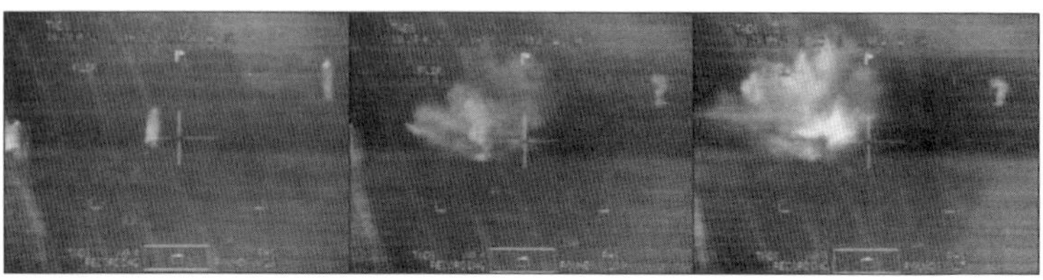

▶ 전투 평가를 위해 부착된 건 카메라 영상이 이라크 전쟁을 통해 방송과 인터넷을 통해 폭넓게 퍼지면서 전쟁과 살상을 오락으로 소비한다는 비판을 받았다.

면 '일종의 외과수술'로 포장하고 싶어 했다.

전선에 있는 소총수에 비한다면 폭격기 승무원들은 보다 강도 높은 살상을 한다. 하지만, 그에 따른 가책은 소총수가 더 강하게 느낀다고 한다. 소총수들은 자기 살상의 결과를 눈으로 볼 수 있고 직접 접촉도 하지만 폭격기 승무원들은 그냥 어떤 지점을 향해서 단추 몇 번 누를 뿐이라 별 감흥이 없다. 이런 현상을 두고 '고도(高度)의 도덕률'이라는 말도 쓴다는데 스마트 무기 영상들도 같은 효과를 불러왔다. 미군의 압승이긴 했지만, 미군끼리 오인 사격으로 손실도 발생했고 카프지 전투처럼 격돌도 있었고 무엇보다 이라크군 입장에서는 떼죽음 수준으로 피해를 보았지만, TV로 바라본 걸프전은 단추 몇 개로 해결된 깔끔한 전쟁이었다.

전쟁을 뭔가 하이테크한 것처럼 보도하는 태도는 최근 이라크 전쟁에서도 여전해서 여러 방송은 각종 무기 데이터를 화려한 그래픽으로 소개하고 전력 배치나 예상 시나리오를 축구 경기 중계하듯 소개하고 있다.

이런 태도들이 전쟁을 무겁게 받아들이기보다는 마치 게임처럼 흥미진진하게 접하게 하는 부작용이 있다는 지적도 있다. 아닌 게 아니라 최근 게임들이 선보이는 인터페이스와 실제 전쟁에서 얻어지는 이미지들 그리고 가까운 미래에 실용화될 보병용 인터페이스가 이미 근접하거나 들어맞고 있어 이것이 어떤 파급 효과를 가져 올지 생각하면, 아무래도 긍정적인 효과보다는 여러 부작용이 우려되는 상황이다.

알 자지라 신드롬

1991년 걸프전의 승자가 CNN이라면 2003년 이라크 전쟁의 승자는 단연 '알 자지라'다. 우리말로는 조금 이상하게 들리지만 아랍어로 '섬'이라는 운치 있는 이름을 가진 이 아랍어 위성방송은 비교적 개방적인 곳으로 알려진 카타르에 있다. 1996년 개국한 이 방송은 주변 나라로부터 곱지 않은 시선을 받기도 하지만 나름의 독립성을 유지하고 쟁점도 과감하게 다루고 있다. 이 알 자지라가 이라크 전쟁을 맞아 미국 일변도였던 전쟁 영상에서 경쟁자요 반론자로 등장했고 그 결과는 대성공이었다.

TV에 보이는 영상이 중요하다는 것을 깨달은 미군은 '임베디드 시스템'을 마련했다. 전선 취재를 원하는 기자는 미군이 제공하는 소정의 훈련을 받고 부대와 동행하며 취재 편의를 받지만 그런 만큼 무엇을 보여 줄 것인가를 어느 정도 통제할 수 있다는 것으로 어떤 영상이 TV로 전달되는가에 따라 천차만별로 변하는 미국 여론에 대응할 회심의 카드였다. 하여 미국 언론은 대략 정돈이 되나 싶었는데 난데없이 나타난 알 자지라가 미군들이 쓰러져 있는 장면이나 추락한 아파치 헬기를 내 보내고 이라크 공보장관이 큰소리치는 걸 틀어주니 환장할 노릇이었다. 오죽했으면 부시 대통령이 블레어 총리를 만나 알 자지라를 폭격하고 싶다고 속내를 털어놓았을까.

현대 전쟁에서는 미사일을 잘 쏘는 자 못지않게 TV를 움켜쥐는 자가 승리에 바짝 다가선다. 미국은 알 자지라에 폭탄을 퍼붓는 대신 미국 처지를 대변하는 아랍어 방송 '알 후라'를 만들었고 영국 BBC도 영국 외무부의 지원을 받아 알 자지라에 대응하는 아랍어 방송을 준비 중이다. 그런가 하면 알 자지라 성공에 자극받아 유사품도 속속 등장하고 있는데 요즘 미국 심기를 제일 긁고 있는 베네수엘라 차베스 대통령은 역시 미국을 아주 싫어하는 쿠바와 손잡고 '텔레수르'라는 위성방송을 출범시켰고 평소 CNN을 즐겨 보는 지도자 동지를 모신 북한도 비동맹국 국제회의에서 비동맹국 뉴스를 다루는 통신사를 만들자고 주장했다.

직찍과 리얼리티 TV

손쉽게 이라크를 접수하던 미군을 뜨악하게 만들었던 것이 미군들이 포로를 학대한 사실이 폭로된 일이었다. 문제는 이 사진들이 포로를 학대하던 바로 그 미군들이 직접 찍은 것으로 우리 식으로 이른바 '직찍'이었다는 점이었다.

포로를 학대하면서 그 심각성을 모르고 즐거운 표정을 하는 개념 상실은 이해하기 어렵지만, 그 장면을 직찍으로 담은 심정은 뭐 이해 못할 것도 아니다. 요즘 대한민국에선 식당에서 밥 먹기 전에 일단 사진

한 장 찍고 시작하는 사람들 많고 지하철에서도 한 칸에 서너 명은 셀카 찍고 있는, 바야흐로 개인화된 디카의 시대 아닌가 말이다. 미군 역시 병사들 개인이 휴대하는 각종 카메라를 어떻게 통제할 것인가를 놓고 고민이 많다고 한다.

요즘 케이블 TV를 보다 보니 미국 방송은 이른바 '리얼리티 프로그램' 천국이다. 무인도에서 생존하기, 짝짓기는 물론이요 권투 선수 만들기, 요리사 만들기, 성형수술시켜 신데렐라 만들기 등등 이제 TV는 현실을 묘사하는데 만족하지 않고 세상을 만들고 싶어 한다.

리얼리티 프로그램의 본고장 출신답게 미군들이 이라크에다 노하우를 전수했다고 하는데 그 내용을 보면 좀 뜨악하다. 미군이 훈련한 이

▶ 미군에 맞서는 세력들은 저격 장면이나 폭발 장면을 촬영 · 편집하여 배포하거나 심지어 판매까지 하고 있어 이라크에서 벌어지는 미디어 전쟁에 적극적으로 나서고 있다.

라크 특공대가 저항 세력을 색출하는 과정을 리얼리티 프로그램 형식으로 만들어 방송하는데 시청률이 제법 높다고 한다. 미군의 고민이 하루빨리 이라크군을 훈련해 미군을 괴롭히는 저항세력 뿌리 뽑기를 그들 손에 맡기는 것이라면 그런 마음을 리얼리티 프로그램으로 승화시키다니 역시 TV의 나라 미국이다.

하지만, 세상은 그리 만만한 게 아니라서 저항세력도 비디오 카메라쯤은 가지고 있다. 하여 저항세력이 미군을 공격하는 장면을 생생하게 비디오에 담아 거저 나눠주기도 하고 돈 받고 팔기도 한단다. 아예 촬영을 목적으로 카메라 앵글 미리 잡아 놓고 매복을 계획하기도 하고 이것도 하다 보면 나름의 편집 미학이 생기는 것인지 스나이퍼가 미군 사살하는 장면만 모아 놓은 모음집이 나오는 등 장르 분화도 이뤄지고 있다.

한쪽에서는 미군이 방송으로 저항세력 잡는 프로를 내보내고 다른 쪽에서는 그런 미군이 쓰러지는 장면을 저항세력이 DVD로 구워 파는, 또 다른 공방전이 이라크에서 벌어지고 있다. 어쩌면 비디오로 하는 이 전쟁이 총으로 하는 전쟁보다 더 중요한 것일지도 모르겠지만….

62 뜬금없는 영화 속 밀리터리

총 한 자루 들어주면 주인공 자세 나오고 비행기 한 대 날아가면 아무래도 영화가 확 살기 마련이다. 밀리터리는 영화에 즐겨 쓰이는 재료지만 때론 원래 맛과는 사뭇 다른 모습으로 등장하곤 하는데….

스텔스 침투기?

지금은 퇴역한 옛날 기체가 되어 버렸지만, 한때 F-117A는 스텔스 그 자체로 뭔가 비밀, 뭔가 첨단이었다. 독특하게 각진 그 모습 자체로도 기존 군용기와는 격이 다른 어딘가 스텔스한(?) 기운을 팍팍 풍겨냈고 에어쇼에 모습을 드러낼라치면 자동소총을 든 SP가 붙박이로 서 있을 정도로 귀한 몸이었다.

하지만, 조종사들이 붙인 '나는 다리미'라는 별명이 말해주는 것처럼

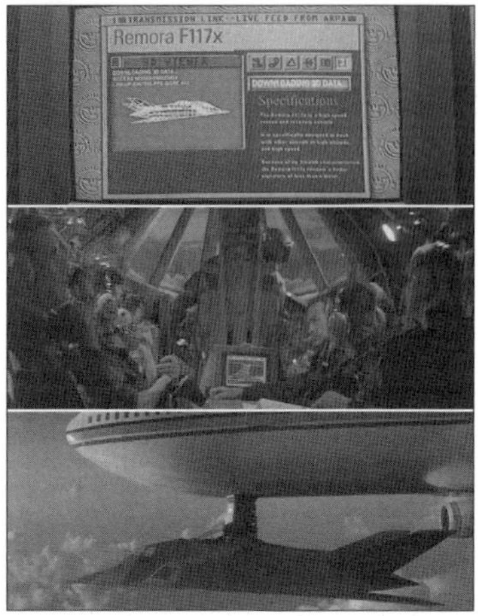

▶ 영화 〈화이널 디씨전〉에는 특수부대 침투용 스텔스기가 등장한다. 실제 F-117이 퇴역한 지금, 잠수함을 개조한 것처럼 스텔스기를 영화처럼 개조할지도 모를 일이다.

F-117A는 그 독특한 모습으로 말미암은 불안정한 조종성이 문제였다. 급격한 기동을 시도하면 실속하기 일쑤였고 최대 무기인 스텔스 성능도 공격을 위해 베이를 여는 순간 노출되는 약점이 있었다. 아직 그 비결이 정확히 밝혀지지는 않았지만, 코소보에서 1대가 격추되는 수모를 겪기도 했다.

실전에서 F-117A는 야간에만, 보안을 철저하게 지킨 경로로 침투시키는 방식으로 조심스럽게 운영되었지만, 영화에서는 그 독특한 모습과 뭔가 SF 느낌이 물씬 나는 느낌 때문에 박진감 넘치는 기동을 즐기는 기체로 등장하곤 했다.

F-117A에 대한 가장 과감한 해석은 〈화이널 디씨전〉(Executive Decision, 1996)이다. 스티븐 시걸이 포스터에 얼굴은 박아 놓고는 영

화 초반에 죽어버리는 낚시질(?)로도 유명한 이 영화에는 F-117X라는 특수한 기체가 등장한다.

영화에 등장하는 F-117X는 한마디로 특수부대를 실어 나르는 스텔스 택시다. 납치된 여객기 밑으로 접근해서 통로를 연결하고 공중에서 특수부대원들을 침투시킨다. 마치 전략원잠을 개조해서 네이비 씰을 실어 나르는 모함으로 쓰는 사례와 비슷한 발상인데, 설마 퇴역한 F-117A들이 이렇게 개조되는 것은 아니겠지요?

고기동 블랙버드?

F-117A는 '스컹크 웍스'의 작품이다. 스컹크 웍스는 록히드마틴사의 특수개발팀을 부르는 별명으로 U-2기를 비롯한 여러 혁신적인 발상들이 스컹크 웍스 손을 거쳐 실존하는 기체로 현실화되었고, 무엇보다 최초로 스텔스기를 실용화시킨 장본인들이다.

스컹크 웍스의 작품 중에서 F-117A 못지않게 독특한 모습을 가진 기체가 SR-71 '블랙 버드'다. 고공을 유유자적 날아가면서 구석구석 내려다보는 이 기체는 이런저런 이유로 현재는 실전에서 물러나 있지만, 우주선을 연상시키는 검은색 기체는 프라모델로도 오래도록 인기를 끌 정도로 우아한 자태를 뽐낸다.

나름 액션 하는 마이클 듀디코프가 주연한 〈화이널 카운트〉(Strategic Command, 1997)는 제목이 말해주듯 대 놓고 〈화이널 디씨전〉을 따라 하는 영화다. 이 영화에서 F-117A를 대신해서 등장하는 기체가 바로 SR-71 블랙버드.

〈화이널 디씨전〉과 마찬가지로 특수부대원들을 태우고 날아가서 납치된 여객기 동체 밑으로 접근해서 통로를 연결하는 역할을 맡는다. F-117A가 택시였다면 기체 크기가 훨씬 큰 SR-71은 타고 가는 대원들 처지에서는 보다 공간이 넉넉한 마을버스 느낌이었을까?

비밀이 많은 기체지만 현역에서 물러났기 때문인지 SR-71의 영화 출연도 잦은 편이다. 원래 SR-71은 미사일도 닿지 않는 고공에서 고고하게 날아다니는 기체지만 영화 〈토네이도〉(2005)처럼 폭풍 속으로 뛰어들어 고기동을 구사하는 역할을 맡는 경우가 있다.

스텔스를 추구하다 보니 기술적 요인으로 외양이 독특해지는 것도 있겠지만 자동차 메이커마다 고유의 느낌이 있는 것처럼 원래 스컹크 웍스의 디자인 센스가 좀 튀는 쪽이 아닌가 싶다. 역시 스컹크 웍스의 작품인 미 해군의 스텔스 시험선 '시 쉐도우'도 예사롭지 않은 외모 덕인지 영화 〈007 네버 다이〉(1997)에서 악당의 비밀스런 배로 등장하는데 영화사로부터 뭐라도 챙겨 받았는지 궁금하다.

육이오 느와르?

홍콩 느와르하면 누구라도 〈영웅본색〉, 〈첩혈쌍웅〉을 만든 오우삼을 떠올린다. 그 오우삼의 스승이 바로 장철 감독으로 할아버지나 아버지께 '외팔이 시리즈'를 아시냐고 물어보면 대번 '깡따위(姜大衛)'라는 배우 이름을 말해 주실지도 모른다.

주인공이 홀로 악당들과 맞서다가 결국 수많은 적에 포위되어 피 칠갑을 하며 스러져가는 무협영화를 주로 만들던 장철 감독이 우리 대한민국을 무대로 찍은 영화가 있으니 바로 〈사기사〉(Four Riders, 1972)다.

당시 홍콩영화는 중국 본토에서 촬영을 못 했기 때문에 한국이나 대만에서 촬영했고 누가 봐도 불국사인데 자막은 소림사가 나오는 식이었다. 자연스럽게 한국인 스태프들이 홍콩영화계로 진출했는데 한국인 스태프에게 한국전쟁 이야기를 듣고 흥미를 느낀 장철 감독이 휴전 직

▶ 한국전쟁 직후를 배경으로 만들어진 특이한 홍콩영화 〈사기사〉. 장철 감독은 한국인 스태프들이 들려준 이야기를 듣고 영화를 구상했다고 한다.

후 서울을 배경으로 퇴역 군인들이 펼치는 느와르를 찍은 것이다.

〈사기사〉는 배경이 서울이지 전형적인 홍콩영화로 흘러가지만, 가끔 흘러나오는 우리말 대사나 어딘가 고증을 한 것 같기도 하고 대충 가는 것 같기도 한 헌병들이 단체로 몰려다니며 끝내는 카빈을 난사해서 (그것도 장충체육관에서) 악당과 주인공들을 가리지 않고 단체로 쓰러뜨리는 장면은 묘한 정서를 불러일으킨다.

〈사기사〉 이후 장철 감독은 무협을 벗어나 현대를 배경으로 한 영화들을 찍곤 하는데 〈해군돌격대〉(The Naval Commandos, 1977)는 일본 해군을 무찌르는 무협(?) 청년들을 등장시킨다. 전쟁영화인 척하다가 무협 느와르가 된다는 점에서는 〈사기사〉와 일맥상통한다고 할까?

〈해군돌격대〉는 대만 해군의 전폭적인 도움을 받아 만들어졌는데 영화 초반부에 당시 대만 해군과 해병대의 상륙작전 장면이 담겨 있어 일종의 자료 노릇도 한다. 밀리터리 매니아라면 후반부 무협활극보다 당시 제식 소총이던 M14를 들고 내달리는 대만 해병대원들의 모습에서 더 쾌감을 느낄 것이다.

캐나다를 공격해?

미국과 국경을 맞댄 나라는 위로는 캐나다 아래로는 멕시코가 있다.

멕시코와는 영화 〈알라모〉같은 곳에서 그려지듯 영토를 두고 전쟁을 치른 경험이 있지만, 캐나다와 미국은 전쟁은 생각할 일 없이 사이좋은 이웃처럼 느껴진다.

다큐멘터리 〈화씨 911〉로 유명한 마이클 무어 감독이 만든 극영화 〈캐나다 베이컨〉(Canadian Bacon, 1994)에서는 망해가는 군수산업을 되살리려고 캐나다를 냉전 상대로 택하는 미국 대통령이 등장한다. 대중매체를 동원해서 캐나다가 미국에 위협이 된다고 국민을 구워삶는다는 얘기인데 〈사우스 파크〉 극장판에서도 미국이 캐나다를 침공하는 내용이 등장하는 것을 보면 나름 족보가 있는 농담인 것 같다.

최근 공개된 기밀자료를 보면 1930년대에 미군은 캐나다 침공 계획을 진지하게 세웠다고 한다. 미국과 영국이 사이가 틀어지면 영연방에

▶ 영화 〈캐나다 베이컨〉은 미국이 캐나다를 침공하려 한다는 내용의 코미디다. 애니메이션 〈사우스 파크〉 극장판에도 굳이 캐나다에 전쟁을 거는 미국이 등장한다.

속하는 캐나다를 제압한다는 내용으로, 폭격을 하고 국경을 넘어 거점을 점령하는 일반적인 작전 외에 미국 내에 캐나다인들을 집단 수용소에 억류하는 방안까지 들어 있는 것을 보면 그때는 꽤 진지한 문제였나 보다. 아직 공개되지는 않았지만, 당시 캐나다군도 미국에 대한 전쟁계획을 세웠다고.

미국과 영국은 2차 대전과 냉전시대를 거치면서 이라크 전쟁을 함께 치를 정도로 밀착되어 있고 캐나다군도 아프가니스탄에 파병했으니 당장 미국과 캐나다가 전쟁을 치를 일은 없을 것이다. 미군의 북미지역 방공망도 캐나다군과 긴밀한 협력 체계를 이루고 있다.

군사 분야에서 캐나다가 미국의 심기를 건드리는 것 중의 하나는 미군 탈영병들이 캐나다로 향한다는 점이다. 이라크 전쟁에서 염증을 느낀 미군들이 휴가를 이용 캐나다로 넘어가서 난민 신청을 하고 눌러앉는데, 아직까지 캐나다는 이들에게 관대한 처분을 내리고 있다. 캐나다는 과거 베트남전 때에도 참전을 피하고자 국경을 넘어온 미국 청년들을 받아준 경험이 있기에 미국의 보수주의자들은 미군 탈영병을 받아주는 캐나다에 대해 불편한 속내를 드러내곤 한다.

63 펭귄 인 액션?

딸아이를 데리고 극장 나들이를 갔다. 뉴요커(?) 출신 동물들이 아프리카를 누비는 애니메이션 〈마다가스카 2〉를 보니 실질적인 주인공 펭귄 특공대가 눈에 쏙 들어온다. 내친김에 찾아보는 밀리터리 문화 속에 존재하는 펭귄들!

펭귄에 맞아 볼까

펭귄은 남극에만 사는 정말 독특한 생물이다. 남극이라는 혹독한 자연환경에서 살아남으려고 나름의 모습으로 진화한 펭귄은 한 마디로 서바이벌의 달인들이다. 몰아닥치는 폭풍에 맞서 무리를 지어 체온을 나누는 펭귄 무리의 모습은 그 자체로도 사람들에게 진한 감동을 준다.

하지만, 가혹한 남극에서 생존하기 유리하도록 진화한 펭귄들의 몸매 하며 그로 말미암아 연출되는 뒤뚱뒤뚱 걷는 걸음걸이는 아무리 가산점을 준다 해도 전투적인 이미지와는 거리가 멀다. 그렇다. 펭귄은

▶ 이름과 외형이 이렇게 잘 맞아떨어지는 경우도 흔치 않다. 펭귄 대함미사일이 날아온다면 귀여워서라도 피하기 어려울 것 같다.

전투와 연관 짓기에는 너무 귀엽다. 표범에 호랑이는 물론이고 하다못해 고양이들조차도 이런저런 무기 체계에 이름을 남기지만 펭귄 이름을 따서 무기 이름을 짓기란 쉽지 않은 노릇이다.

펭귄이라는 이름이 붙은 거의 유일한 무기는 바로 노르웨이의 '펭귄 대함미사일'이다. 펭귄 대함미사일은 헬리콥터나 고속정과 같은 플랫폼에서 사용할 목적으로 개발된 작고 깜찍한 녀석이다. 1972년 노르웨이 해군 고속정에 탑재된 것을 시작으로 NATO 주요 군대의 헬리콥터와 고속정에서 운용되었고 미군에서는 AGM-119라는 제식명을 갖고 있다.

펭귄을 개발한 노르웨이 해안은 우리가 지리 시간에 배운 대로 들쑥날쑥한 피오르 지형으로 구성되어 있다. 당시 NATO의 주요한 적으로 상정되어 있던 소련의 전함들이 나타났을 때 피오르 지형에 기대어 고속정과 헬리콥터로 공격한다는 구상이 펭귄 대함미사일의 개발 배경이었다. 아무리 소련이 무섭다 해도 거하게 해군을 육성하기 어려웠던 노르웨이에 펭귄 대함미사일은 요긴하고 알찬 한 방이 되어 주었다.

오래된 해전 시뮬레이션 '하푼' 시리즈를 기억하시는 분들이라면 피오르 지형 뒤에 숨어 소련의 전함들이 펭귄 대함미사일의 사정거리 안에 들어오기를 기다리던 숨 막히는 순간들을 기억할 것이다. 작고 강력한 탄두를 가지고 있어 충분한 타격을 줄 수 있지만, 홈그라운드의 이점에 기대어 적이 다가올 때까지 들키지 않고 기다려야 하던 노르웨이 해군의 심정은 가혹한 남극에서 폭풍이 지나고 해 뜰 날을 기다리던 펭귄과 통했을지도 모른다.

대함미사일로서 펭귄의 성능은 역사에 맡긴다 치고 필자가 감탄하는 것은 그 디자인 센스다. 이름을 먼저 짓고 미사일을 만들지 않았나 싶을 정도로 펭귄 대함미사일은 펭귄과 많이도 닮았다. 대체로 날카로운 선을 강조하기 마련인 미사일의 세계에서 독특한 곡선의 날개를 가지고 있어 (그럴 이유는 없겠지만) 수직으로 세워 놓으면 정말 펭귄 같은 형상이라고 할까?

▶ 펭귄 대함미사일은 다양한 플랫폼에서 발사 가능한 것이 특징으로 Mk1은 고속정, Mk2는 헬리콥터, MK3는 전투기에서 운용한다.

펭귄님께 받들어 총

인간과 관계를 맺은 여러 동물은 바로 그 '관계' 때문에 인간과 함께 전쟁에 나서기도 한다. 인간의 전쟁터에 동물이 끌려나와 목숨을 잃는 것은 그리 아름다운 일은 아니지만, 21세기인 오늘도 여러 동물이 전선에 서고 있다.

그렇다면 펭귄은? 영화 〈배트맨 2〉에 등장하는 악당 펭귄맨은 펭귄 등에다 미사일을 달아 전선에 투입하기도 했지만, 그것은 팀 버튼 영화에서나 가능한 일이고 정신이 제대로 박힌 사람이라면 뒤뚱뒤뚱 걷는 펭귄을 군대에 입대시킬 생각을 하지는 않을 것이다.

하지만, 세상엔 이런 일도 있고 저런 일도 있기 마련이어서 현역으로 활동하는 펭귄이 있다고 한다. 그것도 영관급으로 말이다. 훈장 받은 당나귀도 있는 세상이니 영관급 펭귄도 그럴 듯하다. 애초에 펭귄은 복장 상태가 예복 느낌이라 장교가 어울리기도 하니 말이다.

문제의 펭귄 대령은 노르웨이 왕실 근위대 소속으로 특이하게도 근무지는 스코틀랜드의 에든버러 동물원이다. 긴 사연을 간단하게 정리하자면 1913년에 에든버러 동물원이 개장할 때 노르웨이에서 펭귄을 선물했고 세월은 흘러 1960년대 에든버러를 방문했던 노르웨이 왕실 근위대원들이 고향 까마귀 아닌 고향 펭귄을 발견하고 반가워하던 중 아예 1972년에 상병 계급을 주고 고향 펭귄을 발견한 병사의 이름과 노르웨이 국왕의 성을 합쳐 'Nils Olav'라는 이름까지 주었다고 한다.

▶ 사열을 받는 펭귄 대령. 펭귄은 물론 다른 동물들을 통틀어도 가장 계급이 높지 않을까 싶다.

그 후 노르웨이 왕실 근위대원들이 에든버러를 방문할 때마다 착실하게 진급하였고 원래 펭귄이 중사까지 진급하고 세상을 뜨자 'Nils Olav II'가 임무를 이어받아 1993년 연대 주임상사를 거쳐 2005년 명예대령으로 진급하게 된다. 2008년에는 노르웨이 왕실로부터 기사 작위를 받게 이르는데 아무래도 밀리터리 계에 펭귄을 미는 '배후 세력'(?)은 노르웨이지 싶다.

날아다니는 펭귄

펭귄은 날지 못하는 새의 대명사다. 노는 게 제일 좋은 '뽀로로'의 인생 목표도 날아다니는 펭귄이 되는 것이다. 뭍에서 뒤뚱거리는 펭귄이지만 물속에서는 제대로 날아다닌다. 이미 뽀로로의 친구들이 뽀로로에게 물속에서 날아다니라고 권해 준 적이 있고 일본 어느 동물원에서는 관람객 머리 위로 펭귄들이 헤엄쳐 다니게 하여 날아다니는 펭귄으로 인기를 끌고 있다.

뭐 물속에서 난다고 해도 그건 헤엄치는 것이고 하다못해 폼 나게 떨어지는 것일지라도 하늘을 날고 싶은 로망이 펭귄에게 있을까? 〈마다가스카 2〉에 나오는 뭐든지 오퍼레이션으로 수행하는 펭귄들은 비행기를 타고 날아다니는데 어떤 관점에서 본다면 이 영화는 펭귄들이 비행기를 이렇게 저렇게 고쳐 나가는 메카닉물 일지도 모르겠다. 막판에는 미 해병대의 최신예기 오스프리처럼 호버링이 가능한 비행기까지 등장하니 말이다.

밀리터리의 세계에서는 호랑이도 날개를 달고 날아다니는 세상이지만 펭귄이 날아다니는 경우는 쉽게 다가오지 않는다. 하다못해 호랑이야 워낙 한칼이 있으니까 날개를 달고 날아다녀도 밀리터리 하지만 펭귄이 날아다닌다 생각하면 귀엽기는 한데 밀리터리하지는 않으니 말이다.

하지만, 뭐 역시 세상에 이런 일이 찾으면 하나쯤은 없겠나? 〈마다가스카 2〉의 펭귄들이 '에어 펭귄을 이용해주셔서 감사합니다.' 했다면 '펭귄 에어'라는 별명을 가진 부정기 항공편이 당당히 현역으로 활동하고 있다고 한다.

주인공은 미군이 남극 기지 보급 임무에 투입하는 스키 착륙 장치를 장비한 LC-130 허큘리스 수송기들이다. 원래 허큘리스 수송기는 활주로 아닌 곳에 잘도 내리는 터프한 기종이지만 스키 착륙 장치를 달고 눈보라 일으키며 남극에 내려서는 모습은 허큘리스가 연출하는 여러 착륙 장면 중에서도 박진감 넘치는 순간이다.

남극 기지에 보급을 책임지고 유사시에 인명을 구조하는 임무를 가진 스키 신은 허큘리스 들은 노즈 아트로 귀여운 펭귄 마크를 달고 다니며 펭귄이 들어가는 여러 가지 별명으로 불리고 있다. 비행대 패치에서 허큘리스에 올라타고 신나게 날아오르는 펭귄을 보니 날지 못하는 펭귄의 한이 조금은 풀리지 않았겠나 싶다.

▶ 남극 기지 보급 임무를 맡은 '펭귄 에어'. 스키를 달고 빙판에 내리는 모습은 C-130 계열이 수행하는 임무 중에서 터프한 장면으로 유명하다.

63 람보? 람보!

영화 〈람보〉 시리즈는 1982~1988년 사이 모두 세 편이 만들어진 옛날 영화지만 '람보'라는 단어는 21세기까지 살아남아 특수부대를 상징하고 있다. 20년 만에 돌아온 〈람보〉 4편을 보고 돌아보는 〈람보〉와 특수전 이야기.

람보는 그린베레

'베트남 참전용사 존 람보가 전우를 만나러 왔다가 악질 보안관의 횡포와 사회의 냉대에 욱! 한다.'라고 정리하자니 좀 미안한 마음도 드는 영화 〈람보〉(1982)는 단순한 액션영화는 아니었다. 미국으로 돌아온 베트남 참전용사를 통해 전쟁의 허무함이나 개인의 실존을 담아낸 영화들은 많았지만, 주인공이 자살하거나 외톨이가 되던 다른 영화들과는 달리 존 람보는 혼자만의 전쟁을 일으키는 것으로 세상에 답한다.

▶ 〈람보〉 1편은 베트남 전쟁에 대한 사회적 메시지를 담고 있었지만 2편부터는 화려한 액션으로 옮겨 갔다.

람보 시리즈에서 잊지 말아야 할 것은 주인공 존 람보가 그린베레 출신이라는 점이다. 그린베레는 미국 특수전의 뿌리요 대들보라 하겠지만, 이들처럼 제값을 못 받는 특수부대도 없다. 네이비 씰이나 델타포스처럼 언론의 화려한 주목을 받는 것도 아니고 아직도 그런 부대가 있느냐는 취급도 때론 받으며 그것보다 더 환장할 것은 어떤 역할을 하는지도 늘 오해를 받고 있다. 하다못해 레인저보다도 안쳐주는 것이 요즘 그린베레의 처지랄까?

미국은 2차 대전을 겪으며 특수전이라는 새로운 장르를 맛보게 된다. 특히 태평양전선에서 원주민들과 힘을 합쳐 일본군에 대항했던 경험을 통해 현지인을 무장시켜 적을 괴롭히는 것이 꽤 남는 장사라는 것을 알았다. 하지만, 전쟁이 끝나자 보수적인 육군은 특수전 채택을 게을리했고 한국전쟁에서도 KLO를 비롯한 유격대를 홀대한 것처럼 아직 게릴라전을 받아들일 준비가 되지 않았다.

특수전에 대한 무관심과 냉대 속에도 일단의 군인들은 이 부분에서 새로운 패러다임을 보았다. 큰 역할은 하지 못했지만, 한국전쟁에 일단의 그린베레가 투입되었고, 오히려 미군이 게릴라전이라는 덫에 걸려 허우적거리는 신세가 된 베트남전쟁에서 그린베레는 본격적으로 자기 구실을 했다. 베트남전쟁이 미군 특수부대의 고향이라면 곧 특수부대의 대명사가 될 존 람보가 베트남 참전용사, 그것도 그린베레 출신인 것은 필연이었다.

그린베레는 게릴라 전문가

그린베레는 게릴라전의 전문가다. 그들은 자체로도 강력한 타격력을 가지고 있지만, 하나하나가 인간병기가 되어 목표를 향해 돌격하기보다는 좀 더 큰 그림과 다른 역할을 가지고 있다. 그린베레는 적진에 투입되어 현지인을 무장시켜 적과 맞서게 한다. 이런 무력으로 적을 궤멸시킬 수는 없지만, 적의 발을 묶어두고, 적의 자원을 소모시키며, 본대가 적을 공격할 때 중요한 정보를 제공할 수 있다.

베트남에서 그린베레는 원주민들을 조직해서 부대로 만들었다. 이들은 정글에서 태어나고 자란 존재였기 때문에 역시 정글을 무기 삼아 미군을 괴롭히던 베트콩에 일종의 천적 역할을 했다. 지난 테러와의 전쟁 과정에서 필리핀에서 작전 중인 그린베레가 언론에 노출되었는데 여기서 그린베레는 필리핀 특수부대를 업그레이드시켜 이슬람 반군을 저지하는 임무를 수행했다. 앞장서서 직접 전투도 치르지만, 기본적으로 현지에서 우호적인 세력을 발굴해서 적과 싸우게 하는 것이 일종의 전도사에 해당하는 그린베레의 역할이다.

적대적인 환경에서 스스로 생존하며 남도 가르쳐야 하기 때문에 그린베레가 갖춰야 할 자질은 만만치 않다. 정규군과 싸워야 하기 때문에 정규군 전술에도 정통하면서 그런 정규군을 괴롭히는 비정규군 전술에도 밝다. 적아를 가리지 않고 무기란 손에 들어오는 대로 써야 하기 때문에 각종 무기에도 능통해야 한다. 미군의 강점인 항공지원이나 포병지원을 받으려면 통신이나 관제도 기본이다. 언어와 의료 역시 그린베레가 강조하는 분야인데 스스로 생존을 위해서도 그렇지만 현지인을 이끄는데, 강력한 무기가 된다.

〈람보〉 1편에서 혼자서 보안관들과 주 방위군을 상대해야 하는 존 람보는 바로 이 그린베레의 내공으로 신출귀몰하게 된다. 정규군이란

▶ 특수부대의 대명사가 된 람보는 미 육군 특수전 부대인 '그린베레' 출신이다. 베트남 정글부터 이라크 사막과 아프가니스탄 산악까지 그린베레의 작전은 계속되고 있다.

다른 정규군과의 대결을 전제로 훈련된 존재다. 이들은 진지를 점령하고 지키는 것은 곧잘 하지만 특정한 진지를 고집하지 않으면서 허점을 파고들어 손실을 강요하고 나서 재빨리 퇴각하는 비정규군에겐 애를 먹기 마련이다. 영화 전반부에서 사회 낙오자 취급당하던 람보가 일단 숲 속의 게릴라로 돌변하는 순간 수많은 정규군을 홀로 상대하는 괴력을 발휘하는 것도 정규전과 특수전의 틈을 정확하게 찔렀기 때문이다.

람보 대 코만도

사실 우리가 아는 람보의 대중적인 이미지는 모두 〈람보 2〉(1985)에서 왔다. 1편에서 상관의 설득으로 항전을 중단하고 감옥으로 걸어갔던 람보가 여전히 베트남에 억류된 미군 포로를 구출하기 위해 베트남 정글로 돌아간다는 〈람보 2〉는 1편에 존재했던 칙칙한 기운을 걷어내고 화끈한 액션의 향연으로 지금 봐도 주먹을 불끈 쥐게 하는 힘이 있다.

2편에서의 람보는 1편에서 보여 주었던 그린베레 액션에 당대를 지배하던 근육질 남성이 다 때려 부순다는 80년대 액션영화의 시대정신(?)을 잘 버무린 존재다. 이제는 정규군이 되어버린 베트남 군인들은 물론 특수부대를 잡으려고 투입된 소련 특수부대 스페츠나츠와도 한

▶ 람보의 영향을 받았다면 일단 M60을 들어야 한다. 액션스타 척 노리스도 베트남 포로를 구하는 〈대특명〉을 찍었고, 아놀드 주지사님도 특수부대 영화 〈코만도〉를 찍었다. 찰리 쉰은 람보를 패러디한 영화 〈못 말리는 람보〉로 큰 웃음을 주었고 심형래의 영구와 땡칠이 시리즈도 〈영구 람보〉를 선보였다.

판 대결을 벌인다. M60이 한 손에 들려지느냐, 헬기 내부에서 LAW를 쏘는 게 되냐 안 되느냐 등등 돌아서면 갑론을박도 있었지만, 극장에서 볼 때는 시원하게 손뼉을 치게 하는 힘이 영화 〈람보 2〉에 있었다.

람보 하면 '혼자서도 잘해요.'지만 원래 특수전은 철저한 팀플레이다. 람보를 배출한 그린베레만 해도 A팀이라 부르는 기본 유닛을 중심으로 모든 작전이 진행되고 기본 유닛을 강조하는 것은 네이비 씰이나 델타포스라고 다를 것은 없다. 정작 그 그린베레 출신인 람보가 영화를 통해 '특수부대란 낙하산으로 한 놈만 떨어뜨려 놓으면 다 해치운다.'라는 강렬한 인상을 남겨 특수부대 하면 일당백이나 적어도 17:1 정도는 가능하다는 상식 또는 편견의 장본인이 되었다.

80년대 중반에는 람보를 의식해서 액션 좀 한다는 양반들은 다 M60을 들어주는 게 유행이 되었는데 대표적인 라이벌로 아놀드 슈워제네거의 〈코만도〉(1985)가 있다. 미군 특수부대에 코만도가 있다는 어딘가 어색한 설정 자체가 보여주듯 〈코만도〉에 등장하는 특수부대는 80년대 액션영화의 상식과 편견 속으로 깊게 발을 담그고 있다. 2개 소대 분량의 무기를 혼자 짊어지고 들어가 탄창 갈아 끼우기도 귀찮은지 한 번 쏘면 버리고 다음 총을 꺼내 쓰며 섬 하나를 쑥대밭으로 만든다.

그린베레 출신 람보는 적을 만나면 뭐 좀 정글 속으로 숨기도 하지만 액션영웅 코만도의 사전에는 은폐 및 엄폐라는 단어가 없다. 그냥 서서 걸어가면서 쏘면 적들이 낙엽처럼 우수수. 하지만, 특수부대원들의 실전 사례를 보면 침투하다가 적과 만나면 일단 튄다. 비정규군이 정규군을 괴롭히는 것은 불시에 뒤통수를 칠 때 가능한 것이지 일단 정면으로 마주칠 경우엔 밑지는 장사가 된다. 네이비 씰이 각종 기관총을 들고 다니는 이유가 걸렸을 때 화끈하게 퍼붓고 후다닥 도망칠 틈을 만들기 위해서라는 것도 아는 분들은 다 알지 싶다.

케네디와 레이건 그리고 람보

영화 〈람보〉는 1편과 2편이 사뭇 다른 분위기지만 모두 베트남에 본적을 두고 있다. 람보뿐 아니라 미군 특수부대는 모두 베트남과 깊은 인연을 가지고 있어 그린베레는 물론 오늘날 특수부대의 간판스타인 네이비 씰이나 델타포스도 베트남 정글에서 자기 몫을 찾았다.

하지만, 전쟁은 특수전으로만 이뤄지는 것은 아니며 오히려 베트남 전쟁은 적의 특수전에 말려들어 미군 정규군이 패배한 전쟁으로 기억된다. 전쟁 자체가 패배의 그림자를 길게 드리우는 마당에 특수전의 성과를 언급하는 것 역시 조심스러운 일이었다.

〈람보 2〉는 베트남전쟁에 대한 패배주의를 액션으로 시원하게 씻어내는 영화다. 이것은 영화 한 편으로 이뤄진 일이라기보다는 당시 미소 대결구도를 이끌며 미국인들을 후끈 달아오르게 했던 레이건 대통령의 행보와도 깊은 관계가 있다.

레이건 대통령은 강한 미국, 액션 미국을 연출했고 이를 위해서 뭔가 특수한 친구들이 공산당을 때려 부수는 영화들이 한 몫 단단히 했다. 레이건 대통령은 특수부대가 나오는 액션영화만 밀어준 것이 아니라 현실에서도 특수부대를 키우고 써먹는데 시원시원했다.

재미있는 것은 미군 특수부대가 자리를 잡는데 큰 역할을 한 두 대통령인 케네디와 레이건의 관계다. 민주당과 공화당이라는 차이점은 물론이고 출신 배경이나 성공 시기, 정책 성향 모두 사뭇 다르지만, 특수부대에 깊은 애정을 갖고 의욕적인 투자를 했다는 공통점을 가지고 있다.

케네디와 레이건의 또 다른 공통점이라면 둘 다 미국인들의 대중적인 지지를 받았다는 점인데 어쩌면 마치 영화를 연출하듯 미국인들을 들었다 놓았다 하던 이 두 대통령은 특수부대라는 간판스타를 내세워 군사력이라는 장르를 이끌려 했던 것인지도 모르겠다.

람보가 아프가니스탄에 가서 무자헤딘을 돕는다는 〈람보 3〉(1988)은 시리즈 최악이라는 평가를 받았지만 결국 아프가니스탄에서 세력을 키운 빈 라덴이 미국을 공격한 지금에서 돌이켜 보면 무슨 예언 같은 느낌마저 든다.

영화에서 중요한 인물로 등장하는 무자헤딘 지도자는 실존했던 대소련 전쟁의 영웅 마수드 장군이 모델이다. 실존인물 마수드는 9·11 이틀 전 탈레반의 자살폭탄 테러로 암살당하는데 탈레반과 알 카에다의 위험을 미국에 경고했던 그의 죽음을 안타까워하는 이들이 많으니 빈 라덴을 돕지 않고 마수드를 도운 존 람보는 일종의 선견지명을 가졌던 것일까?

65 블루 썬더 VS 에어 울프

세계 최강의 공격용 헬리콥터는 무엇일까? 실전 경험을 부쩍 쌓은 아파치? 러시아의 자존심 호컴? 작지만 세련된 유럽의 타이거? 하지만, 이들에 앞서 '에어 울프'가 있었다. 추억의 에어 울프를 타고 공격 헬리콥터의 로망으로!

블루 썬더–최첨단 경찰 헬리콥터

1983년 극장판 영화로 만들어진 〈블루 썬더〉는 LAPD에 시험 도입된 첨단 헬리콥터를 소재로 하고 있다. 1984년 LA 올림픽을 앞두고 군에서 대테러용으로 개발한 제식명 N77GH, 일명 '블루 썬더'를 경찰이 인수하여 시험 운행하면서 벌어지는 이런저런 사연들을 다루고 있다.

명절 때 가끔 TV에서 해주는 것 중에 미국에서 도망가는 범인들의 비극적인 최후를 모은 비디오물이 있는데 대부분이 헬리콥터에서 촬영한 것이다. 미국 경찰들은 일상적인 교통 감시부터 범인 추적까지 헬리콥터를 적극적으로 활용하는 편이고 여기에 발맞춰(?) 각 방송사에서도 헬리콥터를 띄우기 때문에 한국에서 경찰 무전이 뜨면 견인차가 몰리듯이 미국에서 경찰 무전이 뜨면 각종 헬리콥터가 모여들기 마련이다.

블루 썬더 역시 경찰에서 쓰일 목적으로 만들어졌기 때문에 정찰과 감시에서 탁월한 성능을 자랑하고 있다. 조종석 자체가 시원하게 트여있고 레이더는 기본에 야간에 열 영상 감시도 되는 카메라가 달렸고 마이크를 이용해서 도청도 가능하다. 또 헬리콥터에서 경찰 데이터베이스에 접속해서 바로 신원조회도 가능한데 요즘이야 이런 기능은 우리 동네 경찰차에도 있지만 26년 전이라는 걸 고려해 본다면 당시로선 말 그대로 첨단 장비였다.

물론 테러범을 상대할 목적으로 20mm 벌컨포가 묵직하게 달렸고 헬멧과 연동하여 조준도 정밀 조준도 가능한 공격력을 갖추고 있지만, 정숙 모드를 작동시키면 로터 소음을 극도로 억제하여 건물 바로 옆에서 호버링을 해도 아무도 모르는 기능이야말로 경찰 헬리콥터로서 가장 탐나는 기능이 아닐까 싶다. LA 밤하늘을 소리 없이 누비며 스텔스와 스토킹 사이를 넘나드는 헬리콥터가 바로 블루 썬더다.

에어 울프-초음속 공격 헬리콥터

1983년 극장에 걸렸던 〈블루 썬더〉는 필자는 재미있게 봤지만, 흥행과 비평 모두에서 그저 그런 반응을 얻었고 1984년 같은 이름의 TV 시리즈가 만들어졌지만 역시 지지부진했다. 하지만, 바로 1984년에 〈블루 썬더〉에 영향받아 태어나 큰 인기를 누린 걸작 헬리콥터 TV 시리즈가 있었으니 바로 〈에어 울프〉다.

에어 울프는 프로젝트명 A56-7W로 개발된 공격 헬리콥터로 정식 군사 계통보다는 CIA 느낌이 드는 극 중 이름으로는 '헤븐'이라는 조직이 주도해서 개발한 녀석이다. 에어 울프 역시 최첨단 기능들이 압축되어 있어서 플레어나 채프 그리고 재밍을 이용해서 적 미사일을 회피하고 데이터 링크 기능을 이용해서 적 무기를 바로 식별하기도 하는데 지금이야 실제 공격 헬리콥터들에도 기본이지만 역시 25년 전이라는 걸 생각해 본다면 당시로써는 대단한 물건이었다.

특히 에어 울프가 자랑하는 것은 전투기에 버금가는 고기동성으로

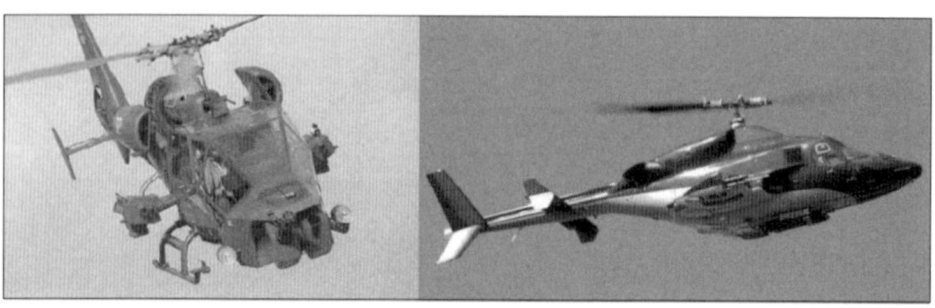

▶ 1980년대 공격 헬기의 로망을 담아낸 〈블루 썬더〉(왼쪽)와 〈에어 울프〉(오른쪽). 지금은 아저씨가 되어버린 20세기 소년이라면 분명히 기억할 것이다.

헬리콥터 주제에 초음속으로 날아다녔다는 얘기다. 요즘은 공유급유 가능한 헬리콥터들이 실존하지만, 당시에는 공중급유를 받으며 날아가 임무를 수행하고 미그기하고 맞짱을 뜨는 가공할 위력을 선보였다. 공중 급유기 후방에서 급유봉을 조정하는 승무원이 급유 상대가 헬리콥터임을 알고 눈이 휘둥그레지는 장면이 즐겨 등장한 것도 그런 이유에서였을 것이다.

공격 헬리콥터인 만큼 무기도 쟁쟁해서 30mm 체인건과 40mm 기관포가 양쪽에 달려 불을 뿜고 3문의 미사일 발사기에서는 헬파이어, 레드아이, 코퍼헤드, 팰콘 같은 이름을 가진 공대지나 공대공 미사일들이 튀어나오는데 백발백중인 것은 두말하면 잔소리다. 게다가 이 모든 무기가 평소에는 기체 안에 깔끔하게 수납되어 있다가 필요할 때만 꺼내 쓰는 방식이니 앞서간 스텔스 설계라고 할 수 있다.

싸우면 누가 이기나요?

블루 썬더와 에어 울프가 싸우면 누가 이기나? 단순 비교를 해 본다면 아무래도 공격 무기로 도배를 한 에어 울프가 정찰 기능을 주로 한 블루 썬더보다 데이터에서는 앞서는 것이 사실이다. 블루 썬더는 루프 기동을 거뜬히 소화하는 고기동을 보여주기는 했지만 에어 울프는 불

▶ 〈블루 썬더〉에 등장했던 헬멧과 벌컨포가 연동하여 움직이는 시스템은 지금은 실제 쓰이는 기술이 되었지만, 당시에는 큰 충격을 준 '미래 기술'이었다.

을 뿜으며 초음속으로 날아다니니 여기서도 한 수 위인 셈이다.

하지만, 딱 잘라서 에어 울프가 이긴다고 말할 수 없는 것은 이 대결은 마치 'LAPD SWAT과 네이비 씰이 싸우면 누가 이기나요?' 하는 얘기와 비슷하기 때문이다. 역시 객관적인 전력이야 네이비 씰이 강할 것이고 교전 수칙에서도 경찰보다야 마구 쏠 수 있는 군인 쪽이 자유로울 것이다. 하지만, SWAT 대원 중에 전직 군 특수부대 출신들도 제법 있고 대결 장소가 특정 조건 아래라면 승패를 가늠하기가 쉽지 않다는 얘기다.

만약 어디 이라크 사막에서 붙으라고 한다면 검은 옷 입고 나타난 SWAT 대원들을 위장하고 매복 중이던 네이비 씰 대원들이 오리 사냥하겠지만, LA 도심에 SWAT 대원들이 매복해 있고 네이비 씰이 진입해야 하는 상황이라면 도심 지리에 익숙한 SWAT 대원들에게 유리한 상황이 될 것이다. 초기 LAPD SWAT 대원들은 유사시에 하수도로 이동하면서 게릴라전을 벌이는 훈련도 받은 적이 있는데 이런 식으로 대응한다면 네이비 씰이라 해서 쉽게 어찌해 볼 상황은 아닐 것이다.

영화 〈블루 썬더〉에서 F-16 두 대가 블루 썬더를 공격하는 장면에서 플레어가 없는 블루 썬더는 사이드와인더 미사일을 큰 굴뚝 열기를 이용해서 회피한 다음 빌딩 사이로 숨어다니며 벌컨포로 전투기를 격추해 버린다. 블루 썬더는 LA 도심에 숨어 있고 에어 울프가 사냥하러 나타나는 설정이라면 에어 울프의 초음속 기동도 빌딩 사이에선 별 의미가 없을 것이고 각종 유도 미사일 사용도 제약을 받을 테니 결국 빌딩 숲을 무대로 조종사의 기량을 선보이는 독 파이팅으로 승부를 가리게 되지 않을까나.

베트남, 헬리콥터의 고향

공교롭게도 블루 썬더와 에어 울프의 조종사들은 모두 베트남 전쟁 출신이다. 헬리콥터가 자동차 쓰이듯 했던 곳이 베트남이고 건쉽을 지나 공격 헬리콥터라는 개념이 정립된 곳도 베트남이니 블루 썬더와 에어 울프가 베트남에 한 다리를 걸치는 것은 당연지사. 두 조종사 모두 베트남 전쟁에서 얻은 상처로 고통받는다는 공통점을 가지고 있는데 베트남 전쟁이 주는 보편적인 문제일 수도 있고 많이 쓰인 만큼 손실도 컸던 베트남에서 헬리콥터 신세를 반영하는 것일 수도 있겠다.

전장에 새로 등장한 무기 체계들은 그 나름대로 충격도 주고 기대도 얻고 실망도 주지만 헬리콥터만큼 복잡한 감정을 느끼게 하는 무기도 없는 것 같다. 헬리콥터는 저 멀리 날아다니는 전투기들과는 다르게 눈에 보이는 거리에서 날아다니고 보병 옆에 내려앉기도 하는 존재로 사실 비행체라기보다는 날아다니는 트럭이나 장갑차에 가까운 느낌이 든다.

가까이에서 총탄을 뿌려댈 때는 무섭지만, 생각보다 쉽게 떨어뜨릴 수 있는 물건이기도 하고 보병으로서는 총이라도 맞았을 때 사뿐히 내려앉아 나를 실어가 주는 존재기도 해서 적군이건 아군이건 헬리콥터에는 이런저런 감정이 실리게 마련이다.

그렇게 많은 헬리콥터를 베트남 정글에 갖다 바쳤던 미군이지만 오히려 헬리콥터의 열렬한 추종자가 되어서 냉전 말기에는 밀려오는 소련의 전차부대를 공격 헬리콥터로 요리하고 후방에 대기한 주력 부대는 대규모 헬리콥터 공중강습 작전으로 분쇄한다는 단계까지 나아갔지만, 자기들도 개발한 스팅어 미사일처럼 대공 미사일은 갈수록 싸

▶ 〈블루 썬더〉와 〈에어 울프〉 모두 주인공은 베트남 참전 파일럿으로 설정되었다. 특히 〈에어 울프〉의 호크 형님은 첫 회 호수에서 첼로 켜는 장면 하나로 남자의 로망 반열에 오른다.

고 작아지고 쉴카처럼 전차부대를 따라다니는 대공포도 있어 예전처럼 헬리콥터를 대규모로 운용해서 모든 문제를 해결하겠다는 꿈에 매달리지는 않는 것 같다.

공격 헬리콥터의 로망

전투기는 못하고 헬리콥터는 할 수 있는, 헬리콥터의 로망이 바로 호버링인데 바로 그 호버링을 하다가 소말리아에선 블랙호크가 떨어지고 아프가니스탄에선 치누크가 떨어졌다. 현재 세계에서 제일 막강하다는 공격 헬리콥터가 아파치일 텐데 이라크 사막에서는 모래 먼지를 이기지 못해 떨어졌고, 거짓말을 조금 보태기는 했지만, 엽총으로 헬리콥터를 떨어뜨렸다는 얘기처럼 약하려면 한없이 약해지는 존재가 전장의 헬리콥터이기도 하다.

현실의 아픔을 영화로 달래주는 것은 할리우드의 주특기로 20여 년 전 얘기긴 하지만 블루 썬더와 에어 울프야말로 여전히 유효한 헬리콥터의 로망이다. 블루 썬더와 에어 울프 모두 어지간한 총탄에는 끄떡없는 방탄 성능을 자랑하며 적어도 총탄은 몸으로 다 맞아 주는 매너를 선보이는데 이 역시 참을 수 없는 헬리콥터의 나약함에 대한 판타지일 것이다. 블루 썬더는 헬기의 자랑이자 약점인 호버링으로 전투기를 떨어뜨렸고, 에어 울프는 사막을 먼지 나게 날아다녀도 결코 물러섬이 없으니 이 역시 헬리콥터 로망에 부족함이 없다.

헬리콥터의 로망 중 하나로 루프기동이 있다. 실제 몇몇 헬리콥터들이 루프기동이 가능하다고 하지만 일반적으로 볼 때 루프기동은 고정익기는 되고 회전익기는 어려운 기동이다. 헬리콥터가 루프기동을 통해 얻을 수 있는 실리는 잘 모르겠지만, 헬리콥터를 만들거나 모는 처지에서 루프기동은 꼭 해보고 싶은 것이라고들 하니 블루 썬더나 에어 울프가 루프기동을 보란 듯이 해 보이는 것도 역시 헬리콥터의 로망 차원일 것이다. 에어 울프는 한 술 더 떠서 초음속으로 날아다니는데 이건 현실에선 불가능하다 하니 영화에서라도 대리만족을.

미국에서 떠도는 음모이론 중에서 블랙 헬리콥터 괴담이 있다. 미국 각지에서 정체 모를 검은색 헬리콥터에 추적을 당하거나 공격을 당했다는 주장인데 이 헬리콥터의 정체로는 에어리어 51에서 날아오는 것이라는 설도 있고, 프리메이슨 같은 단체에서 운영하는 것이라는 설도 있고, 음모라 하기에 좀 순박하게 들리는 얘기로 미군이 개발 중인 비밀무기라는 설도 있다.

헬리콥터의 중요한 특징 중의 하나인 아무 곳에나 내리고 뜰 수 있다는 점을 고려한다면 비밀조직에서 운영하기에 헬리콥터만 한 것도 없을 테다. 앗, 그러고 보니 에어 울프도 사막에 있는 비밀기지에서 홀연히 나타났다 사라지곤 했는데… 비밀기지도 헬리콥터 로망에 추가해야 할까나?

66 스타워즈와 미래전

서늘한 기운을 느껴 돌아보자 자신을 겨냥하는 알 카에다 소속 드로이드 들이 있었다. 어림잡아 대여섯? 네이비 씰 정예요원 클라크 중위는 일단 포스를 펼쳐 알 카에다 드로이드 들을 뒤로 밀어내고 나서 제식 지급품인 슈어파이어 광선검을 뽑아들었다…?

광선검

스타워즈 세상에서 최고 로망은 뭐니 뭐니 해도 광선검! 언젠가 사람 손에 광선검을 들고 전쟁을 벌이는 날은 올 것인가? 일단 광선검이 기술적으로 가능한가를 따져 보면 '쉽지 않다.'라는 쪽이다. 빛은 직진하기 때문에 광선검처럼 일정한 길이를 유지하기 어렵다. 스타워즈 설정에서는 크리스털 종류를 원뿔 모양으로 잘라 넣었기 때문에 일정한 길이로 모인다고 하자만 우리가 가진 광선 종류로는 구현이 어렵다. 홀로그램을 떠올린다면 허공에 칼날 모양을 만들 수는 있겠지만, 파괴력을 가지는 빛을 만들기는 어렵다.

최근에는 광선검은 레이저가 아니라 플라즈마라서 가능하다는 설도 등장하고 건담에 나오는 '빔 샤벨'이 바로 플라즈마를 채워 넣은 녀석이라는 설정이지만 고증을 중요하게 여기는 견해에서 본다면 일단 스타워즈에선 광선검(Light Saber)라고 이름 붙여 놓았으니 가능하면 '빛'으로 만들고 싶은 욕심이랄까.

기술적인 문제는 그렇다 치고 과연 미래전에서 (광선이건 초합금 Z 건) 칼을 주 무기로 사용할 필요가 있을 것인가 하는 문제다. 냉 병기에서 화기로 주도권이 넘어온 현대전에선 기술이 발전할수록 교전 거리가 멀어지고 있다는 특징을 갖는다. 과거엔 서로 몸을 부딪치며 칼을 주고받았지만 지금 병사들은 스코프 십자선에 점이나 선으로 보이는 적을 향해 방아쇠를 당긴다. 이런 시대를 맞아 칼은 마지막 돌격을 위한 옵션이거나 예식을 위한 장신구거나 야전 식사 때나 요긴한 도구가 되었다.

만약 스타워즈 표 광선검이 기술적으로 가능하다면 제다이 들처럼 광선검으로 총탄을 막아내며 간격을 줄여나가다가 영 거리에서 일격을 날리는 것도 가능은 할 것이다. 하지만, 더욱 촘촘하게 탄 막을 형성해서 자동화기를 뿌려 댄다면 제다이 할아버지라도 뚫고 나가긴 쉽지 않을 것이고 '클론 전쟁'에선 제다이 들이 드로이드가 쏘는 광선총을 막지 못해 쓰러지기도 하니 미래전에서 광선검은 쉽지 않다.

▶ 〈스타워즈〉를 대표하는 무기라면 바로 광선검이다. 하지만, 기술이 발전한다 해도 현실에서 광선검을 만들기는 쉽지 않다.

참고로 현재 대한민국에는 이미 제식 채용되어 실전 사용되고 있는 '광선봉'(?)이 있는데 일명 '의경 후래쉬봉'(!)이다.

광선총

좋다. 칼이 어렵다면 총은 어떠냐? 기술적으로 본다면 레이저 칼은 좀 어려워도 레이저 총은 만들기 쉬워 보인다. 레이저를 쏘면 되니까. 하지만, 여기에도 과학과 경제가 힘을 합쳐 만든 장벽이 존재한다. 먼저 과학으로 본다면 레이저는 직진하면서 뚫고 나가는 힘은 강한데 문제는 그냥 뚫고 간다는 거다. 왜 총은 맞으면 탄두가 몸에서 회전하던지 파편이 되던가 하면서 손상을 주지만 레이저는 들어간 지름 그대로 뚫고 지나가기 때문에 심장이나 뇌에 치명상을 주지 않는 한 재래식 총기보다 파괴력은 낮을 것이다.

재래식 탄두는 운동에너지로 충격도 주지만 레이저 광선은 그것도 없고 심하면 뚫고 지나가면서 일종의 화상을 만들기 때문에 자동 지혈을 시켜주는 인도주의 효과(?)도 기대할 수 있다. 그럼 출력을 강하게 해서 지름을 키우면 되지 않느냐? 여기서 경제가 등장한다. 그런 고출력 레이저를 만들려면 돈이 무지 많이 든다. 무탄피 소총 만들어 놓고 쓰지 않는 사연과 비슷하다.

하지만, 현실에서 레이저 무기 개발은 계속되고 있다. 지금까지 알려진 것으로는 미국이 미사일 방어 계획 하나로 개발 중인 ABL(공중발사 레이저, Airborne Laser)와 이스라엘이 지상용으로 개발 중인 MTHEL(이동식 전술용 고출력 레이저, Mobile Tactical High Energy Laser)가 있다.

ABL은 보잉 747-400 기종에 탑재되어 탄도미사일을 요격하는 용도로 개발되고 있지만, 적 항공기를 요격하는 것도 연구에 포함되어 있고 MTHEL은 패트리엇 포대와 같은 형식으로 배치되어 적 포병이 발사하는 포탄을 요격하는 것을 목적으로 하고 있지만 역시 적 장갑차량을 공격하는 용도로 확대될 가능성이 있다. 두 프로젝트 모두 고출력을 바탕으로 하기 때문에 휴대용이나 개인용과는 거리가 멀지만, 레이저 무기가 구체적인 목표를 가지고 개발되고 있다는 점에서 주목할 만

하다.

레이저 무기가 충분히 실용화되었을 때 생기는 중요한 문제는 이것을 인마살상용으로 사용하면 인도주의 논란에 휩싸일 수 있다는 점이고 아직 레이저 무기는 대물용으로 한정되어 개발되고 있다. 하지만, 만들어 놓고 쓰지 않을 리가 없어서 실용화된다면 사람에게 쓰이는 건 시간문제다.

고출력 레이저의 특성상 오발이 날 경우나 명중했더라도 관통되고 나서 억울한 표적까지 공격할 가능성도 있고 기술 의존도가 높고 가격이 상당히 비싸니 빈익빈 부익부 무기가 될 가능성이 크다. 하지만, 가난한 나라를 위해 레이저 무기를 반사해 버리거나 위력을 약화시키는 무기 체계가 시장에 나올지도 모른다. 지금도 러시아가 스텔스 전투기 탐지 기술을 열심히 팔러 다니는 것처럼 말이다.

방어막

스타워즈를 보며 조지 루카스 감독이 야박하다고 느끼는 것은 방탄에 인색하다는 점이다. 제다이 들에겐 기본적으로 어떤 방탄 장비도 제공되지 않는다. 하다못해 포스를 이용해서 '호신강기'라도 펼치면 좋겠지만 그런 것도 없다. 클론 트루퍼 역시 갑옷을 입고 나오기는 하지만 보기에도 하얀색 플라스틱 같은 것이 그리 위력을 발휘하지 못한다. 오히려 사람이 아닌 드로이드 들이 방어막을 즐겨 쓰는 것을 보면 역시 루카스 감독은 사람보다는 기계의 안전을 먼저 생각하는 진정한 테크니션이란 말인가(?) 하는 생각도 든다.

그래도 스타워즈에서 흔하게 볼 수 있는 드로이드가 펼치는 방어막은 레이저는 막지만, 물리적 공격은 막지 못하는 일종의 에너지 필드로 보이다. 특이한 것으로 강건 족이 단체로 펼치거나 개인이 들고 다니는 방어막으로 일종의 유기체 재질 방어막이 아닐까 생각된다.

현대전에서 보병 방탄복은 더욱 많은 면적을 방어하는 쪽으로 나아가고 있고 이것은 무겁고 둔해진다는 문제를 낳는다. 여기에 '랜드 워리어' 같은 시스템까지 탑재한다면 보병의 무게는 증가일로다.

스타워즈에서 현상금 사냥꾼으로 등장하는 장고와 보바 펫 부자를 보면 나름대로 방탄 기능이 있고 헬멧 안에서 보는 시점은 선보인 적은 없지만, 일종의 통합된 정보를 제공하는 디스플레이가 제공되는 것 같고 여기에 날아오를 수 있는 분사 장치까지 가지고 있어 무게와 비용 문제가 해결된다면 대략 미래 보병들은 저런 장비를 쓰지 않을까 싶다.

스타워즈에서 통이 큰 방어막은 함선을 감싸는 것으로 쫓기는 저항군 우주선에서 '방어막을 뒤로 집중하라.'라는 명령을 내리는 것을 보면 방어막을 유지하는 전체 에너지양은 정해져 있고 이것을 그때그때 조절하는 것으로 여겨지는데 〈스타트랙〉에서도 비슷한 방식이 등장한다.

현대전에서 함선 방어 대책으로는 탐지되는 비율을 낮추는 스텔스 기술이 주로 연구되고 있지만, 저 탐지이지 무 탐지는 아니므로 일단 그곳으로 미사일을 보내고 가까이 가서는 사람이건 기계건 눈으로 보고 공격하는 방식으로 대처할 수 있다.

따라서 근접방어를 강화할 수밖에 없는데 궁극의 근접방어라면 역시 방어막이 아니겠는가. 차라리 핵에너지를 탑재하여 에너지 생산량을 여유 있게 하고 에너지 필드를 펼쳐 날아오는 대함 미사일이나 대함 레이저 포를 호쾌하게 방어하는 시대가 곧 올지도 모른다. 하지만, 세상은 그렇게 만만한 게 아니어서 이런 방어막이 실용화된다면 방어막을 무력화시키는 전자폭탄(E-Bomb) 같은 것들이 따라 발전하겠지만.

데드 스타

스타워즈에 등장하는 궁극의 필살 병기가 바로 데드 스타다. 시범타로 무고한 행성을 하나 없애버린 것 말고는 변변하게 활약한 것은 없지만 한 번의 공격으로 행성 하나를 없애 버리는 무시무시한 병기로 요즘 유행하는 말로 '대량살상병기'라 할 수 있다.

스타워즈에서 유독 등장하지 않는 것으로 핵병기를 들 수 있다. 핵동력을 암시하는 장면은 있지만, 핵 비슷한 것도 무기로는 등장하지 않는다. 베트남 전쟁에 대한 반발심을 영화에 깔아 놓았다고 말하던 조지 루카스 감독 나름의 진정성일지도 모르겠지만, 소형 핵무기를 수류탄 까 던지듯 남발하는 〈스타쉽 트루퍼스〉같은 경우를 떠올려 본다면 건전해서 나쁠 것은 없다.

다시 관심을 지구별 인간계로 돌려 보면 미소 냉전은 끝났다지만 여전히 핵은 인류 생존을 위협하는 1순위다. 핵을 가졌거나 가지고 싶은 나라는 갈수록 늘어나고 있다. 인도-파키스탄 같은 욱하는 성격을 가진 견원지간에도 핵은 있고 한반도로 눈을 돌려 보면 어쩌면 대한민국 빼고는 모두 핵을 가진 상황에 맞닥뜨릴지도 모를 형편이다.

가지기만 하고 쓰지는 않겠다는 게 핵을 움켜쥔 나라들의 호언장담이지만 글쎄 그런 말 하나를 믿고 목숨을 맡길 수야 없는 노릇이고 통크게 봐서는 보다 공정하고 안전한 국제 핵 통제 시스템이 필요하고 적어도 한반도에서 '잘 자고 일어났더니 버섯구름이 보여요.' 하는 일은 없도록 해야 할 방책이 필요할 때다.

앞에서 데드 스타를 대량살상병기로 분류했지만, 행성 자체를 없애 버리는 위력에 대해서 이미 우리는 다른 분류를 하고 있다. E.L.E(종말 차원의 대사건, Extinction Level Event)가 바로 그것으로 혜성이나 소행성 같은 외계 물질이 지구와 충돌해서 작게는 생명체가 전멸하거나 크게는 행성 자체가 파괴되는 경우를 뜻한다. 우리가 몰라서 그렇지 이미 지구에선 공룡 멸종을 비롯해서 여러 번 겪었던 일이고 운이 좋으면(?) 우리 생전에 한 번 체험할 기회가 있을지도 모른다.

최근 나사는 이런 상황에 대비하기 위해 혜성에 인위적으로 충돌을 시도하여 진로를 바꾸는 연구를 위해 우주선 '딥 임팩트'를 발사했고 유럽에서도 같은 목적으로 '돈키호테' 프로젝트를 추진하고 있다. 모쪼록 지구인들이 힘을 합쳐 미천한 과학의 힘이나마 인류의 생존을 도모할 수 있다면 엑스-윙, 비-윙 몇 대로 데드 스타를 물리친 그 감동에 비할 텐가.

엑스-윙

스타워즈에는 여러 병과가 등장하지만 크게 셋으로 나눌 수 있다. 스톰이나 클론 트루퍼로 대표될 지상군, 주로 검은색 제복을 입고 대형 함선에서 근무하는 병력 그리고 소형 우주선을 몰고 전투를 벌이는 파일럿들… 대략 육해공이다.

루카스 감독이 스타워즈 영화를 만들면서 서부극에 해적영화에 심지어 사무라이 영화까지 갖은 장르를 참조한 것은 잘 알려진 사실이고 전투기들은 2차 대전 공중전을 주로 참고한 탓에 워프도 밥 먹듯이 하는 스타워즈 세상에서 그 흔한 미사일 하나 발사하지 않고 오로지 꼬리에 꼬리는 무는 독 파이팅으로 승부를 보는 것도 아시는 대로다.

상식적으로 우주선끼리 전투를 벌일 경우 레이저 광선으로 공격한

▶ 〈스타워즈〉에 등장하는 '데드 스타'는 행성 하나를 전멸시키는 무기다. 요즘 표현으로 친다면 우주 차원의 '대량 살상 무기'라고 할까?

다면 작은 구멍을 내도 치명상을 입힐 수 있을 것이다. 하지만, 공격용 레이저 광선을 쏘려면 그만큼 강한 출력을 내야 하기 때문에 에너지를 아껴 써야 하는 우주에서는 아직은 레이저 광선은 권할 만한 무기는 아니다.

오히려 레이저 광선은 우주 정거장이나 월면 기지처럼 고정된 공간에서 우주선을 공격할 때 효과적인 무기가 될 것이다. 현재 대기권에서 사용되고 있는 미사일 관련 기술들은 조금만 개량한다면 우주에서도 효과적인 무기가 될 것이고 당분간 지구 대기권 근처에서 우주선끼리 전투가 벌어진다면 유도 미사일이 주된 공격 수단이 되지 않을까 싶다.

엑스-윙이나 비-윙이나 스타워즈에 등장하는 대부분 전투기들 공통점은 복좌형이 대세라는 점이다. 현대 전투기들은 복좌형이라면 팬텀이나 토네이도 같은 구세대 기체거나 훈련용 같은 특수 목적이 아니면 대부분 단좌형으로 되어 있다. 하지만, 확고한 복좌형 분업 시스템인 아파치나 단좌형 호컴으로 시작했지만 복좌형 엘리게이터로 발전한 공격용 헬기들을 본다면 고도의 전투 임무를 수행하는 데는 복좌형도 충분한 설득력이 있다.

스타워즈의 복좌형은 사람 둘이 타는 것이 아니라 R2D2로 대변되는 드로이드가 후방석에 탑승하는 것이 특징으로 이런 기능은 현대 전투기에도 낮은 차원이지만 추락 경고나 피아식별을 알려주는 기능으로 구현되고 있으니 보다 고도화되고 음성으로 대화하며 조종사를 보조하는 수준으로 발전한다면 현실에서 R2D2를 만날 날도 그리 멀지 않았다.

드로이드

스타워즈 지상전, 특히 최근 만들어진 에피소드 1~3에서는 사람과 사람이 싸우는 경우보다 사람과 드로이드가 맞붙는 경우가 대부분이다. 무인병기는 크게 두 가지로 나눌 수 있는데 어디선가 인간이 원격 조종하는 경우와 자체 인공지능으로 판단하여 전투하는 병기다.

스타워즈에서 등장하는 무인병기들은 모두 알아서 척척척 스스로 전투하는 병기들로 이들은 각 개체에 따른 개성을 드러내기도 하고 어떤 녀석들은 쓰러지면서 비명 비슷한 소리를 내기도 한다. 유감스러운 것은 강건 족도 그랬고 우키 족도 그랬듯이 무인병기 군단과 맞닥뜨린 생명체 군단은 모두 패배했다는 점이다.

현재 지구별에서 개발 중인 미래전 기술 중에서 가장 활발하고 현실화 가능성이 큰 부분도 바로 이 무인병기들이다. 원격조종으로 정찰을 수행하고 직접 공격에도 나서는 프레데터나 글로벌 호크 같은 무인비행체들은 더는 낯선 녀석들이 아니다. 하늘뿐만이 아니라 땅 위에서도 이미 무인병기들은 활발하게 굴러다니고 있다.

알아서 적을 판단해서 공격하는 로봇병사는 기술적으로 그리 어려운 문제가 아니니 실용화 역시 코앞에 와 있다. 문제는 인도주의로 볼 때 논란의 여지가 많다는 점이다. 값도 싸고 효과도 좋지만, 지뢰 사용이 비난받는 이유는 이 눈먼 무기체계가 비인간적인 살상을 일으키기 때문이다.

인간에 대한 공격권을 인간이 아닌 인공지능이나 기계에 넘기는 행위 역시 (인간적인 살상이라는 것도 우스운 표현이지만) 확실히 비인간적인 살상이라 할 것이고 오작동으로 말미암은 문제 역시 충분히 심각하다. 로봇병사가 현실화될 시점에 이르면 이것에 대한 국제 협약 같은 것도 생기겠지만, 병기라는 것이 닥치면 쓰게 되지 법 지키느라 묵혀두는 것은 아니라는 게 비정하지만, 현실일 것이다.

에필로그

영국을 대표하는 명소로 런던 트라팔가 광장이 있습니다. 해마다 12월이 되면 트라팔가 광장에는 크고 멋들어진 크리스마스트리를 두고 점등식을 합니다. 영국 전역에서 모인 합창단이 캐럴을 부르며 펼쳐지는 트리 점등식은 겨울 런던을 대표하는 관광 코스가 되었습니다.

트라팔가 광장을 장식하는 트리는 매년 노르웨이에서 옵니다. 노르웨이는 영국이 세계 2차 대전 당시 독일군에 점령되었던 자신들을 도운 것에 대한 감사 표시로 1947년부터 한 해도 거르지 않고 런던 시민을 수신자로 하여 트리를 보내주고 있습니다.

서울 광화문 이순신 장군 동상을 두고 벌어졌던 논란을 기억하시는지요. 수도 중심에 무(武)를 상징하는 인물이 있는 것은 좋지 않다는 의견이 있었고, 결국 문(文)을 상징하는 세종대왕 동상을 세워 균형을 맞추는 것으로 타협안이 나왔습니다.

런던 트라팔가 광장에는 넬슨 제독 동상이 있습니다. 이 광장 이름 자체가 넬슨 제독이 프랑스–에스파냐 연합함대를 물리친 바로 그 트라팔가 해전을 기념하고 있습니다. 트라팔가 광장에 균형을 맞추기 위해 셰익스피어 동상이라도 세우자는 얘기는 들어본 적이 없습니다.

어느 시사주간지 송년호에 각계 명사들이 추천하는 올해의 책이 실렸습니다. 스탈린그라드 전투에 대한 책을 추천한 영국인 CEO가 눈에 띄었습니다. 그는 자신이 군 복무 경력이 있다고 밝히면서 전쟁사를 읽으며 비즈니스 리더십을 가다듬는다고 말했습니다.

우리 대한민국은 밀리터리의 과잉과 밀리터리의 빈곤을 동시에 가지고 있습니다. 전쟁 가능성을 머리에 이고, 과거에 우리를 침략했던 강대국들 사이에서, 그것도 핵무장을 한 주변국들 사이에 있습니다. 거의 모든 남성이 군대를 겪어야 하는 대한민국입니다.

하지만, 밀리터리를 취미로 즐기거나 교양으로 이야기하자면 주변의 시선부터 법적 처벌까지 여러 난처한 상황들이 기다립니다. 만약 어떤 한국 남성이 한 해를 결산하는 자리에서 자신의 군 복무 경험을 이야기하며 전쟁사를 언급한다면 어떤 평가를 받게 될까요?

군부·출신 권력자들의 나쁜 행동과 군사문화의 역작용을 논할 수도 있습니다. 징병제와 총력안보 체제는 대한민국이 선진국으로 가기 위해 결국 두고 가야 할 뗏목인 것도 분명합니다. 그러나 이 모든 사실이 전쟁을 배우고 밀리터리를 아는 것이 세상 살아가는데 든든한 자산이 된다는 진실과 대립하지 않습니다.

CEO라는 말 자체가 군대에서 왔습니다. 미국 사람들은 자기 나라 대통령을 최고사령관(Commander in Chief)이라 부릅니다. 글로벌 기업들은 군대에서 배워온 전략상황실(War Room)에서 비즈니스를 모색합니다. 전쟁이라는 혹독한 환경에서 통하는 것은 평화로운 시기에 더 요긴하게 쓰입니다.

평화를 바란다면 전쟁에 대비하라고 합니다. 평화로운 시기에 잘 살고 싶다면 전쟁에서 배우자고 하겠습니다. 당신은 전쟁에 관심이 없을지라도 전쟁은 당신에게 관심이 있다는 명언이 있습니다. 만약 당신이 전쟁에 관심이 많다면, 그래서 밀리터리에서 배우고자 한다면, 든든한 지원 병력을 갖게 될 것입니다.

독자 여러분께 진심으로 감사드립니다.

전쟁에서 배운다

밀리터리 잡학노트

초판 발행 2010년 1월 25일

저자 장익준
발행인 홍희범
발행사 멀티매니아 호비스트
주소 서울시 용산구 문배동 CJ나인파크 201동 612호
전화 02-989-5311/5312
팩스 02-989-5313
www.e-hobbist.com
master@e-hobbist.com

ISBN 978-89-85578-22-6 03390
정가 15,000원